二十一世纪“双一流”建设系列精品教材
普通高等教育“十一五”国家级规划教材
四川省“十二五”普通高等教育规划教材
西南财经大学2022年度本科规划教材

财产与责任保险

（第四版）

兰　虹　主　编
李　洪　孙正成　副主编

西南财经大学出版社
中国·成都

图书在版编目(CIP)数据

财产与责任保险/兰虹主编.—4版.—成都:西南财经大学出版社,2023.9
ISBN 978-7-5504-5874-1

Ⅰ.①财… Ⅱ.①兰… Ⅲ.①财产保险②责任保险
Ⅳ.①F840.6

中国国家版本馆CIP数据核字(2023)第137295号

财产与责任保险(第四版)
CAICHAN YU ZEREN BAOXIAN

兰 虹 主编

策划编辑:金欣蕾
责任编辑:金欣蕾
责任校对:冯 雪
封面设计:墨创文化 张姗姗
责任印制:朱曼丽

出版发行	西南财经大学出版社(四川省成都市光华村街55号)
网 址	http://cbs.swufe.edu.cn
电子邮件	bookcj@swufe.edu.cn
邮政编码	610074
电 话	028-87353785
照 排	四川胜翔数码印务设计有限公司
印 刷	郫县犀浦印刷厂
成品尺寸	185mm×260mm
印 张	15.25
字 数	346千字
版 次	2023年9月第4版
印 次	2023年9月第1次印刷
印 数	1—2000册
书 号	ISBN 978-7-5504-5874-1
定 价	38.00元

第四版前言

作为市场化的风险管理手段和机制，商业保险从世界上第一张船舶航程保险单诞生开始，距今已有670多年的历史。随着时代的变迁和社会经济的发展，作为商业保险的一大类别——财产保险所承保的标的不断拓展：从海上运输保险到陆上运输和财产保险，从火灾保险到汽车保险、航空保险、机械保险、工程保险、盗窃保险等。在现代社会，涉及公众利益的各类责任险以及农业保险和出口信用保险等逐步得到发展，也是各国政府关注和努力推动发展的领域。

我国保险业经过恢复国内保险业务后40多年的发展，已成为有效的市场化风险保障机制和精巧的社会稳定器。今天的财产与责任保险业务，逐步覆盖经济发展和社会生活的方方面面，产品逐渐丰富以满足不同经济主体的需求。2014年颁布的《国务院关于加快发展现代保险服务业的若干意见》（新“国十条”）为现代保险服务业发展指明了方向。近10年来，除车险外，农险、责任险、信用保证保险、货运险、巨灾保险等险种增速明显，险种结构逐步趋于合理，产险经营主体不断增多，经营主体类型不断丰富，市场垄断水平逐步下降，市场开放水平持续提高，产险监管制度逐渐趋于完善。我国财产保险业正向高质量发展转型。

党的二十大报告指出，高质量发展是全面建设社会主义现代化国家的首要任务。发展是党执政兴国的第一要务。要坚持以推动高质量发展为主题，把实施扩大内需战略同深化供给侧结构性改革有机结合起来，增强国内大循环内生动力和可靠性，提升国际循环质量和水平，加快建设现代化经济体系，着力提高全要素生产率，着力提升产业链供应链韧性和安全水平，着力推进城乡融合和区域协调发展，推动经济实现质的有效提升和量的合理增长。

财产保险业的发展，要为新时代国家高质量发展服务。

第一，对人民财产进行有效的保护是增强人民群众的获得感、幸福感、安全感的有效和必要手段。财产保险作为有效的风险管理工具，具有损失补偿、防灾防损和融资功能，在服务居民家庭和促进实体经济发展中发挥重要作用，为改善民生提供有力支撑。

第二，助力“双循环”新发展格局。加快构建以国内大循环为主体、国内国际双循环相互促进的新发展格局，这是在国内外环境发生显著变化的大背景下，推动我国开放型经济向更高层次发展的重大战略部署。建设中国统一大市场，建立中国式现代化的产业体系，需要以实体经济为主体，以制造业为重心，推动制造业形成产业链集群。长期以来在分散化解风险、服务国家战略中发挥独特作用的财产保险业，也必将在助力“双循环”新发展格局方面发挥重要作用。

第三，完善社会治理体系，健全共建共治共享的社会治理制度，提升社会治理效能，使社会治理的公共性、多元性和共同性特征进一步凸显。责任保险作为一种直接保障被保险人利益、间接维护受害人权益的双重保障机制，有利于降低社会摩擦成本，化解社会矛盾，协助构建良好的社会秩序，降低社会整体风险的暴露水平，发挥风险减量管理的服务作用，减轻政府的社会管理压力，为创新社会治理方式提供重要支撑，是服务社会治理现代化的有力抓手。

财产与责任保险是保险专业的主干课程。本书系普通高等教育“十一五”国家级规划教材、四川省“十二五”普通高等教育本科规划教材。近期，本书获“西南财经大学2022年度本科规划教材”立项建设。

编者认为，本书具有以下特色：

第一，教材建设的持续性。本书自2001年出版以来，持续建设20余年，修订和重印多次，得到广大读者的认可。

第二，主编和编写人员大多是长期在保险专业课教学一线的教师，教材编写团队还吸收了业界资深人士参与教材的编写，保证了教材编写的质量。

第三，基于广义的财产保险框架设计了本书的内容，为契合市场发展和监管变化的要求，本书增加了“财产保险经营与监管”一章，完善了教材的内容体系。

第四，以最新法律法规为依据，并吸收了新的实务动态和编者的研究成果。

本书由兰虹拟定大纲并负责全书的总纂。参加编写的人员及具体分工如下：第一章的原作者为兰虹，修改作者为孙正成；第二章、第五章，兰虹；第三章的原作者为孙蓉、李虹，修改作者为陈路；第四章的原作者为兰虹、李虹，修改作者为陈路；第六章，邬梓明、刘炜；第七章，孙蓉、陈先洁；第八章、第九章，李洪；第十章、第十一章，孙正成。

本书可满足高等院校财产与责任保险课程的教学需要，也可作为保险从业人员及自学者的参考用书。本书在编写和出版过程中得到了西南财经大学出版社的大力支持，在此深表感谢！同时，感谢彭雪梅、李虹等老师为教材建设所做的贡献。

由于编者学识水平有限，书中难免存在不足之处，恳请读者指正。

编者

2023年7月于光华园

目 录

第一章
财产保险总论

章首语：

对人民财产进行有效的保护和风险管理是增强人民群众的获得感、幸福感、安全感的有效和必要手段，而财产保险是有效的风险管理措施之一。财产是金钱、财物以及民事权利与义务的总和，其最典型的特征就是可以用货币来度量其价值。财产保险由于其标的价值可用货币进行度量且风险具有相对静态性、多元性和广泛性的特征，从而与人身保险存在较大的差异。财产保险由于其明显的损失补偿、防灾防损和融资功能而成为有效服务实体经济发展的重要手段。历史是最好的教科书，我们要想深刻把握财产保险发展的规律，深刻理解财产保险的本质，需要了解财产保险发展的历史。本章是财产保险总论，阐述与分析了财产保险的概念、保险标的与特征，介绍了财产保险的种类、职能和作用，对财产保险的发展史做了简要介绍，并对我国财产保险的发展，尤其是财产保险市场结构和险种结构进行了简单分析。通过本章的学习，学生可以较为系统地掌握财产保险的本质、业务类型、经营特性和发展规律。

第一节　财产保险的概念、保险标的与特征

人类发展史就是一部人类与风险抗争的历史，风险的客观存在性和不确定性使得有效管理风险、降低风险带来的损失成为人类发展永恒的话题。无论科学技术多么发达，人类改造自然的力量多么强大，自然灾害和意外事故总是不能完全避免。纵观古今中外，洪水、地震、台风、暴风雨、泥石流、雷击等自然灾害，以及火灾、爆炸、轮船倾覆、飞机坠毁、火车相撞、石油井喷、煤矿塌方、机械故障、交通事故或其他责任事故等，导致的财产损失或人身伤亡事件，俯拾皆是。随着世界人口的增长、城市化进程的加快，气候和环境的变化日益明显，各类灾害风险的危害性日益加剧。人们为了避免灾害事故给家庭和社会造成的不利影响，在长期的生产和生活实践中，总结出许多预测预防措施。面对灾害事故发生所造成的巨大财产损失，各经济单位希望获得补偿以恢复正常的生产和生活秩序，财产保险正是适应这种需

要而产生的。

一、财产保险的概念

财产最典型的特征就是可以用货币来度量其价值。广义上来看，财产是金钱、财物以及民事权利义务的总和。按所有权划分，财产可以分为国有财产、集体财产和私有财产；按存在形式划分，财产可以分为有形财产与无形财产；按民事权利义务关系划分，财产可以分为积极财产与消极财产。

财产保险（property insurance）是以财产及其有关利益为保险标的的保险。财产保险的投保人根据合同约定，向保险人支付保险费；保险人集合众多面临同质风险的经济单位，当其中部分经济单位的财产及其有关利益因保险合同约定的自然灾害和意外事故发生而造成损失时，向被保险人赔偿保险金。

财产保险的概念应从以下几方面理解：

（一）财产保险的外延

财产保险属于商业保险范畴。商业保险按保险标的划分，分为财产保险和人身保险两大类。财产保险以财产及其相关利益为保险标的，人身保险以人的寿命和身体为保险标的。既然财产保险是商业保险的一大类，那么，保险的基本原理、原则和要素等同样适用于财产保险。

（二）财产保险的保险标的是财产及其有关利益

财产保险的保险标的是保险的对象，也是财产保险合同中约定的保险事故发生的载体。根据存在形式的不同，财产保险的保险标的划分为两种：一种是狭义“财产”，它是客观存在的、有形的，称为有形财产或物质财产；另一类是“有关利益”，即投保人或被保险人具有利害关系的某种经济利益，称为无形财产，它包括预期收益、损害赔偿责任、合同权利和义务等。

（三）财产保险所承保的风险是各种自然灾害和意外事故

当保险单上约定的自然灾害和意外事故发生而造成保险标的的损失时，保险人对被保险人所遭受的经济损失进行赔偿。

（四）损失分摊机制是财产保险运行的基础

损失分摊机制的实质是保险人通过集合众多有同类标的且面临同质风险的经济单位，将个别经济单位遭受的经济损失在全体被保险人中进行分摊，即少数被保险人所遭受的经济损失由全体被保险人共同分摊。

二、财产保险的保险标的

从财产保险的概念中我们知道，财产保险的保险标的是财产及其有关利益。以此为依据，本书将财产保险标的从形态上分为以下两类：

（一）有形财产

有形财产是指投保时客观存在的各种物质财产。财产保险最早承保的保险标的是海上的船舶和货物，而后是房屋、机器设备、原材料等处于相对静止状态的动产和不动产，以及内陆运输的货物、各种运输工具、农作物、牲畜、在建工程等。目前，物质财产仍然是财产保险重要的保险标的，从家庭财产到企业财产，从普通财产到飞机、人造卫星等高科技产品，其涉及的范围相当广泛。

（二）无形财产

无形财产也称为非物质财产，它们在投保时不是以物质财产形式存在的，而是表现为投保人的预期收益、责任、合同权利和义务等。该类财产无论以何种方式表现出来，其实质是投保人（被保险人）的经济利益。它们一旦受损，均表现为投保人（被保险人）经济利益的减少或丧失。该类财产主要有三类：

1. 预期收益

预期收益是指由物质财产产生的，或依附于物质财产而存在的各种货币收入，是一种"积极"的财产，如工厂的利润、房屋的租金、汽车的营运收入等。预期收益与物质财产有密切的关系：物质财产未受损时，会给被保险人带来收益；而物质财产一旦受损，会造成预期收益的减少或丧失。

2. 合同权利和义务

合同权利和义务表现为投保人（被保险人）在经济合同中享有的权利和应承担的义务。权利在不受损害的情况下，会给权利人带来经济利益；若义务不能履行，未履行义务方要承担经济赔偿责任。

3. 损害赔偿责任

损害赔偿责任是指应由投保人（被保险人）依法承担的民事损害赔偿责任。与预期收益不同，该类标的为"消极"财产，因为损害赔偿责任一旦发生，被保险人必须对他人承担经济赔偿责任，会使被保险人现有利益的受损。

在保险实务中，具体到每一个险种，保险人并非对以上列举的所有标的都承保，每一张保险单上规定有具体的保险标的范围。保险人在承保时，一般把标的分为三类：第一类是可保财产，即保险人可以承保的财产范围；第二类为特约承保财产，该类标的必须经保险合同双方当事人约定才能承保；第三类是不保财产，即保险人不予承保的财产。

三、财产保险的特征

财产保险与人身保险是我国保险业务的两大种类，虽然二者都属于商业保险的范围，都对不幸事件造成的被保险人的损害按照保险合同约定进行经济补偿或给付，但由于财产保险与人身保险标的的性质及风险不同，二者存在许多差异，比较这种差异能进一步理解财产保险的性质。

（一）财产保险具有补偿性特征

1. 保险标的具有可估价性

人身保险的保险标的是人的寿命和身体。人的寿命是一个抽象的概念，当其作为保险保障对象时，以生存和死亡两种状态存在；以人的身体作为保险保障对象时，以人的健康、生理机能和劳动能力等状态存在。无论是人的寿命还是身体都不是商品，不能用货币来衡量其价值，即具有不可估价性。

与人身保险标的不同，财产保险的保险标的的价值是可以确定的，即具有可估价性。对于有形财产而言，其本身就有客观的市场价；对于无形财产而言，投保人对其具有的经济利益也必须是确定的、可以用货币来估算的，否则不能作为保险标的。

2. 保险金额的确定方式

人身保险的保险金额由合同双方当事人约定。由于人身保险的保险标的没有保险价值，因此其保险金额的确定不是根据保险标的估价，而是由投保人根据被保险人对人身保险的需要和投保人交纳保险费的能力，在法律允许的条件下，与保险人协商确定。

财产保险的保险金额根据对保险标的的估价确定。由于财产保险的保险标的本身具有保险价值，因此保险金额是在对保险标的的估价的基础上确定的。保险金额可以按标的的市场价确定，也可以按重置价或商议价确定。

3. 保险金的赔偿方式

被保险人因意外事故或疾病而伤残或死亡时，难以用货币衡量伤残程度，更难以用货币衡量被保险人死亡的价值量。因此，保险事故发生时，保险人一般根据保险合同的约定给付，人身保险是给付性保险。

财产保险是补偿性保险，保险标的的损失可以用货币来衡量。保险事故发生后，保险人对被保险人的赔偿要遵循损失补偿原则，即在保险金额限度内，按保险单约定的赔偿方式，损失多少，赔偿多少，被保险人不能获得超过实际损失的额外利益。

（二）财产风险的特征

人身保险承保的是人身风险，它表现为人在一生中由于可能遭受的种种不幸事故或疾病、衰老等而伤残或死亡；财产保险承保财产风险，它表现为财产可能因自然灾害或意外事故的发生而遭受损失。财产风险与人身风险比较，具有以下特点：

1. 财产风险较集中

人身保险的风险一般较为分散。人身保险受投保人交费能力的限制，单个保险单的保险金额一般不会很高；由于保险标的的不可估价性，为了防止道德风险，保护被保险人的生命安全，法律或合同对保险金额有一定的限制；由于科技和医疗卫生保健事业的进步和发展，人身风险的发生可以得到一定的控制。因此，人身风险往往是分散独立的，保险事故的发生对保险人的财务稳定不会造成太大的威胁，一般无须办理再保险。

与人身风险相比，财产保险的风险较集中。第一，财产保险承保了一些高额保险，如飞机保险、人造卫星保险等，其保险金额较高，保险事故一旦发生，保险人要支出巨额的保险赔款。第二，财产保险还承保了一些巨灾风险，如洪水、风暴等，这些风险一旦发生，会使大量的保险标的同时受损，导致保险人的赔偿金额剧增。由于财产风险的集中性，为了分散风险，保证保险经营的稳定，再保险对财产保险而言是必须的。

2. 与人身风险相比，对财产风险发生规律的掌握相对较难

人身风险包括人的生老病死伤残，国家和社会鉴于对人的重视，有专门的部门对人的生老病死进行研究和管理。每隔一定时间，国家还要进行人口普查，编制国

民生命表。保险人也要对其承保的被保险人进行专门的研究和统计，编制经验生命表。这样一来，保险人认识和掌握人身风险的规律性就比较容易和准确，据此制定的保险费率与风险发生概率的偏差较小。

财产风险与人身风险不同。首先，财产风险种类繁多、千差万别。其次，受人们的认识能力和科技水平的限制，人们对一些灾害事故无法有效防范。最后，人们对财产风险的重视程度不够，以及统计资料不健全。基于以上原因，保险人要准确地掌握财产风险的规律性较为困难，根据所掌握的风险资料所制定的保险费率与所承保的财产实际发生的损失之间往往存在一定的偏差。

（三）保险期限短

人身保险，特别是人寿保险，由于保险期限较长，具有以下特征：第一，采用年度均衡保险费制，保险费多为按年度分期交纳，保险费按复利计算；第二，对被保险人而言，其既具有保障性，又具有储蓄性；第三，保险人每年都有固定的保险费收入，其形成的保险基金可供保险人进行中长期投资。

财产保险与人身保险（尤其是人寿保险）不同，其保险期限一般为一年或一年以内。由于期限短，财产保险实务中要求投保人投保时一次性交清保险费，保险费不计利息；其形成的保险基金不能作为保险人中长期投资的资金来源；财产保险只有保障性，不具有储蓄性，保险单没有现金价值。

此外，财产保险与人身保险的保险利益及适用的合同原则也不尽相同（详见第二章），二者在经营管理上也存在差异（具体可结合第十一章学习理解）。

第二节 财产保险的种类、职能和作用

一、财产保险的种类

随着现代保险事业的飞速发展，财产保险已经发展成为内涵非常丰富、外延极为广泛的概念，广义的财产保险包括了人身保险以外的所有险种。

从不同的角度划分，财产保险有不同的分类。

（1）按实施形式划分，财产保险可分为强制保险和自愿保险。前者是指根据国家颁布的法律和法规，在规定范围内的个人和单位必须投保的保险，如我国的机动车交通事故责任强制保险（简称“交强险”）；后者是指投保人与保险人在平等自愿的基础上协商建立的保险关系，财产保险的绝大部分险种是自愿保险。

（2）按承保方式划分，财产保险可分为原保险、再保险、共同保险和重复保险。原保险是指投保人与保险人直接建立保险关系的保险。再保险是指保险人之间建立保险关系的保险，即保险人将其承担的保险业务，以投保方式部分转移给其他保险人承担，以达到分散风险、稳定经营的目的。共同保险是指保险标的的风险由两个或两个以上的风险责任者共同承担。广义的共同保险有两种含义：一是保险人与被保险人共同承担风险，在财产保险合同中，出现在不足额保险或保险单有免赔额（率）规定的情况下；二是两个或两个以上的保险人联合直接对同一标的、同一

保险利益、同一风险事故提供保险保障，发生保险损失时按照保险人各自的承保比例来进行赔款的支付。重复保险是指投保人对同一保险标的、同一保险利益、同一保险事故分别与两个或两个以上的保险人订立保险合同的保险。

（3）按保险价值确定的方式划分，财产保险可分为定值保险和不定值保险。

（4）按适用范围划分，财产保险可分为国内财产保险和涉外财产保险。

（5）按保险标的划分，财产保险可分为财产损失保险、责任保险、信用保证保险等。以下介绍的财产保险种类，主要以保险标的为划分标准。财产保险的基本类型见图 1.1。

- 广义的财产保险
  - 财产损失保险（狭义的财产保险）
    - 火灾保险
    - 货物运输保险
    - 运输工具保险
    - 工程保险
    - 农业保险
  - 责任保险
  - 信用保证保险

图 1.1　财产保险的基本类型

（一）财产损失保险

财产损失保险是指以物质财产为保险标的的保险业务，其种类很多，主要包括以下几类：

（1）火灾保险。它以存放在固定场所并处于相对静止状态的财产及其有关利益为保险标的，保险人承保被保险人的财产因火灾、爆炸、雷击及其他灾害事故的发生所造成的损失。目前，我国火灾保险主要有企业财产保险、家庭财产保险、涉外财产保险等。

（2）货物运输保险。保险人承保货物在运输过程中因灾害事故及外来风险的发生而遭受的损失。我国的货物运输保险分为海洋货物运输保险、内陆货物运输保险等。

（3）运输工具保险。保险人承保因灾害事故发生所造成的运输工具本身的损失及第三者责任，也可承保各种附加险。我国的运输工具保险主要有机动车辆保险、船舶保险、飞机保险等。

（4）工程保险。保险人承保建筑工程和安装工程等在建设和施工过程中，因灾害事故发生所造成的损失、费用和责任。它分为建筑工程保险、安装工程保险等。

（5）农业保险。保险人承保种植业、养殖业标的因灾害事故的发生所造成的经济损失。它分为种植业保险和养殖业保险两类。

（二）责任保险

责任保险以被保险人依法应承担的民事损害赔偿责任或经过特别约定的合同责任为保险标的。责任保险的保险人承保经济单位和个人在进行各项生产经营活动、业务活动或在日常生活中，因疏忽、过失等行为造成他人的财产损失或人身伤亡，依法应承担的经济赔偿责任。

责任保险的承保方式有两种：一种是作为各种财产损失保险合同的组成部分或作为附加险承保，不签发单独的责任保险保险单；另一种是签发保险单单独承保的责任保险，包括公众责任保险、雇主责任保险、产品责任保险、职业责任保险等。

（三）信用保证保险

信用保证保险以被保证人的信用为保险标的，分为保证保险和信用保险两类：凡被保证人根据权利人的要求，要求保险人担保自己信用的，属于保证保险；凡权利人要求保险人担保对方信用的，属于信用保险。信用保证保险主要有合同保证保险、忠诚保证保险、商业信用保证保险、投资保险、出口信用保险等。

二、财产保险的职能和作用

（一）财产保险的职能

一般认为，保险职能有基本职能和派生职能。财产保险的基本职能表现为分摊经济损失和实现经济补偿，它是财产保险本质的体现。经济补偿职能是指当保险标的发生保险事故造成损失时，保险人根据财产保险合同的约定对保险标的的实际损失数额在保险金额范围内给予赔偿[①]。财产保险的派生职能是指在基本职能的基础上延伸出来的职能，包括防灾防损职能和融资职能。其中，防灾防损职能是由财产保险的营利性决定的。财产保险供给主体（产险公司）为了有效地控制保险赔付，会进行必要的风险选择并采取有效的风险管理措施。这个过程中，财产保险履行了防灾防损的职能。融资职能是建立在财产保险经营具有负债性的基础上的，财产保险具有射幸性以及负债经营的基本特征，因此产险公司需要进行有效的投资才能够实现最终的赔付。因此，损失补偿、防灾防损以及融资职能都是由财产保险的本质决定的。2023 年 1 月，《中国银保监会办公厅关于财产保险业积极开展风险减量服务的意见》（以下简称《意见》）指出，风险减量服务是财险业服务实体经济发展的有效手段之一，对于增强社会抗风险能力、降低社会风险成本具有积极作用。《意见》首次从风险减量的服务领域、服务基础、服务内容、服务形式、依法合规、组织保障等多个维度，为财产保险公司深耕风险减量服务提供权威参考和指引。2023 年全国财产保险监管工作会议进一步提出，要着力开展“风险减量”行动，做好前置减险、合规控险、精算计险、稽查化险、处置出险工作，提升“防”的能力、“减”的实效和“救”的服务，不断控降社会风险、行业风险，为建立公共安全体系和防灾减灾救灾提供保险保障。事实上，这都是充分发挥财产保险的防灾防损作用的体现。

（二）财产保险的作用

财产保险的作用是财产保险在履行其职能的过程中表现出来的具体效果。在当今的社会经济生活中，财产保险的作用在若干方面得以体现。

1. 财产保险对微观经济的作用

（1）对家庭和个人的作用。财产风险会使人们产生恐惧感，影响其工作效率和

---

① 王绪谨. 财产保险［M］. 北京：北京大学出版社，2022：3.

生活质量；同时，灾害事故一旦发生，会造成个人财产的损失，使家庭和个人生活陷入困境。一是家庭财产保险可以为家庭和个人的财产提供保险保障，解除人们的后顾之忧，保障生活的安定。二是财产保险还可以提升个人和家庭的信用。被保险人会因为购买财产损失类的保险获得充分的财产保障，因为购买信用保证保险、责任保险等增强了偿债能力，进而提升了自身的信用。

（2）对企业的作用。企业的生产经营活动可能因灾害事故的发生而停顿，不仅造成财产的直接损失，而且会导致合同不能履行，影响企业的信用。企业通过购买各种财产保险，将未来不确定的损失变为确定的保险费支出。因此，财产保险可以保障企业的财产安全，维持企业的利润，提升企业的信用，加强企业的经济核算，强化企业的风险管理能力，保障企业的可持续生产，促进企业发展。

2. 财产保险对宏观经济的作用

（1）促进社会再生产的顺利进行。在任何社会形态下，社会再生产是一个连续不断的运动过程，其中任何一个环节的中断，都会打乱整个社会再生产的秩序，影响国民经济的健康发展。自然灾害和意外事故会对社会再生产造成破坏，严重的灾害事故甚至会使再生产过程中断。财产保险业务的开展，虽然不能完全防止灾害事故的发生，但可以减轻或消除这种破坏力对社会再生产的影响，为再生产的顺利进行提供保障。

（2）促进社会稳定。公民个人和家庭生活安定是一个社会稳定的基础。但在社会生活中，人们会面临各种风险，如财产损失风险、信用风险，交通事故、医疗事故、工伤事故、产品责任事故等会造成受害人的财产损失或人身伤亡。各种财产损失保险、信用保证保险、责任保险能对受害人进行赔偿，消除各种不安定因素，促进社会稳定。

（3）促进科技进步。科学技术是生产力，科技的应用有利于劳动生产率的提高。但任何一项科技的发明和应用，都要冒较大的风险。财产保险作为后盾，可将风险分散，有利于科技的推广应用，如卫星保险、航空保险、核电站保险等为这些领域的发展起了一定的推动作用。此外，近几年快速发展的科技保险就能为科技创新型企业提供有力的保障，促进科技创新。事实上，各类财产保险都能够有效地降低企事业单位、家庭和个人实现未来经营生产生活的不确定性，从而可以配置更多的资源开展创业创新活动。

（4）保障社会财富的安全。保险公司在经营财产保险业务中，为了减少保险标的的损失，降低赔付率，必然要开展防灾防损工作，例如，参与社会的防灾防损活动；随时检查保险标的的安全状况，督促被保险人做好防灾工作；当保险事故发生时，督促和配合被保险人采取施救措施，以减少保险财产的损失。保险公司通过以上一系列手段，客观上起到了减少社会财富损失，保障社会财富安全的作用。

（5）促进对外贸易和国际经济交往。在国际贸易中，无论是进口商品还是出口商品，都必须办理保险。货物成本、保险费和运费已成为国际贸易商品价格中的三个不可缺少的组成部分。各种涉外保险业务的开展，对促进我国对外贸易、国内贸易，以及企业增资扩信等起到了积极的作用。

第三节　财产保险发展简史

一、财产保险的形成与发展

要想深入地理解财产保险发展的规律和趋势，可以从其发展历史中寻找答案。古代财产保险的发展和近现代财产保险的发展，国外财产保险的发展和中国财产保险的发展，各不相同而又蕴藏着相似的规律。财产保险是经济社会发展到一定阶段的产物，风险的客观存在和商品经济的发展是其发展的重要基础。

（一）海上保险的产生与发展

一般认为，财产保险起源于海上保险。因此，研究海上保险的产生与发展对了解财产保险的发展历史是必要的，而在海上保险的发展历程中，英国和意大利是两个值得关注的国家。

1. 海上保险的产生

共同海损是海上保险的萌芽。公元前2000年左右，大规模的海上贸易活动在地中海范围内兴起。由于当时的船舶比较简陋，航海是一种冒险活动。每当船舶遭遇风浪濒临倾覆时，最常用的应急措施是抛弃部分货物，减轻船舶载重，以便尽快脱离危险。为了使所抛弃的货物的损失能从受益的其他货物方和船方得到补偿，在航海商中逐渐形成了一条公认的原则，即共同海损原则。这一原则于公元前916年被《罗地安海商法》吸收，正式规定为："凡因减轻船舶载重而抛弃入海的货物，为全体利益而损失者，须由全体分摊归还。"这是最早的有关共同海损制度的规定。共同海损体现了风险分摊这一保险的基本原理，因而成为海上保险的萌芽。

船舶货物抵押贷款是海上保险的雏形。公元前8世纪至公元前7世纪，随着航海贸易的发展，海上抵押贷款在从事海上贸易的腓尼基人与罗得人之间出现，其后通过希腊传入罗马帝国，最后盛行于意大利及地中海沿岸的一些国家。船东或货主航海外出急需资金时，便以船舶或货物作抵押向当地商人借款。若船舶或货物在中途遭遇灾害事故灭失，则无须偿还贷款；若船舶或货物安全抵达，则必须还本付息，且所付的利息比普通贷款利息要高。比如，公元前533年的《罗马法典》，限定普通贷款利率为6%，而船舶或货物抵押贷款利率为12%。由于当时航海事故发生率极高，贷款人客观上要承担本金损失风险，而船东或货主支付给贷款人的高出普通利率的那部分利率，相当于其承担风险的费用。船舶或货物抵押贷款同现代保险有一定的相似之处，因而被公认为是海上保险的雏形。

意大利是现代海上保险的发源地。11世纪末，在经济繁荣的意大利北部城市的商人之间出现了类似现代形式的海上保险。目前，世界上发现的最古老的保险单，是一个名叫乔治·勒克维伦的热那亚商人在1347年10月23日开出的一张承保"圣·克勒拉"号从热那亚到马乔卡的船舶航程保险单。1397年，在佛罗伦萨的保险单上，已经出现了承保"海上灾害、火灾、天灾、抛弃"等字样，这张保险单开始具备现代保险单的形式。

2. 海上保险的发展

意大利是现代海上保险的发源地，随着海上贸易从地中海沿岸向大西洋拓展，随着海上贸易中心的转移，海上保险制度从意大利经葡萄牙、西班牙，于16世纪初传入荷兰、英国及德国，尤其是英国成为海上保险发展的重地。英国的海上保险最初为汉萨商人所操纵，其后为意大利伦巴第人取而代之。至伊丽莎白王朝，英国的贸易逐渐由英国人自己掌握，海上保险也自17世纪后逐渐由英国人经营。进入18世纪，伦敦已成为世界上最具实力的海上保险市场。1720年英国政府为整顿当时的伦敦保险市场，颁布了法令，规定除个人经营者外，禁止任何其他公司和商业团体从事海上保险业，特许英国皇家交易保险公司和伦敦保险公司经营海上保险业务。18世纪的伦敦海上保险市场基本上为这两家特许公司和市场的另一个主角——专营海上保险的保险人组织劳合社（Lloyd's）所控制。美国独立战争（1775—1783年）的爆发以及1793—1815年的法国战争为伦敦保险市场的发展提供了一个有利的时机。这是因为战争所带来的海上贸易风险，不但使海上保险的费率提高了，而且把欧洲保险业务以及越来越多的保险商吸引到了伦敦保险市场，把伦敦海上保险业务推入一个蓬勃发展的新阶段。1824年英国政府撤销了1720年颁布的有关限制团体性保险公司的法令，大量资金开始涌入海上保险市场，英国的海上保险业已不局限于伦敦一地。

1906年，英国颁布的《海上保险法》对保障和促进英国海上保险的发展起了重要作用。这部法律是由英国王座法庭首席法官曼斯菲尔德在利用20余年的时间收集了上千个海上保险判例的基础上，结合国际惯例起草而成的。它对海上保险的定义、基本原则和赔偿标准等做了详细的解释和规定，还把劳合社制定的S. G. 保险单（船舶货物保险单）列为英国法定的海上标准保险单。劳合社保险单也就自此开始被世界各国视为海上保险单的范本，直至今天仍被美国、日本等国援用，而英国的《海上保险法》则在世界各国保险界引起很大反响。

提起英国保险的发展史，必然要提到劳合社。与英国称霸海上保险业的历史几乎同步的是劳埃德咖啡馆的建立及其海上保险业务交易所——劳合社的演变。1688年，一个名叫爱德华·劳埃德的英国人在伦敦泰晤士河畔开了一家咖啡馆，叫劳埃德咖啡馆。由于其邻近码头、海关总署和港务局的特殊位置，该咖啡馆很快便成了船长、船东、商人、经纪人和海关办事员聚集的地方。他们边喝咖啡边交换有关航运和贸易的消息，有时也顺便洽谈业务。保险商也常聚集在此与投保人接洽业务。店主为招揽顾客，为以上这些人洽谈业务提供种种方便。经过若干年的发展演变，1774年，在劳埃德咖啡馆的基础上，劳合社成立了。英国议会于1871年专门通过决议，承认劳合社为一个保险社团组织，劳合社通过注册，取得了法人资格。从劳合社的组织性质来看，它不是一家保险公司，而是由许多保险人组成的保险社团，它本身不承保业务，也不对其成员的保险业务负责，只是向他们提供交易场所，并进行管理。劳合社保险商承保保险业务必须通过保险经纪人。劳合社从海上保险起家，从条款到费率，乃至具体承保方式，都对国际海上保险市场有着很大的影响。今天，劳合社的保险业务的种类随着时间的推移，已几乎涉及所有险种。

经过若干年发展，当代的海上保险无论是内容还是形式都发生了变化，这种变化表现在以下几个方面：

第一，承保风险范围的扩展。最初的海上保险只承保海上风险。随着海上保险的发展，其承保的风险从范围上不再局限于海上风险，还扩展到陆上风险与空中风险；承保的风险从性质上看，既有财产和利益风险，又有责任风险；承保的风险从种类上看，既有灾害事故引起的风险，又有外来其他原因引起的风险。总之，海上保险所承保的风险具有综合性。

第二，承保标的范围的扩展。原来的海上保险只承保船舶、货物等物质财产。为了适应被保险人对风险保障的需要，承保的标的已逐渐扩大到与物质财产有关的非物质利益和责任（包括运费、船员的工资、一定的利润等）。

第三，险种的变化。海上保险从传统的船舶保险、货物运输保险和运费保险三大险种，发展成为一个险种繁多的保险类别。为适应现代社会经济和科技发展，新险种不断出现，业务范围日益扩大。

（二）火灾保险的产生与发展

1. 火灾保险的产生

对火灾保险的起源，说法不一，大多认为有两个起源：

（1）起源于德国。中世纪，欧洲有许多行会，其中有专门对火灾损失进行救济的行会，但救济对象皆以社员为限，且多偏重于道义上的救助。如1591年德国汉堡市的酿造业者为了筹集重建被火灾烧毁的酿造厂的资金成立了火灾合作社。凡加入者遭遇火灾时，不仅可获得重建建筑物的资金，还可以建筑物作担保来融通资金。此后，由于各地火灾发生频繁，同类型的行会出现了很多。1676年，由46个行会联合，于汉堡市组成了火灾保险局，成为公营火灾保险事业的先驱。其后，在德国柏林、科隆等市也先后成立了类似的火灾保险组织。1718年，在柏林设立了公营火灾保险所，并带动全国各地。但这些公营的保险组织是基于政府财政上和行政上的需要而设立的，公众对火灾保险的作用并未真正理解，且业务经营也是原始的。

（2）起源于英国。1666年伦敦大火后的第二年，牙科医生巴蓬开办了第一家经营房屋火灾保险的商行。1680年，该商行由其他人出资加入，改组为合股公司，命名为火灾保险所，保险费以房租为标准，并按房屋的风险等级收取，木结构房屋的保险费为砖瓦结构房屋的两倍。此种按房屋的风险情形不同收取不同保险费的方式，是当今火灾保险差别费率的起源。之后，英国又出现了友爱社、太阳火灾保险公司等火灾保险组织。最初的火灾保险，保险人所承保的标的是房屋，承保的风险是火灾，其名称反映了火灾保险的内涵。

学界普遍认为现代火灾保险起源于英国。在17世纪中叶伦敦大火发生后，尼古拉斯·巴蓬进行了差别费率的探索，这种探索实际上在一定程度丰富了现代保险精算的基本思想，即因保险标的风险不同而进行差别化的费率厘定。本书赞同现代火灾保险起源于英国这一观点。

2. 火灾保险的发展

工业革命后，由于物质财富的大量增加，火灾风险也随之增加，火灾保险得以迅速发展，火灾保险公司大量出现。与此同时，火灾保险承保的标的已从最初的房屋扩展为各种动产及相关的利益损失（如利润、费用损失等）；承保的风险，也由最初的火灾，扩展到以火灾、爆炸、雷击为基本风险，并可承保一系列自然灾害和意外事故。也就是说，今天的火灾保险虽然名称未变，但其内涵已发生了变化，已成为一个综合性的险种。

（三）其他财产保险业务的发展

海上保险与火灾保险是两个传统的财产保险业务，它们在发展过程中承保的标的和风险范围不断扩展，已发展成为两个综合的财产保险险种。例如，火灾保险已经逐渐发展成为以企业财产保险和家庭财产保险为主体的综合性险种，其承保风险除了火灾以外，还涵盖了自然灾害、雷击、爆炸等风险，而保险标的的范围也从有形的财产向无形的利益拓展，从积极的财产向消极的财产拓展，如利润损失保险就是以承保无形的预期利润损失为标的的企业财产保险。19 世纪后半期以后，除海上保险和火灾保险外，汽车保险、航空保险、机械保险、工程保险、责任保险、盗窃保险、信用保证保险等各种财产保险开始快速发展。

现代意义的车险也是一个综合的概念，涵盖了以承保车辆损失为保险责任的车损险、以向第三者支付的民事赔偿责任为保险标的的第三者责任险等主要险种。随着石油成为全球经济发展的主要能源以及汽车制造技术的发展，车险在大多数国家是主要的财产保险险种。

责任保险是伴随着法律制度的完善以及社会治理方式的转变而发展起来的一个险种。最早出现的责任保险可以追溯到 19 世纪中叶，工业革命后的大部分国家面对着比较对立的雇佣关系，有效化解雇员因工负伤的风险损失成为大部分雇主面对的现实问题。因此，雇主责任险等责任保险应运而生。

信用保证保险也是时代的产物。由于经济、政治、社会环境的变化而出现了值得关注的信用风险，而信用风险会严重影响企业经营环境和商业贸易的稳定性和可持续性。因此，信用保证保险应运而生，以应对由于买方信用风险而产生的损失，促进经济贸易的可持续发展。

与财产保险业务的迅速发展相适应，19 世纪中叶以后，再保险业务迅速发展起来。最初，独立经营再保险业务的再保险公司是德国于 1846 年设立的科仑再保险公司。对于财产保险业务而言，由于其风险的特殊性，再保险已成为保险业务经营中不可缺少的手段。再保险使财产保险的风险得以分散，特别是财产保险业务在国际上各个保险公司之间的分保，使风险在全球范围内分散。再保险的发展，又促进了财产保险业务的发展。如今，英国、美国、德国、瑞士等国的再保险业务在国际上占有重要的地位。值得注意的是，随着中国财产保险整体和各类业务的快速发展，中国再保险市场成为全球再保险市场的重要构成。随着中国再保险集团、前海再保险、中国农业再保险、太平再保险等公司的成立和发展，中国再保险市场的发展迅速。2023 年 6 月，《关于加快推进上海国际再保险中心建设的实施细则》发布，支持保险集团、保险公司和再保险公司在上海设立再保险法人机构、分支机构，鼓励大型企业在上海设立自保公司，鼓励境内保险公司在上海设立再保险运营中心专营再保险业务。这标志着中国上海正式启动再保险“国际版”，上海将成为继伦敦、纽约、东京等传统再保险市场的另一高地。

二、新中国成立后我国财产保险的发展

（一）20世纪50年代的财产保险

1949年10月20日，中国人民保险公司在北京成立，从此揭开了中国保险史新的一页。中国人民保险公司成立后，在全国范围内陆续建立了分支机构，开办了火灾保险、国家机关和国营企业财产强制保险、货物运输保险、运输工具保险、农业保险等财产保险业务。从1949年中国人民保险公司成立到1958年，我国的财产保险有了一定规模的发展，取得了一些经验，为恢复生产、重建家园、稳定社会发挥了积极的作用。但1958年10月在西安召开的全国财贸工作会议提出，人民公社化以后，保险工作的作用已经消失，除国外保险业务必须继续办理的以外，国内保险业务应立即停办。

（二）恢复国内保险业务后财产保险的发展

恢复国内保险业务40多年来，财产保险业务的种类从最初的企业财产保险、家庭财产保险、货物运输保险、机动车辆保险等业务，发展到农业保险、工程保险等其他财产损失保险业务，以及责任保险和信用保证保险等领域。为适应改革开放的需要，涉外保险的服务范围由原来的进出口贸易，发展到技术引进、中外合资、对外承保工程等领域，并已涉足核电站、卫星发射等高科技领域。

国内保险业务恢复以来，财产保险业务的发展分为几个阶段：

1. 1980—1988年，完全垄断阶段

中国人民保险公司（简称“人保”）独家经营保险业务，保险市场基本处于垄断状态。在此阶段，人保的保险业务增长基本上代表了财产保险发展的总趋势：1980年人保财产保险的保险费收入为2.9亿元，1988年的保险费收入为57.3亿元，1988年的保险费收入约为1980年的20倍。

2. 1989—1994年，寡头垄断阶段

人保独家经营保险业务的局面被打破，特别是1990年以后，随着中国平安保险（集团）股份有限公司（简称“平安保险”）下设机构的增加和中国太平洋保险（集团）股份有限公司（简称“太平洋保险”）的正式成立，我国财产保险业务在三家保险公司的竞争中迅速发展，年均保险费收入的增幅在30%以上。

3. 1995—2000年，竞争加剧阶段

产寿险分业经营，除人保[①]、平安保险、太平洋保险经营财产保险业务外，随着一批新保险公司的加盟和外资保险公司的进入，保险竞争加剧。

4. 2001—2013年，快速发展阶段

国内财产保险进入快速发展阶段：市场主体的种类和数量不断增加，市场竞争环境日趋完善；经济补偿和社会管理功能得到了较充分的发挥；经营管理水平显著

---

① 注：中国人民保险公司于1996年8月改建为中国人民保险（集团）公司。

提高。在这一阶段，车险和农险的发展尤为值得关注：随着2006年《机动车交通事故责任强制保险条例》的颁布实施，车险逐渐成为我国产险的主要险种，财产保险整体呈现出快速增长的趋势。2004年以来安华、安信、中原、国元、阳光农业相互等专业农险公司的成立以及2006年国务院颁布的《国务院关于保险业改革发展的若干意见》（简称“国十条”）有效地促进了农业保险的快速发展，2012年颁布的《农业保险条例》则进一步加快了农业保险的发展，为农业生产经营提供了有力保障。

5. 2014年至今，高质量发展阶段

2014年至今，国内财产保险逐步迈向高质量发展阶段。2014年国务院颁布的《国务院关于加快发展现代保险服务业的若干意见》（简称“新国十条”）为现代保险服务业发展指明了方向。近10年来，除车险外，农险、责任险、信用保证保险、货运险、巨灾保险等险种得到了极大的发展，险种结构逐步趋于合理，产险经营主体也在不断增多，经营主体类型也在不断丰富，市场结构垄断程度逐步下降，市场的开放程度持续提高，产险监管制度逐渐趋于完善。

值得注意的是，21世纪以来，随着我国经济高速发展，产业结构转型，法治环境不断完善，风险环境不断变化，我国财产保险市场的保费规模不断扩大，供给主体及市场结构不断发展并演变，具体如下：

（1）财产保险保费收入快速增长，在整体市场中占比逐渐下降并趋于稳定。

随着中国经济的持续发展，尤其是汽车消费和固定资产投资的增长，财产保险业显示出了巨大的增长潜力。2001年以来，我国宏观经济一直运行良好，作为经济发展的产物，近20年来我国财产保险保费增速一直保持在国内生产总值（GDP）增速以上。一方面，快速发展的经济为财产保险发展提供了重要基础和条件；另一方面，财产保险也成为宏观经济中的拉动型产业。

由表1.1可知，2004年开始，财产保险保费收入突破1 000亿元，达1 089.86亿元，同比增长25.36%；得益于交强险和车险的推行，2007年财产保险保费增速达到32.35%；2017年以后，我国财产保险保费增速下降至10%以下，但仍然高于同期的GDP增速；2019年之后，受新型冠状病毒感染疫情的影响，2021年出现了短暂的负增长，2022年又出现了明显的反弹。

由于我国保险市场特殊的发展历程，早期的保险市场以财产保险为主，随着产寿险的分业经营以及寿险的快速发展，产险在整体保险市场中的占比经历了快速下降后趋于相对稳定的状态，2001年以来产险保费收入占我国总保费收入的比例一直维持在30%以下。

表1.1　1989—2022年我国财产保险保费收入增速及结构

年份	产险保费/亿元	同比增速/%	总保费/亿元	产险占比/%	年份	产险保费/亿元	同比增速/%	总保费/亿元	产险占比/%
1989	78.05		97.63	79.94	2006	1 509.41	22.73	5 641.44	26.76
1990	106.76	36.78	135.17	78.98	2007	1 997.74	32.35	7 035.76	28.39
1991	136.83	27.17	178.24	76.77	2008	2 336.71	16.97	9 784.1	23.88

表1.1(续)

年份	产险保费/亿元	同比增速/%	总保费/亿元	产险占比/%	年份	产险保费/亿元	同比增速/%	总保费/亿元	产险占比/%
1992	147.4	7.72	211.69	69.63	2009	2 875.83	23.07	111 137.29	25.87
1993	251.4	70.56	395.47	63.57	2010	4 026.89	28.58	14 527.97	27.72
1994	336.9	34.01	500.35	67.33	2011	4 617.82	12.80	14 339.25	32.20
1995	390.7	15.97	594.9	65.67	2012	5 330.93	13.38	15 487.93	34.42
1996	452.49	15.82	776.6	58.27	2013	6 212.26	14.19	17 222.24	36.07
1997	485.99	7.4	1 087.95	44.67	2014	7 203.38	13.76	20 234.81	35.60
1998	499.6	2.8	1 247.3	40.05	2015	7 994.97	9.90	24 282.52	32.92
1999	521.1	4.3	1 393.2	37.4	2016	9 266.17	13.72	30 959.1	29.93
2000	598.4	14.8	1 595.9	37.5	2017	9 834.66	5.78	36 581.01	26.88
2001	685.39	14.54	2 109.35	32.49	2018	10 770.08	8.69	38 016.63	28.33
2002	778.29	13.55	3 051.14	25.51	2019	11 649	7.55	42 645	27.32
2003	869.4	11.71	3 880.4	22.4	2020	11 929	2.35	45 257	26.36
2004	1 089.86	25.36	4 318.13	25.24	2021	11 671	-2.21	44 900	25.99
2005	1 229.86	12.85	4 927.34	24.96	2022	12 712	8.19	46 957	27.07

资料来源：1989—1998 年数据来源于裴光于 1999 年出版的《中国保险业监管研究》(中国金融出版社出版)，1999—2022 年数据由作者根据国家金融监督管理总局公布的信息整理得出。

(2) 财产保险公司数量明显增加，类型更加多元化。

2001 年年底，我国财产保险公司只有 19 家，其后一直在不断增加，到 2009 年财产保险公司数量已经增至 52 家（其中中资产险公司 34 家，外资产险公司 18 家），到 2023 年增至 88 家（其中中资产险公司 66 家，外资、中外合资产险公司 22 家①）。2001—2023 年我国财产保险公司的数量变动情况如表 1.2 所示。

表 1.2 2001—2023 年我国财产保险公司数量变动情况

年度	2001	2002	2003	2004	2005	2006	2007	2008	2009	2010	2015	2020	2023
公司数量/个	19	22	25	32	35	38	42	47	52	73	75	88	88

资料来源：作者根据中国保险行业协会、国家金融监督管理总局公布的信息整理得出，统计时间截至 2023 年 6 月底。

(3) 市场结构格局基本形成，垄断程度逐渐下降但地区差异明显。

1999 年，中国人民保险（集团）公司撤销，中国人民保险公司、中国人寿保险公司、中国再保险公司成立，我国财产保险市场结构开始逐渐从寡头垄断向垄断竞争转变。描述市场结构的主要指标是市场集中度（CR_n），即描述市场份额排名前 n

① 数据来源于中国保险行业协会官方网站。

位的公司市场份额总量在全产业中的占比。结合我国财产保险发展实践，本书选择了 CR_3 和 CR_5 描述我国财产保险市场结构特征。由表 1.3 可知，整体而言，我国财产保险市场结构属于垄断型，并逐步由寡头垄断向垄断竞争转变。近 20 年来，我国财产保险市场的前三家产险公司——人保、中国太平洋财产保险份有限公司（简称“太保财险”）、中国平安财产保险有限公司（简称“平安财险”）的市场份额占比不断下降：2001 年 CR_3 为 96.2%，2005 年 CR_3 为 73.9%，2010 年 CR_3 为 68.9%，2015 年 CR_3 为 64%，2020 年 CR_3 为 62.6%。与此同时，第一梯队的三家公司内部的市场份额占比也日益均衡，而中国人寿财产保险股份有限公司、中国大地财产保险股份有限公司和中华联合财产保险股份有限公司等第二梯队公司的市场占比不断提升，并且垄断结构逐渐趋于稳定。事实上，全球各国的财产保险市场结构均有一定的垄断性，这是由保险的“自然垄断属性”决定的。

表 1.3　2001—2022 年中国财产保险市场结构变动趋势

CR_n	年份												
	2001	2002	2003	2004	2005	2006	2007	2008	2009	2010	2015	2020	2021	2022
CR_3/%	96.2	94.8	88.7	79.9	73.9	67.3	65.4	64.8	65.7	68.9	64	62.6	62.4	62.1
CR_5/%	96.5	96.7	93.3	90.3	87.2	80.8	78.8	76.6	75.8	77.1	74.7	72.9	72.5	72.2

资料来源：作者根据公司年报及保险监督管理机构公布数据整理得出。

此外值得注意的是，我国各地区之间的财产保险市场发展不平衡是我国财产保险市场结构另一个重要特征。北京、上海、深圳、江苏、浙江等经济相对发达地区，由于其公司注册数量较多，保险发展水平较高，市场竞争更为激烈。相比而言，经济相对落后的云南、甘肃、四川等地区，财产保险公司注册数量较少，市场垄断水平较高。

三、我国财产保险险种结构变动及趋势

（一）1980—2007 年的产险险种结构

从 1980 年恢复国内保险业务到 1986 年，企业财产保险占比最高，保险费收入一直位居第一。从 1987 年开始，运输工具保险的保险费收入跃居第一。1999 年，机动车辆保险的保险费收入占财险保险费收入的 58.7%；企业财产保险的保费收入占财险保险费收入的 21.7%；货物运输保险的保险费收入为 35.5 亿元，占财险保险费收入的 6.8%；其他类别的财产保险业务的保险费收入为 66.6 亿元，占财险保险费收入的 12.8%。

我国财产保险险种结构快速变革的一个推动因素是交强险的实施。自 2006 年实施交强险以来，我国财产保险市场的险种结构发生了明显变化。2007 年至今，车辆保险在我国财产保险业务中的占比一直维持在 70%以上。然而，与此同时，为充分发挥财产保险服务实体经济的功能，财产保险行业不断创新保险险种。1985—2007 年我国财产保险按险种占比如表 1.4 所示。

表 1.4　1985—2007 年我国财产保险主要险种占比

种类	1985 年	2001 年	2002 年	2003 年	2004 年	2005 年	2006 年	2007 年
企业财产保险占比/%	46	17.66	15.77	14.38	11.9	11.6	9.94	8.95
家庭财产保险占比/%	4	2.77	3.08	2.19	1.33	0.94	0.70	0.82
机动车辆保险占比/%	42	61.61	60.51	62.14	66.22	66.87	70.17	71.14
工程保险占比/%	—	0.88	1.03	1.38	1.42	1.79	1.58	1.51
责任保险占比/%	—	4.09	4.74	4.03	2.93	3.51	3.55	3.19
信用保险占比/%	—	0.44	0.90	0.92	1.42	1.79	1.84	1.67
保证保险占比/%	—	0.58	1.15	0.23	0.08	1.40	0.51	0.20
货物运输保险占比/%	6	5.99	5.38	4.72	4.09	3.98	3.55	3.02
农业保险占比/%	2	0.44	0.64	0.58	0.36	0.55	0.51	2.56

资料来源：孙正成的《我国中小产险公司差异化经营研究》，数据由作者根据中国统计局公布的数据整理得出。

（二）近 20 年来的产险险种结构

1. 财产保险险种结构的整体变动情况及趋势

近 20 年来，我国产险险种结构整体呈现出了较为明显的内部分化特征，即车险维持着相对稳定的占比，而农业保险、责任保险、信用保证保险呈现出明显的增长趋势。事实上，这是由“国十条”“新国十条”等有效政策的颁布以及我国财产保险业不断深化服务实体经济带来的结果。这样的险种结构变动趋势以及变动特征有利于产险业进一步服务于实体经济增长以及政府职能转型。2010—2022 年我国财产保险主要险种占比见表 1.5。

表 1.5　2010—2022 年我国财产保险主要险种占比　　单位:%

种类	2010 年	2015 年	2016 年	2017 年	2018 年	2019 年	2020 年	2021 年	2022 年
企业财产保险占比/%	17.69	4.83	4.58	3.99	3.93	4.01	4.11	4.71	4.61
家庭财产保险占比/%	2.74	0.52	0.59	0.64	0.71	0.79	0.76	0.89	1.37
机动车辆保险占比/%	61.33	77.54	77.74	76.48	72.74	70.68	69.12	70.34	68.47
工程保险占比/%	0.91	1.04	1.2	1.12	1.12	1.02	1.16	1.30	1.21
农业保险占比/%	0.48	4.69	4.94	4.87	5.32	5.8	6.83	8.83	10.17
货物运输保险占比/%	5.90	1.10	1.0	1.02	1.12	1.02	1.14	5.62	6.01
责任保险占比/%	4.02	3.78	4.17	4.59	5.49	6.5	7.55	9.21	9.57
信用保险占比/%	0.43	2.41	2.31	2.18	2.25	1.73	1.72	4.71	4.60
保证保险占比/%	0.61	2.6	2.09	3.86	5.99	7.28	5.77		

资料来源：2021 年、2022 年数据由作者对国家金融监督管理总局公布的数据整理得出，其中 2021 年和 2022 年数据没有单独公布信用保险，本书对信用保险和保证保险做了合并处理；2010 年、2015—2020 年数据来源于王绪谨于 2022 年出版的《财产保险》（北京大学出版社出版）。

2. 代表性产险公司险种结构变动及趋势比较

为了更好地实现有效经营，各类保险公司不断根据外部经营环境和自身的经营禀赋调整主营险种结构。虽然几乎所有的产险公司保费收入最多的险种仍然是车险，但车险在各类公司内部的占比存在一定差异。一个相对普遍的现象是大多数中资产险公司，尤其是中小型中资产险公司对车险的依赖程度相对更高。例如，第一梯队的人保财险、平安财险、太平洋财险等公司保费收入排名第一位的险种为机动车辆保险，但众安在线、美亚等互联网公司或者外资公司，排在其保费收入第一位的险种不是车险，而是退运保险、责任险等非车险或新兴险种（具体见表 1.6）。

表 1.6　代表性产险公司险种结构变动趋势（2010—2022）

公司	销售前五的险种	排名	年份	变动幅度	公司	销售前五的险种	排名	年份	变动幅度
人保财险	机动车辆保险	1	2010—2022 年	***	众安在线	退运保险	1	2013—2017 年	****
	健康保险	2	2017—2022 年			保证保险	2	2013—2015 年、2018 年	
	农业保险	2	2014—2016 年			意外保险	3	2014、2015、2018、2020 年	
	责任保险	3	2011—2013 年			责任保险	4	2014、2015 年	
	企业财产保险	2	2010—2013 年			信用保险	5	2015、2017 年	
平安产险	机动车辆保险	1	2010—2022 年	***	英大财险	机动车辆保险	1	2012—2017 年	*
	保证保险	2	2012—2020 年、2022 年			企业财产保险	2	2012—2017 年	
	责任保险	3	2016—2020 年、2022 年			责任保险	3	2010—2022 年（除 2012 年）	
	意外伤害保险	4	2017—2022 年			工程保险	4	2011—2021 年（除 2012 年）	
	企业财产保险	2	2010—2011 年			意外保险	5	2013—2020 年	
太平洋财险	机动车辆保险	1	2010—2022 年	*	永诚保险	机动车辆保险	1	2010—2022 年	*
	企业财产保险	2	2010—2019 年			企业财产保险	2	2010—2022 年	
	责任保险	3	2011—2022 年			意外保险	3	2012—2021 年（除 2015 年）	
	农业保险	4	2017—2022 年			责任保险	4	2012—2018 年、2021年(除2015年)	
	意外伤害保险	4	2011—2016 年			工程保险	5	2012—2017 年（除 2015 年）	
国寿财险	机动车辆保险	1	2010—2022 年	*	紫金保险	机动车辆保险	1	2011—2022 年	**
	责任保险	2	2017—2022 年			责任保险	2	2015—2019 年	
	农业保险	3	2017—2022 年			企业财产保险	3	2015—2019 年	
	企业财产保险	2	2010—2016 年			意外保险	4	2014—2020 年	
	意外伤害保险	4	2011—2016 年			健康保险	5	2012—2019 年	

表1.6(续)

公司	销售前五的险种	排名	年份	变动幅度	公司	销售前五的险种	排名	年份	变动幅度
大地	机动车辆保险	1	2010—2022 年	**	苏黎世	企业财产保险	1	2010—2015 年	*
	企业财产保险	2	2010—2012 年			工程保险	2	2010—2012 年	
	意外保险	2	2013—2016 年			责任保险	2	2013—2015 年	
	短期健康保险	3	2010—2019 年（除2012、2016年）			货运保险	3	2010—2022 年（除2016、2017年）	
	责任保险	4	2011—2021 年（除2012、2016年）			意外保险	4	2010—2022 年（除2016、2017年）	
阳光财险	机动车辆保险	1	2010—2022 年	****	三井住友	企业财产保险	1	2012—2022 年	*
	保证保险	2	2014—2021 年			货运保险	2	2012—2022 年	
	意外保险	3	2010—2020 年（除2012—2014年）、2018 年			责任保险	3	2010—2019 年、2021 年、2022 年	
	责任保险	4	2010—2021 年（除2012、2018年）			船舶/工程保险	4	2010—2019 年（除 2014、2016、2017 年）	
						信用保险	5	2011—2021 年（除 2014、2016、2017 年）	
太平财险	机动车辆保险	1	2010—2021 年	**	美亚	责任保险	1	2010—2022 年（除2012、2013年）	*
	企业财产保险	2	2010—2014 年			意外保险	2	2011 年、2014—2020 年	
	意外保险	2	2015—2019 年			货运保险	3	2011—2020 年（除 2015 年）	
	责任保险	3	2011—2020 年（除 2017 年）			企业财产保险	4	2010—2021 年（除 2015 年）	
	货运保险	4	2011—2016 年			信用保险/健康保险	5	2010—2021 年	

数据来源：由作者根据各家产险公司年报总结整理得出。

注：＊表示变动幅度的大小，＊越多说明该公司调整险种结构越频繁。

四、促进我国财产保险高质量发展

（一）转变经营指导思想

保险公司的特点要求保险人以效益为中心、稳健经营、扩大资金积累。保险经营者应进一步解放思想，增强市场意识，力求规模与效益、发展与管理并重；应改变业务发展追求近期利益，业务集中于少数几个传统险种（机动车辆保险、货物运输保险、企业财产保险等）的现状，向更宽的领域发展；在经营区域上，突破围着城市经济转的圈子，逐步向农村发展。

第一，保险经营者应在现有条款基础上对企业财产保险等险种进行改造，扩大附加险范围，增加机器损坏保险、新产品试制保险、间接损失保险等；对面广量多的中小私营、个体工商企业，要提供适宜的险种，采取灵活的服务手段，加大宣传力度，扩大承保面，扩大业务规模，同时加强风险防范和防灾防损工作指导；针对家庭财产保险业务分散的特点，除应加强宣传外，还要对原有险种进行改造，增加新险种，或开发其附加险，或向综合险种方向发展，以满足不同收入层次的家庭对财产保障的需要。

第二，实现国内财产保险与涉外财产保险的融合，逐步与国际接轨。过去，国内财产保险与涉外财产保险是分口管理、分别制定条款。涉外财产保险条款的制定遵照国际习惯做法，而国内财产保险的条款则不完全符合国际习惯做法。目前，除机动车辆保险国内业务与涉外业务条款统一外，其他保险业务的条款仍然是国内业务与涉外业务不同。这种做法不利于财产保险市场与国际接轨，也不利于保险业务的发展。今后，国内财产保险条款的修订应充分考虑国际保险市场的做法，逐步与国际接轨。

第三，合理厘定费率，提升费率的科学性。保险公司应加强对财产风险的测定和分析，运用概率论和数理统计方法，在测算损失概率的基础上制定费率；增加费率的弹性，使全国不同地区能够根据本地区灾害发生的频率、强度、财产损失率、保险赔付率等因素，合理使用浮动费率；对处于不同危险程度下的同类保险标的实行差别费率。

第四，努力开发新险种，拓展新的业务领域。调整业务结构，努力开发新险种，是国内保险公司增强竞争能力、参与国际竞争的重要手段。责任保险、工程保险、信用保证保险、科技保险等有较大市场潜力的险种，应作为产险业务开发的重点。财产保险新险种的开发要以市场需求为导向，注重市场调查与分析，以减少盲目性。此外，保险公司应处理好眼前利益和长远利益之间的关系，加强对新产品开发的规范化管理。

（二）建立与完善中介人制度

第一，加强对兼业代理人的管理，发展专业代理人和个人代理人。兼业代理是财产保险代理的主要形式。针对兼业代理的现状，我国应加强对其资格、手续费支付标准及代理行为的管理，促使其规范化。财产保险要持续健康的发展，应按照国际惯例，发展专业代理人，形成专业化、职业化的代理人队伍。对于分散性的财产保险业务，保险公司应发展个人代理制度，加强业务发展的后劲。

第二，完善保险经纪人与保险公估人制度。完善保险经济人与保险公估人制度，从保险公司的角度看，有利于解决保险公司职能大而全的问题，降低经营成本，使保险人有更多的精力来研究市场、开发新险种、提高服务质量；从被保险人的角度看，有利于克服因保险合同附和性而产生的合同签订及保险理赔中的倾向性、片面性问题，维护保险合同的公正和被保险人的利益。

（三）注重对财产保险承保风险的控制

承保是财产保险经营中的关键环节，承保的数量大小和质量的好坏关系到财产保险业务能否稳健经营、健康发展。保险人对承保风险的控制一是必须坚持风险选择原则，不能为了业务的发展而对标的和承保风险不进行选择和控制，而应根据保险责任范围、自身的经营状况、承保能力，对保险标的进行分析和审核，决定是否承保、适用费率，以及如何安排再保险等；二是建立专门的核保机构和核保人制度，统一核保标准，规定每一级核保人的权限及职责，并定期进行考核，利用利益机制将核保业绩与核保人员的报酬、晋升挂钩，增强核保人员的责任心，提高承保质量。

此外，随着保险科技的不断发展和完善，保险公司可以在承保和理赔环节运用遥感技术、区块链技术、人工智能（AI）技术、图像识别技术等现代科技手段对承保风险和保险理赔进行有效控制。

本章小结

（1）财产保险（property insurance）是以财产及其有关利益为保险标的的保险。财产保险的投保人根据合同约定，向保险人支付保险费；保险人集合众多面临同质风险的经济单位，当其中部分经济单位的财产及其有关利益因保险合同约定的自然灾害和意外事故发生造成损失时，向被保险人赔偿保险金。

（2）财产保险有狭义和广义之分。狭义的财产保险就是财产损失保险，广义的财产保险包括财产损失保险、责任保险和信用保证保险。这是一种典型的按保险标的划分的结果，财产损失保险主要包括火灾保险（企财险和家财险）、运输工具保险、货物运输保险、农业保险、工程保险等具体险种，以有形资产为保险标的。

（3）财产保险的基本职能表现为分摊经济损失和实现经济补偿。财产保险的派生职能是指在基本职能的基础上延伸出来的职能，包括防灾防损职能和融资职能。其中，防灾防损职能是由财产保险的营利性决定的。财产保险供给主体（产险公司）为了有效地控制保险赔付，会进行必要的风险选择并采取有效的风险管理措施。这个过程中，财产保险履行了防灾防损的职能。融资职能是建立在财产保险经营具有负债性的基础上的，财产保险具有射幸性以及负债经营的基本特征，因此产险公司需要进行有效的投资才能够实现最终的赔付。因此，损失补偿、防灾防损以及融资职能都是由财产保险的本质决定的。

（4）要想深入地理解财产保险发展的规律和趋势，可以从其发展历史中寻找答案。古代财产保险的发展和近现代财产保险的发展，国外财产保险的发展和中国财产保险的发展，各不相同而又蕴藏着相似的规律。财产保险是经济社会发展到一定阶段的产物，风险的客观存在和商品经济的发展是其发展的重要基础。

（5）随着财产保险市场发展日益成熟，我国财产保险险种结构内部分化日益明显，从传统的以企业财产保险为主，逐渐发展到以机动车辆保险为主；近几年的责任保险、农业保险、信用保证保险等险种发展值得关注，尤其是一些经济相对发达的地区。

本章关键词

财产　有形财产　无形财产　财产保险　狭义的财产保险　广义的财产保险
经济补偿　定值保险　不定值保险　原保险　再保险　共同保险　重复保险

本章思考题

1. 简述财产保险的概念及特征。
2. 简述责任保险的概念及特征。
3. 简述财产保险的作用和功能。
4. 简述财产保险的主要类型。
5. 区别比较商业性财产保险和政策性财产保险。
6. 简述定值保险和非定值保险的区别。
7. 简述我国财产保险险种结构变动趋势及原因。
8. 简述我国财产保险市场的发展历程和现状。

第二章
财产保险合同

章首语：

投保人和保险人之间的权利义务关系是通过签订财产保险合同而建立的。与人身保险合同相比，财产保险在保险金额的确定方式以及所遵循的赔偿原则方面具有特殊性。本章简要介绍了财产保险合同的主体、客体和内容，着重分析了财产保险合同的两项重要内容——保险价值与保险金额，并对损失补偿原则、代位原则、分摊原则三个财产保险合同特有的原则做了较详细的阐述。

第一节　财产保险合同概述

《中华人民共和国保险法》（以下简称《保险法》）第十条第一款规定："保险合同是投保人与保险人约定保险权利义务关系的协议。"财产保险合同是保险合同的一种，是以财产及其有关利益为保险标的的保险合同。从静态的角度理解，财产保险合同是投保人与保险人为了实现经济补偿的目的达成的具有法律约束力的协议。投保人向保险人交纳保险费后，获得当保险标的因保险事故的发生而遭受损失时由保险人予以赔偿的权利；保险人在收取保险费后，承担保险标的因保险事故的发生所造成损失的经济赔偿责任。从动态的角度理解，财产保险合同是双方当事人保险权利义务关系建立、变更和消灭的过程。

财产保险合同具有保险合同的一般特征。财产保险合同除了要遵循最大诚信原则、保险利益原则、近因原则等保险合同的基本原则，还要遵循特殊原则，即损失补偿原则及其派生原则。

一、财产保险合同的主体和客体

（一）财产保险合同的主体

财产保险合同的主体主要包括当事人（投保人和保险人）和关系人（被保险人）。

1. 投保人和保险人

投保人和保险人之间的权利义务关系是通过签订财产保险合同而建立的。投保人是指与保险人订立保险合同，并按照保险合同负有支付保险费义务的人（《保险法》第十条第二款）。保险人是指与投保人订立保险合同，并按照合同约定承担赔偿或者给付保险金责任的保险公司（《保险法》第十条第三款）。

2. 被保险人

被保险人是指其财产或人身受保险合同保障，享有保险金请求权的人。投保人可以为被保险人（《保险法》第十二条第五款）。

人身保险合同的保险标的是寿命和身体。投保人可以以自己的寿命和身体向保险人投保，也可以以他人（投保人具有保险利益的人）的寿命和身体向保险人投保，而且投保人为他人投保的情况较常见。

财产保险合同的保险标的是财产及其有关利益，投保人是对保险标的具有保险利益的人，即投保人一般就是财产的所有者、保管者、经营管理者，以及其他对保险标的具有利害关系的人。因此，财产保险合同成立后，投保人一般就成为被保险人。

（二）财产保险合同的客体

保险利益是指投保人或者被保险人对保险标的具有的法律上承认的利益（《保险法》第十二条第六款）。财产保险的保险利益是基于投保人或被保险人因保险标的的所有权、经营管理权、保管权及其他权利义务而产生的经济利益。此种经济利益会因保险标的发生保险事故而受损；若保险标的不发生保险事故，则继续享有。如果保险事故发生后，被保险人的经济利益并未受任何影响，则其对保险标的无保险利益。

保险利益是财产保险合同当事人权利义务共同指向的对象，即财产保险合同的客体。因为被保险人要求保险人保障的是其对保险标的所具有的经济利益，而非保险标的本身。比如，某人以其房屋向保险公司投保火灾保险，他要求保险人保障的并非房屋的一砖一木，也非保障该房屋不发生火灾，而是要求保障该房屋之于他而言的经济利益，即当房屋因保险事故发生而受损时，他能从保险人处获得赔偿，使其对房屋所具有的经济利益继续享有。虽然保险利益是保险合同的客体，但保险利益不能凭空存在，保险标的是保险利益的载体。

1. 保险利益的量

由于人身保险的保险标的不可估价，因此，保险利益一般没有客观的评判标准。保险人只考虑投保人对保险标的有无保险利益，而不能计算保险利益的金额是多少。财产保险的保险利益有客观的评判标准，即不仅要求投保人或被保险人对保险标的具有保险利益，而且要求保险利益的量是确定的。财产保险的保险利益之所以有此特征，是由保险标的的性质和保险合同的性质决定的。

（1）财产保险的保险标的具有可估价性，这决定了投保人或被保险人对保险标的所具有的合法经济利益也可量化。财产保险的保险利益，无论是现有利益还是预期利益，都必须是确定的、能够实现的利益，而不是凭主观臆测或推断可能获得的利益。

（2）财产保险合同的订立和履行要求投保人或被保险人对保险标的具有保险利益，其目的除防止赌博行为和道德风险发生外，还限制了损失补偿金额。财产保险合同是损失补偿合同，投保人以其财产向保险公司投保的目的在于财产因保险事故受损时能获得补偿。如果补偿金额不受保险利益限制，被保险人以较少的损失获得较多的赔偿，则与损失补偿原则相悖，也易诱发道德风险。因此，财产保险的损失补偿，以被保险人对保险标的具有的保险利益为限。

2. 保险利益存在的时间

原则上，保险利益是保险合同产生效力和维持效力的条件。但由于财产保险合同和人身保险合同的性质不同，因此它们对保险利益存在的时间的要求也不同。《保险法》第十二条第一、第二款规定：“人身保险的投保人在保险合同订立时，对被保险人应当具有保险利益。财产保险的被保险人在保险事故发生时，对保险标的应当具有保险利益。”

财产保险合同强调保险事故发生时，被保险人必须对保险标的具有保险利益。如果签约合同时投保人对保险标的具有保险利益，而保险事故发生时被保险人对保险标的不具有保险利益，保险人不承担赔偿责任；反之，即使某些情况下签约时投保人对保险标的没有保险利益，但只要保险事故发生时被保险人对保险标的具有保险利益，保险人仍要承担赔偿责任。因为财产保险合同是补偿性合同，规定被保险人对保险标的具有保险利益。如果被保险人在保险事故发生时具有保险利益，所遭受经济损失应该按实际损失获得赔偿。如果被保险人在签约时对保险标的具有保险利益，后来丧失了保险利益，那么该被保险人在保险事故发生时没有经济损失，没有损失就不能获得赔偿。针对财产保险合同，《保险法》第四十八条规定：“保险事故发生时，被保险人对保险标的不具有保险利益的，不得向保险人请求赔偿保险金。”

人身保险合同强调保险合同订立时，投保人对保险标的应当具有保险利益。投保人以自己的寿命和身体投保，当然对保险标的具有保险利益。投保人以他人的寿命和身体投保，则要求投保人对被保险人具有保险利益（如要求投保人与被保险人具有血缘关系、婚姻关系及其他利害关系），以防止道德风险和赌博行为发生。但保险合同成立后，即使投保人对被保险人丧失了保险利益，不影响保险合同的效力，也不影响被保险人领取保险金的权利。因为人身保险合同不是补偿性合同，而是给付性合同，不必要求保险事故发生时投保人对保险标的一定具有保险利益。

二、财产保险合同的内容

保险合同的内容是指保险合同包括的主要事项和保险合同中规定的当事人的权利与义务。由于保险合同的种类不同，其具体的内容有一定的差异，但有些内容是必须具备的。

（一）财产保险合同的主要事项

根据我国《保险法》第十八条规定，保险合同应当包括下列事项：“（一）保险人的名称和住所；（二）投保人、被保险人的姓名或者名称、住所，以及人身保险的受益人的姓名或者名称、住所；（三）保险标的；（四）保险责任和责任免除；（五）保险期间和保险责任开始时间；（六）保险金额；（七）保险费及其支付办法；（八）保险金赔偿或者给付办法；（九）违约责任和争议处理；（十）订立合同的年、月、日。”财产保险的保险标的在第一章第一节已进行介绍，保险价值与保险金额、保险金赔偿办法在本章第二节、第三节进行说明。对财产保险合同主要事项这里仅简要说明以下几点：

1. 保险期限

财产保险合同的保险期限是指财产保险合同的有效期限，也是保险责任的起讫时间。保险人只对保险期限内发生的保险事故承担赔偿责任。

财产保险合同的保险期限多为自然时间期限，如一年、半年、一月等，多数合同时间为一年。保险单上不仅要载明起讫日期，而且还要写明时点。国内财产保险起讫时间一般是从某年某月某日零时开始至某年某月某日 24 小时止。涉外财产保险更要明确以什么时间为计算标准，如北京时间、东京时间、伦敦时间、纽约时间等。

有部分财产保险合同的保险期限的确定方式较特殊。例如，工程保险的保险期限往往以工程的建设期限为准，即从工程开工时至竣工时；货物运输保险的保险期限的起讫通常采用仓至仓条款来规定，即保险责任从起运地发货人的最后一个仓库开始，到目的地收货人的第一个仓库为止。

2. 保险责任和责任免除

保险责任是指保险合同中载明的保险人所承保的风险及应承担的经济赔偿责任；责任免除也称为除外责任，是指保险人不承保的风险及不承担的赔偿责任。在财产保险合同中，保险责任和除外责任的规定往往通过列举方式或概括方式予以明确。

3. 保险费及其支付办法

保险费是投保人转移风险而支付给保险人的费用。投保人交付保险费是财产保险合同生效的重要条件之一，保险单中往往列入投保人交付保险费后保险单才能生效的内容。人身保险合同保险费的交付有趸缴和分期缴两种。财产保险合同保险费的交付除另有约定外，一般是一次性交付。

财产保险合同保险费的计算方式，一般是以年费率表所确定的保险费率乘以保险金额；也有采取固定金额收取保险费，如责任保险，一般根据最高赔偿限额收取一笔固定的保险费；还有用基本保险费加上按年费率计算的保险费之和作为保险费的，如机动车辆保险的车身险就是采取这种方式。

（二）财产保险合同所保障的损失

保险标的的损失可以从不同的角度分类：按遭受损失的程度，可分为全部损失和部分损失；按损失的形态，可分为物质损失和费用损失；按损失发生的客体是否是保险标的本身，可分为直接损失和间接损失。

1. 全部损失和部分损失

（1）全部损失。

全部损失简称“全损”，是指保险标的因保险事故的发生而遭受的全部损失状态。全部损失可分为实际全损和推定全损。

实际全损是指保险标的遭受保险承保范围内的风险而造成的全部灭失，或受损程度已使其失去原有形体、效用，或不能再归被保险人拥有。

推定全损是指保险标的在遭受保险事故后，虽然尚未达到全部灭失、损毁状态，但是全部损失是不可避免的，或估计恢复、修复该标的物所耗费用已达到或超过其实际价值。

（2）部分损失。

部分损失是指保险标的的损失未达到全部损失程度的一种损失状态。

2. 物质损失和费用损失

物质损失是指保险标的由于保险事故发生而产生的损失；费用损失是指保险标的发生保险事故时，被保险人采取施救、保护、整理措施所产生的必要合理费用，以及保险单上约定的保险人承担的其他费用。

3. 直接损失和间接损失

保险事故发生造成保险标的本身的损失是直接损失；保险事故的发生所导致的保险标的以外的损失是间接损失，如汽车受损后所导致的在修理期间营运收入的丧失，企业财产受损后在停业期间利润的丧失和费用的增加等。保险人是否承担间接损失责任，以保险单上的规定为准。

（三）投保人或被保险人权利的行使

1. 解约权的行使

《保险法》第十五条规定："除本法另有规定或者保险合同另有约定外，保险合同成立后，投保人可以解除合同，保险人不得解除合同。"由于投保人是向保险人转嫁风险的人，是否投保取决于投保人的意愿，因此保险合同成立后，投保人可以提出解除合同。但保险人是接受风险的人，为了保障被保险人的利益，不得随意解除合同；否则，会使保险人通过解除合同故意逃避责任，有违保险的宗旨。

《保险法》第五十四条规定："保险责任开始前，投保人要求解除合同的，应当按照合同约定向保险人支付手续费，保险人应当退还保险费。保险责任开始后，投保人要求解除合同的，保险人应当将已收取的保险费，按照合同约定扣除自保险责任开始之日起至合同解除之日止应收的部分后，退还投保人。"

货物运输保险合同和运输工具航程保险合同，保险责任开始后，合同当事人不得解除合同（《保险法》第五十条）。之所以如此规定在于：第一，这两种合同的保险期限一般较短，保险期限长短以运输路程的长短来确定，且保险标的处于流动状态，解除保险合同易引起纠纷；第二，为了保护保险人的利益。因为如果允许投保人解除合同，那么一些未发生保险事故的被保险人在运输途中或运输过程即将结束时要求退保，会产生对保险人不利的逆选择，影响保险经营的稳定。

2. 保险金请求权的行使

当财产保险合同中约定的保险事故发生时，被保险人享有保险金的请求权，有权向保险人索赔。任何单位或个人不得限制被保险人领取保险金的权利。《保险法》第二十六条规定："人寿保险以外的其他保险的被保险人或者受益人，向保险人请求赔偿或者给付保险金的诉讼时效期间为二年，自其知道或者应当知道保险事故发生之日起计算。人寿保险的被保险人或者受益人向保险人请求给付保险金的诉讼时效期间为五年，自其知道或者应当知道保险事故发生之日起计算。”

（四）投保人或被保险人的义务

1. 告知义务

告知义务是指在保险合同签订之前和保险合同履行过程中，投保人或被保险人应就保险标的的重要事实告知保险人的义务。财产保险合同一般要求投保人或被保险人在以下情况下履行告知义务：

（1）投保人应就保险标的有关情况，如实告知保险人。投保人故意隐瞒事实，不履行如实告知义务，或者因过失未履行如实告知义务，足以影响保险人决定是否同意承保或者提高保险费率的，保险人有权解除保险合同。

（2）被保险人在知道保险事故发生后，应及时通知保险人，以便保险人及时查勘定损；并有义务根据保险人的要求提供与确认保险事故的性质、原因、损失程度等有关的证明和资料。

（3）重复保险（在本章第四节介绍）的投保人应当将重复保险的有关情况通知各保险人。

（4）保险标的的转让应当通知保险人，经保险人同意继续承保后，依法变更合同。因为保险标的的转让可能会使保险标的面临的风险状况发生变化，扩大保险人承担的风险责任范围，影响保险人的经营稳定，所以，被保险人在保险标的转让时，应当通知保险人，经保险人同意后，变更合同中的被保险人后继续承保。若保险标的转让后被保险人不通知保险人，则当保险事故发生时因被保险人对保险标的的丧失保险利益而不能获得赔偿。但是，货物运输保险合同和另有约定的合同除外。货物运输保险合同保险标的的转让、被保险人的变更可以不征得保险人同意而自动变更。因为货物运输保险的保险标的一般是交承运人运输，在保险合同有效期内，被保险人的变更对保险标的的风险状况没有实质性的影响，再加上货物运输保险合同期限短，为方便商品交易，保险合同可以随保险标的的所有权的转让而转让。

（5）在保险合同有效期内，若保险标的的危险程度增加，被保险人按照合同约定应当及时通知保险人，保险人有权要求增加保险费或者解除合同。否则，因保险标的的危险程度增加而发生的保险事故，保险人不承担赔偿责任。保险标的的危险程度增加，会扩大保险人的责任范围，使保险人依照原来的保险费率收取的保险费不足以抵补赔偿支出，因此，保险人有权要求增加保险费。如果保险人认为风险已超出承保范围，可以解除合同，但应提前通知被保险人。

2. 支付保险费的义务

投保人有义务按照保险合同的规定向保险人交付保险费，这是投保人的一项基本义务。保险人承担保险责任后，投保人如未按财产保险合同约定支付保险费的，保险人可以以诉讼方式要求投保人交付。

3. 维护保险标的安全的义务

被保险人应当遵守国家有关消防、安全、生产操作、劳动保护等方面的规定，维护保险标的的安全。根据保险合同的约定，保险人可以对保险标的的安全状况进行检查，及时向投保人、被保险人提出消除不安全因素和隐患的书面建议。投保人、被保险人未按照约定履行其对保险标的的安全应尽责任的，保险人有权要求增加保险费或解除合同。

4. 施救义务

保险事故发生后，被保险人有责任尽力采取必要的措施，防止或者减少保险标的的损失。被保险人是直接控制保险标的的人。在保险事故发生后，被保险人不能因保了险而怠于施救，坐等观望，而应积极采取措施进行施救，以减少财产的损失，维护保险人的利益。保险事故发生后，被保险人为防止或者减少保险标的的损失所支付的必要的、合理的费用，由保险人承担；保险人所承担的数额一般在保险标的的损失金额以外另行计算，最高不超过保险金额。

5. 协助保险人向有责任的第三方请求赔偿的义务

因第三者对保险标的的损害而造成保险事故的，保险人向被保险人支付保险金后取得代位行使被保险人对第三者请求赔偿的权利。被保险人是受害人也是知情者，在保险人向第三者行使代位请求赔偿权利时，被保险人应当提供必要的文件和说明其知道的有关情况，并协助保险人向第三者追偿。

财产保险合同是双务合同。根据合同双方当事人权利义务对等的原则，一方承担的义务往往是另一方享有的权利；反之，一方享有的权利往往是另一方所承担的义务。保险人的主要权利包括：收取保险费、调查保险标的的有关情况、代位权的行使等。保险人的主要义务包括：承担保险赔偿责任、向投保人说明保险合同条款的内容、对投保人或被保险人的信息保密等。

三、财产保险合同的适用原则

保险合同作为投保人与保险人约定保险权利义务关系的协议，在长期的实践活动中，逐渐形成一些公认的合同当事人在订立或履行保险合同时应遵循的基本准则，这些准则是保险合同的基本原则。

（一）保险合同的共有原则

保险合同的共有原则是指财产保险合同和人身保险合同共同适用的原则。

1. 最大诚信原则

任何一项民事活动都应遵循诚信原则。所谓诚信，就是诚实和守信用。诚实是指一方当事人对另一方当事人不得隐瞒、欺骗；守信用是指双方当事人都得善意地、全面地履行自己的义务。

保险合同对双方当事人诚实信用的要求比一般民事合同更严格，因此称为最大诚信原则。在保险合同的订立和履行过程中，双方当事人都须遵守最大诚信原则。最大诚信原则在保险法律和保险合同中的内容包括告知、保证等具体事项，这里不再详述。

2. 保险利益原则

投保人或被保险人对保险标的具有保险利益，是保险合同生效和索赔的条件（财产保险合同和人身保险合同有一定差异），以防范道德风险和避免赌博行为的发生，因此保险利益原则是保险合同的一项基本原则。

3. 近因原则

保险人仅对保险合同中约定的风险发生所造成被保险人的经济损失承担赔偿责任。但有时候造成损失的原因错综复杂，在判断保险人是否应该承担赔偿责任时往往应遵循近因原则。

近因是指造成损失的最直接、最有效、起决定作用的原因，而非时间上或空间上与损失最为接近的原因。

近因原则是指保险赔偿以保险风险为损失发生的近因要件：造成损失的近因为保险风险，保险人承担赔偿责任；造成损失的近因为非保险风险，保险人不承担赔偿责任。

（二）财产保险合同的特有原则

特有原则是指只有财产保险合同适用的原则，包括损失补偿原则、代位原则和分摊原则。这些原则在本章第三节、第四节将做阐述。

第二节　保险价值与保险金额

一、保险价值与保险金额的含义及关系

（一）保险价值的含义

保险价值是指保险标的在某一特定时期内（或时点）可以用货币估算的经济价值。财产保险的保险标的具有可估价性，保险价值是财产保险合同的特有概念，它是确定保险金额与计算赔偿金额的依据。人身保险的保险标的是人的寿命和身体，具有不可估价性，因此，人身保险合同没有保险价值的概念，保险金额由合同双方当事人约定。

保险价值以什么为标准来确定？财产保险标的有客观的判断标准，这个标准就是市场价（实际价值）。在保险实务中，经保险合同当事人双方约定，保险价值也可以按照保险标的的原始账面价、重置价等方式确定。市场价在保险合同有效期内会发生涨跌，这样会使投保时依据保险价值确定的保险金额与保险事故发生时的市场价不一致。对有些特殊的保险标的，其价值不易确定或确无市场价可循时，为了明确保险合同当事人的权利与义务，避免保险事故发生后双方因赔款而发生争执，可以以双方约定的价值为标准，即在保险事故发生时，以事先约定的价值作为赔偿的依据，不再另行估价。另外，在海上保险中，有法定的计算确定保险价值的标准。由于保险价值的存在，财产保险合同的保险金额的确定、承保方式和赔偿计算方式都比人身保险合同复杂。

（二）保险金额的含义

保险金额是指保险人在保险合同中承担赔偿或者给付保险金责任的最高限额。财产保险的保险金额是根据保险标的的保险价值来确定的，一般作为保险人承担对受损标的赔偿的最高限额，以及施救费用的最高赔偿金额，这也是保险人计算保险

费的依据。除合同另有约定外，保险金额不是保险人认定的财产价值，也不是保险事故发生时赔偿的等额，而是保险人承担赔偿责任的最高限额。

（三）保险价值与保险金额的关系

保险价值是确定保险金额的基础和依据。财产保险合同中的保险金额应当与保险价值一致。但保险实务中，保险标的的市场价的波动或投保时保险金额确定存在偏差，可能使二者在数量上不相等，影响赔偿金额的计算结果。

1. 足额保险

足额保险是指财产保险合同的保险金额与保险标的出险时的保险价值相等。在足额保险中，一般当保险标的发生保险事故而造成损失时，保险人对被保险人按实际损失进行赔偿，损失多少，赔偿多少。

2. 不足额保险

不足额保险是指财产保险合同的保险金额小于保险标的出险时的保险价值。不足额保险的产生一般有两种情况：一是投保时投保人仅以保险价值的一部分投保，使保险金额小于保险价值；二是投保时保险金额等于保险价值，但在保险合同有效期内，保险标的的市场价上涨，造成出险时保险单上约定的保险金额小于保险价值。在不足额保险中，由于投保人只是以保险标的的价值部分投保，因此，保险事故发生时，除合同另有约定外，保险人按照保险金额与保险价值的比例承担赔偿责任，被保险人要自己承担一部分损失。《保险法》第五十五条第四款规定：“保险金额低于保险价值的，除合同另有约定外，保险人按照保险金额与保险价值的比例承担赔偿保险金的责任。”

3. 超额保险

超额保险是指财产保险合同的保险金额大于保险标的出险时的保险价值。超额保险的产生一般有两种情况：一是投保时投保人以高于保险价值的金额投保，使保险金额大于保险价值；二是投保时保险金额等于保险价值，但在保险合同有效期内，保险标的的市场价下跌，造成出险时保险单上的保险金额大于保险价值。根据损失补偿原则，保险金额超过保险价值的，其超过部分无效。《保险法》第五十五条第三款规定：“保险金额不得超过保险价值。超过保险价值的，超过部分无效，保险人应当退还相应的保险费。”

二、财产保险合同的几种承保方式

如上所述，保险价值是确定保险金额的基础和依据，保险金额应当反映保险标的的实际价值。根据保险价值确定的时间及保险价值确定的方式的不同，财产保险的承保方式分为以下四种：

（一）定值保险

定值保险是投保时确定保险价值的承保方式。投保人和保险人签订保险合同时除根据保险价值确定保险金额外，还要约定保险价值并在合同中载明。保险标的发生保险事故时，不论当时该保险标的的市场价是多少，保险人均按保险单上约定的保险金额计算赔偿：如果是全部损失，按保险金额赔偿；如果是部分损失，按保险金额的损失程度计算赔偿。

财产保险合同中，以定值保险方式承保的主要有两类标的。一类是不易确定价值或无客观市场价的特殊标的，如艺术品、书画等，一般由双方约定保险价值，以免事后发生纠纷。另一类是运输中的货物等流动性比较大的标的。由于各地货物价格存在差异，保险事故发生后再来估算实际价值既困难又麻烦，而且易引起赔偿纠纷，此种保险方式实际上是以投保时双方约定的保险价值代替了损失发生时的保险价值。

《保险法》第五十五条第一款规定："投保人和保险人约定保险标的的保险价值并在合同中载明的，保险标的发生损失时，以约定的保险价值为赔偿计算标准。"

（二）不定值保险

不定值保险是与定值保险相对的一种承保方式。投保人和保险人签订保险合同时不在合同中载明保险价值，只是明确将保险金额作为赔偿的最高限额，当保险标的发生保险事故造成损失时，再来估计其保险价值并将其作为赔款计算的依据。当保险金额等于或高于保险价值时，按实际损失金额赔偿；当保险金额小于保险价值时，其不足的部分视为被保险人自保，保险人按受损标的的保险金额与保险价值的比例计算赔款。

不定值保险方式在财产保险合同中运用较多，绝大部分险种都以不定值保险方式承保。《保险法》第五十五条第二款规定："投保人和保险人未约定保险标的的保险价值的，保险标的发生损失时，以保险事故发生时保险标的的实际价值为赔偿计算标准。"

（三）重置价值保险

重置价值保险是投保人与保险人双方约定按保险标的的重置重建价值确定保险金额的一种特殊承保方式。在财产保险合同中，保险人一般要求投保人按保险标的的实际价值投保。当保险标的因保险事故发生而受损时，保险人按实际损失进行赔偿（或将受损财产恢复到损失前的状态）。但是，某些保险标的（如房屋、建筑物、机器设备等），由于使用期限较长，如果按扣除折旧以后的实际价值投保的话，那么当保险标的受损后，被保险人从保险人那里获得的赔偿就不充分，不能使被保险人重置重建保险标的以恢复生产经营。因此，为适应被保险人获得保险保障的需要，保险人对某些标的可以按超过实际价值的重置重建价承保。

重置价值保险的实质是一种超额保险，只不过这种超额保险是经过保险合同双方当事人约定的、保险人认可的超额保险。所以，以这种方式承保的保险标的受损后，保险人以约定的重置重建价为依据计算赔偿。

（四）第一危险责任保险

该承保方式是指经保险人同意，投保人可以保险标的的实际价值的部分（一次保险事故可能造成的最大损失范围）投保。保险金额一经确定，只要损失金额在保险金额范围内，视为足额保险，保险人按保险标的的实际损失赔偿。这种方式实质上是一种不足额保险，只不过是保险人认可的不足额保险，保险人对保险金额范围内损失全额赔偿，而不按保险金额与保险价值的比例进行分摊。这种承保方式之所以叫作第一危险责任保险，是因为它把保险价值分为两个部分：保险金额范围内的部分是第一危险责任部分，该范围内损失的由保险人负责赔偿；超出保险金额范围的保险价值部分是第二危险责任部分，视为未投保部分，保险人不负赔偿责任。

第一危险责任保险的承保方式是针对某些在一次事故发生时不可能造成全损的保险标的所采取的一种特殊的承保方式，对被保险人较有利，因此，其保险费率相对于其他承保方式要高一些。同时，保险人为了控制风险，在财产保险合同中一般要求所确定的的保险金额必须达到保险价值的一定比例，未达到此比例的仍作为不足额保险，损失金额要按照保险单上的保险金额与应达到的保险金额的比例进行分摊。

第三节　损失补偿原则

一、损失补偿原则的含义

财产保险合同本质上是一种补偿性合同，损失补偿原则是保险人在理赔时应遵循的基本原则。

损失补偿原则可以这样表述：在财产保险合同中，当被保险人具有保险利益的保险标的遭受了保险责任范围内的损失时，保险人要对被保险人的经济损失给予补偿，且补偿的数额以恰好弥补被保险人因保险事故而造成的经济损失为限，被保险人不能获得额外利益。

理解这个原则应注意以下两点：

（1）只有被保险人在保险事故发生时对保险标的具有保险利益，才能获得补偿，这是损失补偿原则的前提。按照保险利益原则，投保人与保险人签订保险合同时，对保险标的具有保险利益是保险合同生效的前提条件。但对财产保险合同而言，不仅要求投保时投保人对保险标的具有保险利益，而且要求保险事故发生时，被保险人对保险标的具有保险利益。因为投保人向保险人投保的目的是转移财产未来的风险，以确保其不因保险事故发生而丧失对保险标的所具有的经济利益。当保险事故发生时，被保险人如果对保险标的不具有保险利益，对他来讲就无经济损失，也就不能从保险人那里获得经济补偿。因此，损失补偿原则是以保险利益原则为依据的，保险人是否对被保险人进行补偿，以保险事故发生时被保险人是否对保险标的具有保险利益为前提条件。《保险法》第四十八条规定：“保险事故发生时，被保险人对保险标的不具有保险利益的，不得向保险人请求赔偿保险金。”

（2）保险人补偿的数额以恰好弥补被保险人因保险事故造成的经济损失为限，这包括两层含义。一是被保险人以其财产足额投保的话，其因保险事故造成的经济损失，有权按照保险合同规定获得充分的补偿。二是保险人对被保险人的补偿数额，仅以被保险人因保险事故造成的实际损失为限，通过补偿使被保险人能够保全其应得的经济利益或使受损标的迅速恢复到损失前的状态。任何超过保险标的实际损失的补偿，都会导致被保险人获得额外利益，这就违背了损失补偿原则。

二、损失补偿原则量的规定

损失补偿原则的基本含义如上所述。但在保险实务中，若要贯彻损失补偿原则，保险人就要对其赔偿金额进行限制，在保险理赔中一般要受三个量的限制。

（一）以实际损失金额为限

衡量实际损失是多少，首先要确定保险标的发生损失时的市场价（实际价值）是多少，保险人的赔偿金额不能超过损失当时的市场价（定值保险、重置价值保险例外），否则将导致被保险人获得额外利益。保险标的的市场价由于在保险合同有效期内会发生波动，在市场价下跌的情况下，应以损失当时财产的市场价作为赔偿的最高限额。如果保险人按照保险金额进行赔偿，将会使被保险人获得额外利益。例如，一台空调年初投保时的市场价为 7 000 元，保险金额定为 7 000 元。保险标的在年中因保险事故发生造成全损，这时的市场价已跌为 5 000 元。尽管保险单上的保险金额仍是 7 000 元，如果保险单上没有特别约定，保险人最高只能赔偿被保险人 5 000 元的损失。假如保险人赔偿 7 000 元给被保险人，那么被保险人用 5 000 元购买一台同样的空调后，还可赚 2 000 元，其因保险事故发生而获得额外利益，显然违背了损失补偿原则。

（二）以保险金额为限

保险金额是财产保险合同中保险人承担赔偿责任的最高限额，也是计算保险费的依据。保险人的赔偿金额不能高于保险金额，否则，将扩大保险责任范围，使保险人收取的保险费不足以抵补赔偿支出，影响保险业的经营稳定。例如，在上例中，如果年中空调全损时，市场价上涨为 8 000 元，由于保险单上的保险金额只有 7 000 元，被保险人最多只能获得 7 000 元的赔偿。

（三）以保险利益为限

被保险人在保险事故发生时对保险标的具有保险利益是其向保险人索赔的必要条件，保险人对被保险人的赔偿金额要以被保险人对保险标的具有的保险利益为限。保险事故发生时，如果被保险人已丧失了对保险标的的全部保险利益，保险人则不予赔偿；如果被保险人丧失了对保险标的的部分保险利益，那么保险人对被保险人的赔偿仅以仍然存在的那部分保险利益为限。

综上所述，财产保险合同中约定的保险事故发生时，保险人对被保险人的赔偿金额要受实际损失金额、保险金额和保险利益三个量的限制，而且当三者金额不一致时，保险人的赔偿金额以三者中最小者为限。以上讨论的内容中，以实际损失金额为限仅对不定值保险适用，对定值保险并不适用。因为定值保险是按照财产保险合同双方当事人约定的价值投保，在保险事故发生时，无论该财产的市场价如何涨跌，保险人均按约定的价值予以赔偿，不再重新对财产进行估价。

三、被保险人不能获得额外利益

财产保险合同适用损失补偿原则，遵循该原则的实质是保险标的损失多少补偿多少，其最终结果是被保险人不能通过保险人的赔偿而获得额外利益，各国在法律上都有相应的规定。如果允许被保险人获得大于其实际损失金额的赔偿，将可能导致被保险人故意损毁保险财产以获利，诱发道德风险，增加保险欺诈行为，不仅影响保险业务的正常经营，而且会对社会造成危害。因此，为了防止被保险人获得额外利益，在保险合同中要做以下规定：

（1）财产保险合同中，无论何种原因造成的超额保险，除非合同上有特别约定，否则保险人在计算赔款时一律采取超过部分无效的做法。

（2）一个投保人虽然可以将其同一保险标的及利益，同时向两个或两个以上的保险人投保同类保险，但在保险事故发生时，他从各个保险人处获得的赔偿金额总和不得超过其保险财产的实际损失金额。

（3）因第三者对保险标的的损害而造成保险事故的，被保险人从保险人处获得全部或部分赔偿后，应将其向第三者责任方享有的赔偿请求权转让给保险人。

（4）如果保险标的受损后仍有残值，保险人要在赔款中作价扣除，或在保险人履行了全部赔偿责任后，被保险人将损余物资转给保险人所有。

以上第2至第4条规定是下一节将要讨论的分摊原则和代位原则。

四、财产保险合同的基本赔偿方式

财产保险合同有三种基本的赔偿方式。依据不同的赔偿方式计算的赔偿金额是不相同的，保险单上要对赔偿方式做具体的规定。

（一）比例赔偿方式

这种赔偿方式的特点是按保险标的的保险金额与保险价值的比例计算赔偿金额。如果保险金额低于保险价值，被保险人的损失金额不能全部得到赔偿。而且，在损失金额一定的情况下，保险金额与保险价值的比例越小，被保险人所得到的赔偿金额越少；保险金额与保险价值的比例越大，被保险人所得到的赔偿金额越多。其计算公式如下：

$$\text{赔偿金额} = \text{损失金额} \times \frac{\text{保险金额}^{①}}{\text{保险价值}}$$

从以上公式可以看出，当保险金额等于保险价值（足额保险）时，赔偿金额等于损失金额；当保险金额大于保险价值（超额保险）时，赔偿金额不能按此公式计算，赔偿金额仍然等于损失金额。因此，该赔偿方式只在不足额保险中采用，被保险人的未保部分视为自保，保险人只负投保部分的保险责任，体现了权利义务对等的原则。

（二）第一危险责任赔偿方式

这种赔偿方式的特点是在保险金额范围内，赔偿金额等于损失金额。也就是说，被保险人在保险金额范围内的损失，能够全部从保险人处获得赔偿。其计算公式如下：

$$\text{赔偿金额} = \text{损失金额}^{②}$$

① 注：保险金额不得大于保险价值。

② 注：损失金额不得大于保险金额。

（三）免责限度赔偿方式

这种赔偿方式的特点是保险合同规定一个免责限度（免赔额或免赔率），在规定免责限度内的损失，保险人不负赔偿责任；只有损失超过免责限度时，保险人才承担赔偿责任。

免赔分为相对免赔和绝对免赔。

相对免赔是指保险标的的损失率超过保险单上规定的免赔率时，保险人按实际损失不做扣除的赔偿。其计算公式如下：

赔偿金额 = 保险金额 × 损失率①

财产保险合同中，相对免赔条款的设计主要用于减少因零星的小额赔款而必须办理的理赔手续，以节省费用。

绝对免赔是指保险人仅就超过免赔率的那部分进行赔偿，要扣除免赔部分。其计算公式如下：

赔偿金额 = 保险金额 ×（损失率 - 免赔率）

机动车辆保险合同中，绝对免赔条款的运用较普遍。这有利于增强被保险人的安全防范意识，同时有利于防范道德风险。

第四节　代位原则和分摊原则

代位原则和分摊原则是损失补偿原则的派生原则。

一、代位原则

代位原则是指保险人对被保险人因保险事故发生造成的损失进行赔偿后，依法或按保险合同约定取得对财产损失负有责任的第三者进行追偿的权利或取得对受损标的的部分或全部权利。代位原则包括权利代位和物上代位。

（一）权利代位

权利代位，也叫代位求偿权，是指保险事故由第三者责任方所致，被保险人因保险标的受损而从保险人处获得赔偿以后，应将其向第三者责任方享有的赔偿请求权转让给保险人，由保险人在赔偿金额范围内代位行使被保险人对第三者请求赔偿的权利。

权利代位是遵循损失补偿原则的必然结果。被保险人因保险事故发生而遭受的损失固然应该得到补偿，保险人对被保险人应承担的赔偿责任不应该因第三者的介入而改变。但若被保险人在得到保险金后又从第三者责任方获得赔偿，则其可能因损失而获利，这显然与损失补偿原则相违背。为了避免被保险人获得双重利益，同时，也为了维护保险人的利益，被保险人在获得保险金后应将其对第三者责任方的赔偿请求权转让给保险人。这正是权利代位的立法本意。基于此，《保险法》第六

① 注：损失率必须大于免赔率。

十条第一款规定："因第三者对保险标的的损害而造成保险事故的，保险人自向被保险人赔偿保险金之日起，在赔偿金额范围内代位行使被保险人对第三者请求赔偿的权利。"

1. 权利代位的产生

权利代位的产生是有一定条件的，保险人要获得代位求偿权必须具备两个条件。一是第三者的行为使保险标的遭受损害，被保险人才依法或按合同约定对第三者责任方有赔偿请求权，也才会因获得保险金而将该赔偿请求权转让给保险人。因此，如果没有第三者的存在，就没有代位求偿的对象，权利代位就失去了基础。二是由于保险人向被保险人赔偿了保险金。只有保险人按保险合同规定履行了赔偿责任以后，才取得代位求偿权。换言之，对第三者求偿权的转移是随保险人赔偿保险金而发生的，而不是随保险事故的发生而发生。因此，在保险人赔偿保险金之前，被保险人可以行使此权利，从第三者处获得全部或部分赔偿，但他应该将此情况告知保险人，以减免保险人的赔偿责任。

2. 权利代位的范围

保险人行使权利代位的范围，即其向第三者责任方求偿的金额，以其赔偿的保险金为限。这是由权利代位与保险赔偿之间的关系决定的。保险人给被保险人的赔偿保险金是其获得权利代位的条件，权利代位的目的是避免被保险人获得双重利益，而非对被保险人所享有保险标的的权利的剥夺。所以，保险人从第三者那里可以得到的代位求偿金额以赔偿的保险金为限，超出保险金的部分仍归被保险人所有。《保险法》第六十条第三款规定："保险人依照第一款行使代位请求赔偿的权利，不影响被保险人就未取得赔偿的部分向第三者请求赔偿的权利。"

3. 第三者的范围

如上所述，第三者责任方的存在是权利代位产生的前提条件，因此，应对第三者的范围做出界定，以明确保险人代位求偿的对象。这里的第三者是指对保险事故的发生和保险标的的损失负有民事赔偿责任的人，既可以是法人，也可以是自然人。无论是法人还是自然人，保险人都可以实施代位求偿权。但对保险人代位求偿的范围，许多国家的保险立法都有限制，其共同的规定是保险人不得对被保险人的家庭成员或雇员行使代位求偿权，我国法律上也有类似的规定。《保险法》第六十二条规定："除被保险人的家庭成员或者其组成人员故意造成本法第六十条第一款规定的保险事故以外，保险人不得对被保险人的家庭成员或者其组成人员行使代位请求赔偿的权利。"为什么做这样的限制？因为这些人与被保险人有一致的经济利益关系，若对于其过失行为所致的保险财产的损失，保险人有求偿权的话，实际上意味着向被保险人求偿。也就是说，保险人一只手将保险金支付给被保险人，另一只手又把保险金收回，实质上保险人并未对被保险人履行赔偿责任。

4. 权利代位中被保险人的义务

保险人在权利代位中对第三者责任方的求偿权是因履行保险赔偿责任而由被保险人转移的。也就是说，保险人对第三者的求偿权始于被保险人，保险人只是代替被保险人行使此权利。被保险人是受害者也是知情者，他有义务协助保险人向第三者责任方进行追偿，以维护保险人的利益。《保险法》第六十三条规定：“保险人向第三者行使代位请求赔偿的权利时，被保险人应当向保险人提供必要的文件和所知道的有关情况。”

5. 被保险人不得妨碍保险人行使代位求偿权

代位求偿权是保险人向被保险人履行赔偿责任后所获得的一项权利，此权利受法律保护，被保险人有义务协助保险人向第三者责任方进行追偿，不得妨碍保险人行使该权利，以维护保险人利益。《保险法》第六十一条规定：“保险事故发生后，保险人未赔偿保险金之前，被保险人放弃对第三者请求赔偿的权利的，保险人不承担赔偿保险金的责任。保险人向被保险人赔偿保险金后，被保险人未经保险人同意放弃对第三者请求赔偿的权利的，该行为无效。被保险人故意或者因重大过失致使保险人不能行使代位请求赔偿的权利的，保险人可以扣减或者要求返还相应的保险金。”

（二）物上代位

物上代位是指保险人对被保险人全额赔偿保险金后，即可取得对受损标的的部分或全部权利。物上代位通常有两种情况：一种情况是委付，另一种情况是受损标的的损余价值（残值）的处理。

委付是指放弃物权的一种法律行为。在财产保险合同中，当保险标的受损按推定全损处理时，被保险人用口头或书面形式向保险人提出申请，明确表示愿将保险标的的所有权转让给保险人，要求保险人按全损进行赔偿。如果保险人接受这一要求，被保险人就签发委付书给保险人，委付即告成立。保险人一旦接受委付，就不能撤销；被保险人也不得以退还保险金的方式要求保险人退还保险标的。由于委付是受损标的的所有权的转移，因此，保险人接受了委付后，可以通过处理受损标的获得利益，而且所获利益可以大于其赔偿的保险金。但保险人如果接受了委付，就接受了受损标的的全部权利和义务。因此，保险人一般在接受委付前，要进行调查研究，查明损失发生的原因以及对受损标的可能承担的义务，权衡利弊得失，慎重考虑是否接受委付。

在保险实务中，物上代位的另一种情况是受损标的损余价值（残值）的处理。保险标的遭受损失后，有时尚有损余价值存在。保险人对被保险人的损失进行全额赔偿以后，受损标的的损余价值应归保险人所有，否则，被保险人将通过处置受损标的而获额外利益。保险人通常的做法是将保险标的的损余价值从赔款中扣除，保险标的仍留给被保险人。

《保险法》第五十九条规定：“保险事故发生后，保险人已支付了全部保险金额，并且保险金额相等于保险价值的，受损保险标的的全部权利归于保险人；保险金额低于保险价值的，保险人按照保险金额与保险价值的比例取得受损标的的部分权利。”

二、分摊原则

分摊原则是指在重复保险存在的情况下，各保险人按法律规定或保险合同约定共同承担赔偿责任。但各保险人承担的赔偿金额总和不得超过保险标的的实际损失金额，以防止被保险人获得额外利益。

（一）重复保险的存在是分摊的前提

《保险法》第五十六条第四款规定：“重复保险是指投保人对同一保险标的、同一保险利益、同一保险事故分别与两个以上的保险人订立保险合同，且保险金额总和超过保险价值的保险。”重复保险的存在是分摊的前提，因为只有在重复保险存在的情况下，才涉及各保险人如何分别对被保险人进行赔偿的问题。我国《保险法》并未对重复保险行为加以禁止，但为了防止重复保险的存在所导致的不良后果，防止被保险人获得额外利益，对各保险人如何承担赔偿责任做了规定，并对各保险人的赔偿金额总和做了限制。

（二）重复保险的分摊方法

为了防止被保险人在重复保险存在的情况下获得额外利益，明确各保险人的责任，保险法律或保险合同上要对分摊方法做出具体的规定。重复保险的分摊方法主要有以下三种：

1. 保险金额比例责任制

这种方法是以每个保险人的保险金额占各保险人的保险金额总和的比例来分摊损失金额。其计算公式如下：

$$\text{某保险人的赔偿金额}=\frac{\text{某保险人的保险金额}}{\text{各保险人的保险金额总和}}\times\text{损失金额}$$

例：甲、乙两家保险公司同时承保同一标的同一风险，甲保险单的保险金额为4万元，乙保险单的保险金额为6万元，损失金额为5万元。两个保险人的保险金额总和为10万元。

$$\text{甲保险人的赔偿金额}=\frac{4}{10}\times 5=2\text{（万元）}$$

$$\text{乙保险人的赔偿金额}=\frac{6}{10}\times 5=3\text{（万元）}$$

2. 赔偿限额比例责任制

在这种方法下，各保险人的分摊金额不是以保险金额为基础，而是依照每个保险人在没有其他保险人重复保险的情况下单独承担的赔偿限额占各保险人赔偿限额总和的比例来分摊损失金额。其计算公式如下：

$$\text{某保险人的赔偿金额}=\frac{\text{某保险人的独立责任限额}}{\text{各保险人独立责任限额之和}}\times\text{损失金额}$$

比如，依照前面的例子，甲保险人的独立责任限额为4万元，乙保险人的独立责任限额为5万元，则：

$$\text{甲保险人的赔偿金额}=\frac{4}{4+5}\times 5\approx 2.22\text{（万元）}$$

$$\text{乙保险人的赔偿金额}=\frac{5}{4+5}\times 5\approx 2.78\text{（万元）}$$

3. 顺序责任制

这种方法是按保险合同订立的先后顺序由各保险人分摊损失金额，即由先出保险单的保险人首先负赔偿责任，第二个保险人只有在承保的财产损失金额超出第一张保险单的保险金额时，才依次承担超出部分的赔偿责任，以此类推。用此方式计算上例，甲保险人的赔偿金额为 4 万元，乙保险人的赔偿金额为 1 万元。

《保险法》第五十六条第二款规定："重复保险的各保险人赔偿保险金的总和不得超过保险价值。除合同另有约定外，各保险人按照其保险金额与保险金额总和的比例承担赔偿保险金的责任。"显然，我国保险法规定的重复保险的分摊方法采用的是保险金额比例责任制。

本章小结

（1）投保人与保险人之间的权利义务关系是通过签订财产保险合同而建立的。财产保险合同是保险合同一种，是以财产及其有关利益为保险标的的保险合同。

（2）基于保险标的的可估价性，财产保险合同的保险利益可以量化。此外，保险利益存在的时间，除原则上要求投保人签约时具有，更严格要求保险事故发生时被保险人必须具有保险利益。被保险人在保险事故发生时没有保险利益，不能得到保险金赔偿。

（3）基于保险标的的可估价性，保险价值是财产保险合同的一项重要内容。根据保险价值在签约时确定还是保险事故发生时确定，财产保险有定值保险和不定值保险两种主要承保方式。

（4）保险价值与保险金额的关系：保险价值是确定保险金额的基础和依据，保险金额应当反映保险标的的实际价值。根据保险价值与保险金额是否相等，分为足额保险、不足额保险和超额保险。在财产保险理赔中，以上三种状况会使赔款的计算有差异。财产保险合同中要对赔款计算方式通过保险条款具体约定。

（5）财产保险合同本质上是一种补偿性合同，损失补偿原则是保险人理赔时应遵循的基本原则。该原则要求：第一，只有被保险人在保险事故发生时对保险标的具有保险利益，才能获得补偿，这是损失补偿原则的前提。第二，保险人补偿的金额以恰好弥补被保险人因保险事故造成的经济损失为限，被保险人不能得到额外利益。

（6）代位原则和分摊原则是损失补偿原则的派生原则。

本章关键词

财产保险合同　保险价值　保险金额　保险利益　损失补充原则
代位原则　重复保险　分摊原则

复习思考题

1. 对以下概念进行比较：

①保险价值与保险金额　　②足额保险与不足额保险

③定值保险与不定值保险　　④相对免赔与绝对免赔

⑤代位求偿权与委付

2. 试述损失补偿原则质与量的规定。

3. 财产保险合同的保险利益有何特点?

4. 简述财产保险合同投保方的权利和义务。

5. 财产保险合同的基本赔偿方式有哪些? 各赔偿方式有何特点?

6. 试述权利代位的有关事项。

7. 何为重复保险? 其分摊的方式有哪几种?

第三章
火灾保险

章首语：

火灾保险是一个传统的财产保险险种。最初的火灾保险，顾名思义，即保险人承保房屋因火灾发生而产生的经济损失。经过多年发展演变，火灾保险承保的标的已从最初的房屋，扩展为有明确坐落地点的各种财产及相关利益；承保的风险，也由最初的火灾扩展到以火灾、爆炸、雷击为基本风险，并可承保一系列自然灾害和意外事故所产生的经济损失。今天的火灾保险虽然名称未变，但其内涵已发生了变化，已成为一个综合性险种。国内火灾保险分为企业财产保险和家庭财产保险。火灾保险可以分散和转移企业财产在生产经营活动中面临的自然灾害和意外事故损失，是保障企业持续健康发展的重要手段，也可为家庭财产提供保险保障。火灾保险是财产保险的重要组成部分。本章阐述了火灾保险的概念、发展及其承保风险，并详细介绍了企业财产保险和家庭财产保险的基本特征、主要内容，以及主要的附加险种。通过对本章的学习，学生应该对火灾保险的相关内容有较为深入的了解。

第一节　火灾保险概述

随着经济社会的发展，城市化进程不断加快，高楼毗邻，工厂林立，火灾的发生率和灾后损失程度不断提高。据相关数据统计，2022 年，全国消防共接报火灾 82.5 万起，死亡 2 053 人、受伤 2 122 人，直接财产损失 71.6 亿元[①]。火灾已经严重危及人们的生命安全和财产安全，严重制约了企业的发展。

火灾保险正是为了应对火灾风险而产生的。火灾保险发端于中世纪的西欧。今天，火灾保险的承保范围不断扩大，已经转变成综合性的财产保险，在整个经济生活中发挥着重要作用。

① 中研普华．2022 年全国警情与火灾突破 200 万起 火灾保险行业市场现状分析［EB/OL］．(2023-05-22)［2023-06-01］．https://www.chinairn.com/hyzx/20230522/11085496.shtml.

一、火灾保险的概念

火灾保险，简称“火险”，是指以存放在固定场所并处于相对静止状态的财产及其有关利益为保险标的，由保险人承担被保险财产所遭受的保险事故的损失的经济赔偿责任的一种财产损失保险。

火灾保险的标的，主要是各种不动产和动产。不动产是指不能移动或移动后会引起性质、形状发生改变的财产，包括土地及土地附着物。火灾保险承保的不动产主要是土地附着物，比如，房屋等建筑物，以及相应的附属设备。动产则是指能自由移动且不改变其性质、形态的财产。火灾保险承保的动产范围很广，包括各种生产资料、生活资料及其他商品，比如，机器设备、原材料等生产资料，家用电器、家具、服装等生活资料。

二、火灾保险的发展

经过长期的发展，火灾保险的主要内容已经发生了很大的变化，具体表现为以下几个方面：

第一，保险标的不断扩展。最初的火灾保险只承保房屋，后来扩大到房屋内的家庭财产。发展到现在，火灾保险的标的不仅包括不动产和动产，还包括与不动产和动产有关的利益，比如利润损失、营业中断期间支付的必要费用等。

第二，承保风险不断增加。最初的火灾保险只承保火灾风险。随着火灾保险的发展，其承保风险进一步扩大，包括雷击、爆炸等风险。时至今日，火灾保险承保的风险包括各种列明的自然灾害和意外事故，比如，火灾、爆炸、雷击、暴风雨、雪灾、冰凌、泥石流等。另外，通过特约承保，其保险责任还可以包括利润损失这类间接损失。

第三，保单格式逐渐规范化。起初，火灾保险没有标准的保单形式，世界各国的各家火灾保险公司各行其是，保险单格式各不相同。1879 年，美国的马萨诸塞州首次以立法形式强制保险公司使用标准的火灾保险单，为火险保单的标准化做出了贡献。此后，美国、英国等国纷纷应用火险的标准保单，从而大大减少了理赔纠纷和降低了法院解释的困难。

第四，承保能力大为增强。对于早期的火灾保险，保险公司的承保能力很低。因此，对于价值较高的保险标的，往往需要几家保险公司联合承保。随着国际保险市场上再保险的产生和发展，保险人的承保能力大为增强，即便是价值很高的标的，也可以由一家保险公司承保后再以分保方式分散保险人的风险。

第五，保险费率厘定趋于科学。虽然 17 世纪末的火灾保险已开始按房屋的结构实行差别费率，但当时的火灾保险费率档次少、分类简单、总体费率水平较高。相比之下，现在的火灾保险在确定费率时考虑了更多的费率影响因素，采用更加科学的分类方法进行计算，从而使费率水平更加科学合理。

第六，赔偿范围扩大。火灾保险的赔偿范围，已由最初只负责赔偿保险标的的损失，扩大到保险事故发生时为减少标的损失而支付的必要合理的费用等。

总之，火灾保险是继海上保险后产生并逐渐发展起来的财产保险业务。作为现代保险业的主要险别之一，火灾保险在适用范围、保险责任等方面早已超出了历史上火灾保险的范畴。在我国保险业务中，火灾保险可划分为企业财产保险与家庭财产保险业务。

三、火灾保险承保的风险

火灾保险承保的风险类型包括自然灾害和意外事故。根据我国现行的火灾保险类型，火灾保险承保的风险可分为基本风险和其他风险。

（一）基本风险

火灾保险承保的基本风险包括火灾、爆炸、雷击。

（1）火灾，是指在时间或空间上失去控制的燃烧所造成的灾害。构成火灾责任必须同时具备三个条件：①有燃烧现象，即有热有光有火焰；②偶然、意外发生的燃烧；③燃烧失去控制并有蔓延扩大的趋势。

（2）雷击，是指由雷电造成的灾害。雷击的破坏形式分为两种：①直接雷击，即雷电直接击中保险标的造成损失；②感应雷击，即雷击产生的静电感应或电磁感应使屋内的绝缘金属物体产生高电位放出火花引起的火灾，导致电器损毁，或雷电的高电压感应致使电器部件的损毁。

（3）爆炸。爆炸有两种形式：①物理性爆炸，即由于液体变为蒸气或气体膨胀，压力急剧增加并大大超过容器所能承受的极限压力而发生的爆炸，比如，锅炉、液化气罐爆炸等，此类爆炸事故的鉴别以劳动部门出具的鉴定为准；②化学性爆炸，即物体在瞬间分解或燃烧时放出大量的热和气体，并以很大的压力向四周扩散的现象，如火药爆炸。

（二）其他风险

火灾保险承保的其他风险包括以下风险：

（1）暴雨。暴雨是指每小时降雨量在16毫米以上，或连续12小时降雨量在30毫米以上，或连续24小时降雨量在50毫米以上。

（2）洪水。山洪暴发、江河泛滥、潮水上岸及倒灌致使保险标的遭受浸泡、冲散、冲毁等损失都属洪水责任。规律性的涨潮、自动灭火设施漏水，以及在常年水位以下或地下渗水、水管爆裂造成保险标的损失，不属于洪水责任。

（3）台风。台风是指中心附近最大平均风力12级或以上，即风速在32.6米/秒以上的热带气旋。是否构成台风应以当地气象站的认定为准。

（4）暴风。暴风是指风速在28.3米/秒的风，即风力等级表中的11级风。我国保险条款的暴风责任通常扩大至8级风，即风速在17.2米/秒以上便构成暴风责任。

（5）龙卷风，这是一种范围小而时间短的猛烈旋风。是否构成龙卷风以当地气象站的认定为准。

（6）雪灾。因每平方米雪压超过建筑结构荷载规范规定的荷载标准，以致压塌房屋、建筑物造成保险标的损失，为雪灾保险责任。

（7）雹灾。雹灾是指因冰雹降落造成的灾害。

(8) 冰凌，即气象部门所称的“凌汛”。春季江河解冻时期冰块飘浮遇阻，堆积成坝，堵塞江道，造成水位急剧上升，以致冰凌、江水溢出江道，漫延成灾。陆上有些地区，如山谷风口或酷寒致使雨雪在物体上结成冰块，成下垂形状，越结越厚，重量增加，下垂的重力致使物体毁坏，也属冰凌责任。

(9) 泥石流。泥石流是指山地大量泥沙、石块突然暴发的洪流，随大暴雨或大量冰水流出。

(10) 崖崩。崖崩是指石崖、土崖受自然风化、雨蚀、下塌或山上岩石滚下，以及大雨使山上沙土透湿而崩塌。

(11) 突发性滑坡。突发性滑坡是指斜坡上不稳的岩体、土体或人为堆积物在重力作用下突然整体向下滑动。

(12) 地面突然塌陷。地面突然塌陷是指地壳因为自然变异、地层收缩而发生突然塌陷。此外，海潮、河流、大雨侵蚀或在建筑房屋前没有掌握地层情况，以及地下有孔穴、矿穴，所导致地面突然塌陷而造成保险标的的损失，也在保险责任范围以内。地基不牢或未按建筑施工要求导致建筑地基下沉、裂缝、倒塌等损失，一般不在保险责任范围以内。

(13) 飞行物体及其他空中运行物体坠落。凡是空中飞行或运行物体的坠落，如空中飞行器、人造卫星、陨石坠落，吊车、行车在运行时发生的物体坠落都属于本保险责任。在施工过程中，人工开凿或爆炸所导致石方、石块、土方飞射、塌下而造成保险标的的损失，保险人可以先给予赔偿，然后向负有责任的第三者追偿。建筑物倒塌、倒落、倾倒造成保险标的的损失，视同空中运行物体坠落责任由保险人负责，如果涉及第三者责任，保险人可以先赔后追偿。

第二节　企业财产保险

一、企业财产保险的概念与特征

企业财产保险，简称“企财险”，它是以法人团体作为投保人，保障其所有的、占有的或者负有保管义务的，位于指定地点的财产及其有关利益的财产保险。企财险是传统物质损失保险中基础和重要的险种之一。企业财产保险具有以下几个方面的特征：

第一，保险标的是陆地上处于相对静止状态的财产。企业财产保险的标的包括企业的各种固定资产和流动资产，比如，厂房、机器设备、原材料等。这些标的通常存放于陆地上某个相对固定的位置，且很少发生位置变化。这类陆地上处于相对静止状态的企业财产，具备一些独有的特征，从而使其区别于其他财产保险的保险标的，比如陆地上运动的汽车和货物、天空中的飞机和海洋上的船舶等。

第二，承保财产地址不得随意变动。在投保企业财产保险时，企业的被保险财产的固定存放地址，必须与保险合同中列明的存放场所一致。这是因为企业财产保险标的存放的地点发生变化，可能会导致保险标的面临的风险发生显著变化。因此，除了企业财产正面临火灾等风险的威胁而需要转移的情况之外，被保险财产的存放地址不能随意变动。如果确需变化，被保险人需要及时通知保险人。保险人同意后，在原保单上进行批注或附贴批单，方可进行地址变更。

第三，只能由法人单位进行投保。企业财产保险与家庭财产保险相比，虽然二者同属于火灾保险的范畴，但是，它们的投保人存在差异。企业财产保险，只能由法人单位投保，比如，有营业执照的各类企业、国家机关、事业单位等。而家庭财产保险，通常由城乡居民个人及其家庭作为投保人。

二、企业财产保险的基本内容

（一）保险标的

企业财产保险的保险标的包括企业的各类固定资产和流动资产，具体内容如下：

第一，房屋和其他建筑物及其附属装修设备。具体包括正在使用、出租或承租的房屋；未使用或出租、承租的房屋；房屋以外的各种建筑物，如船坞、油库、围墙，以及附属在房屋建筑物上的较固定的设备装置，如卫生设备、空调机、门面装潢等。

第二，机器及设备，即具有改变材料属性或形态功能的各种机器设备。具体包括各种机床、铸造机，以及各种工作机器等；与机器不可分割的设备，如机座、传导设备等。

第三，工具、仪器及生产用具，即具有独立用途的各种工作用具、仪器和生产用具，如切削工具、模压器，检验、实验和测量用仪器，以及达到固定资产标准的包装容器等。

第四，管理用具及低值易耗品，即办公、计量、消防用具以及其他经营管理用的器具设备。工具、玻璃器皿以及在生产过程中使用的包装容器等不能作为固定资产的各种低值易耗品。

第五，原材料、半成品、在产品、产成品或库存商品、特种储备商品，如各种原料、材料、燃料、样品、包装物等。

第六，账外及已摊销的财产，即已摊销或已列支而尚在使用的财产，如简易仓棚、边角、余料、不入账的自制设备、无偿移交财产、已摊销的低值易耗品等。

（二）保险价值与保险金额

对于企业财产保险的主险，保险人通常采用不定值保险的方式进行承保。保险标的的保险价值可以为出险时的重置价值、出险时的账面余额、出险时的市场价值或其他价值，由投保人与保险人协商确定，并在本保险合同中载明。

保险金额由投保人参照保险价值自行确定，并在保险合同中载明。保险金额不得超过保险价值，超过保险价值的部分无效，保险人应当退还相应的保险费。

（三）保险责任与除外责任

根据保险责任范围的大小，企财险的主险险种可以分为基本险、综合险、一切险。

1. 基本险的保险责任与除外责任

（1）基本险的保险责任如下：

①对于保险期限内，火灾、爆炸、雷击，以及飞行物体及其他空中运行物体坠落导致的保险标的的损失，保险人负责赔偿。

②如果上述原因导致保险事故发生，为抢救保险标的或者防止灾害进一步扩大采取必要且合理的措施，造成保险标的的损失，保险人按照保险合同约定负责赔偿。

③此外，在保险事故发生后，对于被保险人为防止或减少保险标的产生损失所支付的必要的、合理的费用，保险人也负责赔偿。

（2）基本险的除外责任如下：

①暴雨、洪水、暴风、龙卷风、冰雹、台风、飓风、暴雪、冰凌、沙尘暴、突发性滑坡、崩塌、泥石流、地面突然下陷下沉所造成的损失。

②水箱、水管爆裂所造成的损失。

③广告牌、天线、霓虹灯、太阳能装置等建筑物外部附属设施，存放于露天或简易建筑物内部的保险标的以及简易建筑本身，由雷击造成的损失。

④锅炉及压力容器爆炸造成其本身的损失。

⑤任何原因导致供电、供水、供气及其他能源供应中断造成的损失和费用。

2. 综合险的保险责任与除外责任

（1）综合险的保险责任如下：

①对于保险期限内，以下原因所导致的保险标的的损失，保险人负责赔偿：火灾、爆炸；雷击、暴雨、洪水、暴风、龙卷风、冰雹、台风、飓风、暴雪、冰凌、沙尘暴、突发性滑坡、崩塌、泥石流、地面突然下陷下沉；飞行物体及其他空中运行物体坠落。

被保险人拥有财产所有权的自用的供电、供水、供气设备因保险事故遭受损坏，引起停电、停水、停气以致造成保险标的的直接损失，保险人按照本保险合同的约定也负责赔偿。

②如果上述原因导致保险事故发生，为抢救保险标的或者防止灾害进一步扩大采取必要且合理的措施，造成保险标的的损失，保险人按照保险合同约定负责赔偿。

③在保险事故发生后，对于被保险人为防止或减少保险标的的损失所支付的必要的、合理的费用，保险人也负责赔偿。

（2）综合险的除外责任如下：

①水箱、水管爆裂所造成的损失。

②广告牌、天线、霓虹灯、太阳能装置等建筑物外部附属设施，存放于露天或简易建筑物内部的保险标的以及简易建筑本身，由雷击、暴雨、洪水、暴风、龙卷风、冰雹、台风、飓风、暴雪、冰凌、沙尘暴造成的损失。

③锅炉及压力容器爆炸造成其本身的损失。

④本保险合同中载明的免赔额或按本保险合同中载明的免赔率计算的免赔额。

3. 一切险的保险责任与除外责任

（1）一切险的保险责任如下：

①对于保险期间内，自然灾害或意外事故造成保险标的的直接物质损坏或灭失，

保险人负责赔偿。

②如果上述原因导致保险事故发生，为抢救保险标的或者防止灾害进一步扩大采取必要且合理的措施，造成保险标的的损失，保险人按照保险合同约定负责赔偿。

③在保险事故发生后，对被保险人为防止或减少保险标的的损失所支付的必要的、合理的费用，保险人也负责赔偿。

（2）一切险的除外责任如下：

①设计错误、原材料缺陷或工艺不善造成保险标的本身的损失。

②广告牌、天线、霓虹灯、太阳能装置等建筑物外部附属设施，存放于露天或简易建筑物内的保险标的以及简易建筑，由雷电、暴雨、洪水、暴风、龙卷风、冰雹、台风、飓风、暴雪、冰凌、沙尘暴造成的损失。

③锅炉及压力容器爆炸造成其本身的损失。

④非外力造成机械或电气设备本身的损失。

⑤因被保险人及其雇员操作不当、技术缺陷造成被操作的机械或电气设备的损失。

⑥盘点时发现的短缺。

⑦任何原因导致公共供电、供水、供气及其他能源供应中断造成的损失和费用。

4. 共同的除外责任

企财险的基本险、综合险和一切险共同的除外责任如下：

（1）投保人、被保险人及其代表的故意或重大过失行为。

（2）行政行为或司法行为。

（3）战争、类似战争行为、敌对行动、军事行动、武装冲突、罢工、骚乱、暴动、政变、谋反、恐怖活动。

（4）地震、海啸及其次生灾害。

（5）核辐射、核裂变、核聚变、核污染及其他放射性污染。

（6）大气污染、土地污染、水污染及其他非放射性污染，但因保险事故造成的非放射性污染不在此责任范围。

（7）保险标的的内在或潜在缺陷、自然磨损、自然损耗，大气（气候或气温）变化、正常水位变化或其他渐变原因，物质本身变化、霉烂、受潮、鼠咬、虫蛀、鸟啄、氧化、锈蚀、渗漏、自燃、烘焙。

（8）盗窃、抢劫。

（9）保险标的遭受保险事故引起的各种间接损失。

（四）费率厘定

1. 厘定费率须考虑因素

在厘定企业财产保险的费率时，主要应考虑以下因素：

（1）建筑结构及建筑等级。

建筑结构是指建筑物中由承重构件（梁、柱、桁架、墙、楼盖和基础等）组成的体系，用以承受作用在建筑物上的各种负荷。房屋及其他建筑结构不同，其强度、刚度、稳定性和耐久性会有较大差异，因而遭遇风险的频率和风险发生后的损毁程度亦会有所区别。如钢筋水泥结构的建筑要比砖木结构的建筑更能抵御火灾及其他灾害。建筑等级是根据建筑结构划分的建筑物的等级。房屋建筑等级一般可以分为三等。建筑等级不同，风险状况亦不同。如一等建筑的风险损毁程度明显低于二等和三等建筑。既然建筑结构及建筑等级影响到房屋及其他建筑物的风险概率及其损毁程度，保险人在厘定企业财产保险的费率时，就应该充分考虑建筑结构及建筑等级的影响，厘定出更加科学、合理的费率。

（2）占用性质。

占用性质是指建筑物的使用性质。不同类别、不同风险性质的财产存放于同一建筑等级的建筑物中，风险程度会有很大差别。如特别危险品的风险程度就大大高于金属材料。保险人厘定企业财产保险费率时必须考虑建筑物的占用性质，并根据占用性质及其相应的风险状况，实行分类级差费率。

（3）承保风险的种类。

企业财产保险承保的风险不仅有火灾，还有其他多种灾害事故。一般而言，承保的风险种类越多，保险人承担的责任越大。本着权利义务对等原则，承保风险的种类越多，保险费率越高；承保风险的种类越少，保险费率亦越低。

（4）地理位置。

保险标的所处的地理位置不同，风险及其损失的情况也会不同。如我国南方城市砖木结构的建筑较多，火灾的发生相对频繁；又如江河沿岸遭受洪水的可能性较大；沿海城市常遭台风袭击，而内陆城市则无台风之患等。因此，保险人应根据地理位置不同，厘定出有差别的费率。

此外，保险人还应在具体确定保险费率时考虑被保险人的防火设备、保险标的所处环境、交通状况等因素的影响。在实际工作中，一般以表定费率为基础，再根据具体风险情况等因素，在一定的浮动范围内确定费率。

2. 短期费率

企业财产保险一般以一年为期，标准费率表是年费率表。如果保险期限不足一年，应按短期费率表计收保费。如中途退保，亦适用于短期费率，保险期不足一月的，按一个月收费。企财险短期费率如表 3.1 所示。

表 3.1　企财险短期费率

保险期限	1 个月	2 个月	3 个月	4 个月	5 个月	6 个月	7 个月	8 个月	9 个月	10 个月	11 个月	12 个月
按年费率 /%	10	20	30	40	50	60	70	80	85	90	95	100

（五）赔偿金额计算

保险事故发生后，保险人可以选择支付保险金、自行或委托他人修理修复受损标的等方式进行赔偿。但是，对于受损标的在修复过程中由被保险人进行的任何变更、性能增加或改进所产生的额外费用，保险人不负责赔偿。

企业财产保险通常为不定值保险，当保险标的发生保险责任范围内的损失时，针对保险标的的损失，可以采用以下方式计算赔偿金额：

第一，当保险金额等于或大于保险价值时，按实际损失计算赔偿，最高不超过保险价值。

第二，当保险金额小于保险价值时，按保险金额与保险价值的比例乘以实际损失计算赔偿，最高不超过保险金额。

另外，由于企业财产保险合同中所列明的保险标的通常不止一项，因此，对于此种情况，应分项计算赔偿金额。如果有残值，应由保险双方协商处理。如果残值折归被保险人，由双方协商确定其价值，并在保险赔款中扣除。

施救费用可以按照如下方式进行赔偿：

第一，如果保险标的的保险金额等于或者高于其保险价值，被保险人为防止或减少保险标的的损失所支付的必要的、合理的费用，在保险标的损失赔偿金额之外另行计算，最高不超过被施救保险标的的保险价值；

第二，如果保险标的的保险金额小于其保险价值，施救费用按被施救保险标的的的保险金额与其保险价值的比例在保险标的损失赔偿金额之外另行计算，最高不超过被施救保险标的的保险金额；

第三，如果被施救的财产中含有未承保财产，施救费用按被施救保险标的的保险价值与全部被施救财产价值的比例分摊施救费用。

(六) 企业财产保险的附加险

1. 机器损坏保险

机器损坏保险是指以安装完毕并投入运行的机器为保险标的，因承保人为的、意外的或物理性原因所造成的这些被保险机器的物质损失。机器损坏保险既可作为主险单独投保，也可作为企业财产保险的附加险投保。

(1) 保险责任。

机器损失保险的保险责任通常包括以下原因造成的损失：

①设计、制造或安装错误，铸造或原材料缺陷；

②工人、技术人员的操作错误以及经验缺乏、技术不精、疏忽、过失、恶意行为；

③离心力引起的断裂；

④电气短路等；

⑤锅炉缺水；

⑥物理性爆炸。

对于机器损坏保险而言，投保人选择它的目的不仅是在保险事故发生之后获得经济补偿，还在于获取保险人针对机器设备提供的防损服务，因此，保险人所提供的防损技术服务是该险种的重要内容，防损费用甚至超过赔款。

(2) 保险金额和保险费率。

机器损坏保险一般根据各类机器的重置价值确定保险金额，其计算公式如下：

保险金额=购置新机器的价值+关税+运费+保险费+安装费

需要注意的是，在保险期限内，如果机器设备的价格增长较快，被保险人应及时通知保险人，以便保险人调整保险金额，避免出现不足额保险。另外，被保险人如果中途另外添购新机器，应立即通知保险人，以便及时承保，避免出现不必要的纠纷。

机器损坏保险的保险费率是根据每一类机器以往几年的损失情况、被保险人的经营管理水平、产品的可靠性及用途等确定的。同其他财产保险相比，机器损坏保险的损失率较高，因此该险种的费率也相对较高。

（3）保险赔偿。

①全部损失：如果保险标的发生全部损失或者推定全损，以保险机器设备损失前的实际价值为准计算赔偿金额。如残值折归被保险人，则按双方协商的价值，在赔偿金额中扣除。

②部分损失：如果保险标的发生部分损失，以将被保险机器修复至其基本恢复受损前状态的费用金额为准计算赔偿金额。如残值折归被保险人，则按双方协商确定的价值，在赔偿金额中扣除。

2. 利润损失保险

利润损失保险，又称为营业中断保险，是以企业因停产、停业或经营受影响而面临的预期利润的损失及必要的费用支出为保险标的的财产保险。它赔偿企业遭受自然灾害和意外事故后，因生产经营中断造成的间接损失。在我国，利润损失保险一般是作为企业财产保险的附加险投保。

（1）保险责任。

利润损失保险承保企财险主险保险责任范围内的事故引起的被保险人停产、停业或经营受影响所导致的利润损失，以及营业中断期间仍需支付的必要费用等间接损失。

需要强调的是，利润损失保险作为企财险主险的附加险种，只有保险标的损失的原因属于主险保险责任范围内的事故，由此引起的营业中断损失，保险公司才负责赔偿。

（2）赔偿期限。

保险人在承保利润损失保险时，通常会设定赔偿期限，以督促被保险人积极采取措施，尽快恢复生产经营。需要强调的是，在利润损失保险经营实务中，应当充分注意赔偿期限与保险期限的区别。保险期限是指保险单的起讫期限，保险人负责承保保险有效期内发生的灾害事故；赔偿期限是指在保险期限内发生保险事故后，至企业恢复正常生产经营之前的一段时期。利润损失保险只负责赔偿期限内所遭受的间接损失。赔偿期限通常由保险双方当事人根据企业财产受损后要恢复原有的生产经营状况所需要的时间协商确定。

（3）保险金额。

利润损失保险的保险金额一般按本年度预期毛利润额确定。预期毛利润额可以根据企业上年度账册中的销售或营业额、本年度业务发展趋势及通货膨胀因素等估计得出。如果赔偿期限在一年以内，保险金额为本年度预期毛利润额；若赔偿期限在一年以上，则保额可按比例增加。

（4）保险赔偿。

利润损失保险既赔偿毛利润损失，又赔偿营业中断期间支付的必要费用。

第一，对于生产经营中断导致的营业额减少，从而所形成的毛利润损失，其计算公式如下：

毛利润损失 =（标准营业额-实际赔偿期内的营业额）× 毛利润率

在上式中，标准营业额是指上年度同期的可比营业额。实际赔偿期内的营业额是指从损失发生之日起到恢复生产经营为止的营业额（实际赔偿期以赔偿期限为限）。毛利润率是指上年度的毛利润额与营业额之比。

第二，营业中断期间支付的必要费用，主要是指企业为减少营业中断损失而支付的合理费用。比如，商场遭受火灾之后，为了继续营业而租用他人房屋产生的租金；或者，企业遭受火灾之后，为了加快修建被焚毁的厂房，要求建筑工人加班而支付的加班费。

3. 其他附加险

为适应投保人的某些特殊需要，保险人还可以在投保企业财产保险主险的基础上增加特约条款承保各种附加险，比如，盗抢险、露堆财产保险、矿下财产保险、橱窗玻璃意外保险等。

（1）盗抢险。

在企业财产保险中，盗抢风险一般不属于承保责任范围，只能以企业财产保险主险附加险的形式存在。投保了附加盗抢险之后，凡是值班保卫制度健全的单位存放在保险地址的保险标的，因遭受外来的、明显的盗抢行为而产生的损失，并报公安机关立案的，保险人承担赔偿责任。

（2）露堆财产保险。

对于符合仓储规定的露堆财产，投保人可以在企业财产保险主险的基础上以附加险形式投保。经过保险双方特别约定后，保险人承保的露堆财产，因遭受暴风、暴雨而产生的损失，保险人负责赔偿。但是，保险人通常会要求露堆财产的存放符合仓储及有关部门的规定，并采取相应的防护安全措施；否则，保险人有权拒赔。

（3）矿下财产保险。

对矿井、矿坑内的设备和物资，经保险双方特别约定，可以在保单上以加贴“矿下财产保险特约条款”的方式承保。保险人对保单上列明的自然灾害、意外事故所导致的矿下财产的损失，承担赔偿责任。

（4）橱窗玻璃意外保险。

商业企业的橱窗玻璃，可以在企业财产保险的基础上，以附加险的形式特约承保。凡是承保的橱窗玻璃（包括大门玻璃、柜台玻璃、样品橱窗玻璃等）因碰撞、外来恶意行为而破碎，以及因玻璃破碎而引起的橱窗内陈列商品的非盗窃损失，保险公司负责赔偿。

除以上附加险外，“堤堰、水闸、涵洞保险”“地震保险”“水暖管爆裂保险”“油田保险”等都可以在企业财产保险主险的基础上以附加险的形式特约承保。

第三节　家庭财产保险

一、家庭财产保险的概念与特征

家庭财产保险，简称“家财险”，是指以个人或家庭所有、占有或负有保管义务的位于指定地点的财产及其有关利益为保险标的的财产保险。家庭财产保险具有以下基本特征：

（一）保险标的分散

家庭财产保险以城乡居民的家庭财产为保险标的，而城乡居民尤其是农村居民居住十分分散，除少数居民可以通过其所在单位统一投保家庭财产保险外，绝大多数居民是各自分散地向保险公司投保此险种。因而，家财险的保险标的具有分散的特征。

（二）盗窃是保险标的面临的主要风险之一

除了各种自然灾害与意外事故之外，盗窃风险是家庭财产面临的主要风险之一。转移盗窃风险是城乡居民对家财险的基本需求。然而，盗窃风险是严重的社会风险，保险人承保后，盗窃责任所致赔款普遍偏高，影响保险人经营的稳定。因此，在我国的保险实践中，对盗窃风险，既有作为家财险的主险责任予以承保，又有作为家财险的附加险种责任特约承保。

（三）保险金额普遍较低

随着我国国民经济的持续发展和人民生活水平的不断提高，城乡居民的家庭财富日益增加。但是，与企业财产保险相比，居民家庭的财产价值相对有限，而且，家庭财产保险通常未将汽车这一价值较高的财产纳入保险标的范围内。因此，相对于企财险而言，家财险的保险金额相对较低。

（四）保险赔偿采用比例赔偿与第一危险责任赔偿相结合的方式

一般的财产保险在计算赔偿时，通常采用比例赔偿方式。但是，我国的家财险计算赔偿时，同时采用第一危险责任赔偿方式和比例赔偿方式。房屋及其附属设施、室内装潢的损失赔偿采用比例责任赔偿方式，室内财产的损失赔偿采用第一危险责任赔偿方式。

二、家庭财产保险的主要内容

在我国，家庭财产保险可以进一步细分为许多不同类型的险种，比如，普通家财险、家财两全险、团体家财险等。下面，我们以普通家财险为例，介绍家财险的主要内容。

（一）保险标的

凡是城乡居民家庭或个人的自有财产、代他人保管财产，以及与他人共有的财产等，都可以作为家庭财产保险的保险标的。家庭财产保险通常采用分项列明保险标的方式进行承保。一般而言，保单中保险标的的主要包括以下几个分项：

(1) 被保险人自有的、在保险单中载明地址的房屋及室内附属设施（不包括房屋的附属建筑物）。这类保险标的主要是指被保险人自有的房屋建筑物，以及冷暖卫生设备、照明、供水设备等室内附属设施。需要注意的是，围墙、游泳池、车库等房屋的附属建筑物不包含在内。

(2) 室内装潢。这类保险标的主要是指附着于房屋建筑物室内的各种装修财产。

(3) 室内财产。室内财产主要包括以下几类：

①家用电器和文体娱乐用品。家用电器包括家庭常用的电视机、洗衣机、冰箱等，文体娱乐用品包括家用健身器材等。

②衣物和床上用品。

③家具及其他生活用品。

另外，对农村的家庭财产进行承保时，也可以将存放于院内室内的农机具、农用工具、生产资料、粮食及农副产品纳入保险标的的范围内。

（二）保险责任

在保险期间内，对于下列原因造成保险标的的损失，保险人予以赔偿：

(1) 火灾、爆炸。

(2) 雷击、暴雨、洪水、暴风、龙卷风、冰雹、台风、暴雪、冰凌、突发性滑坡、崩塌、泥石流、地面突然下陷下沉。

(3) 飞行物体及其他空中运行物体坠落。

(4) 外来不属于被保险人所有或使用的建筑物和其他固定物体的倒塌。

另外，对于以下损失和费用，保险人予以赔偿：

第一，在发生保险事故时，被保险人为抢救保险标的或防止灾害蔓延，采取必要的、合理的措施而造成保险标的的损失。

第二，保险事故发生后，被保险人为防止或者减少保险标的产生损失所支付的必要的、合理的费用。

（三）保险金额与保险价值

对于房屋及室内附属设施、室内装潢，保险人采用不定值保险的方式承保，其保险价值为出险时的重置价值。保险金额由投保人参照保险价值自行确定，并在保险合同中载明。对于室内财产，保险金额由投保人根据投保时财产的实际价值分项自行确定。特别要说明的，保险金额不得超过保险价值。超过保险价值的，超过部分无效，保险人应当退还相应的保险费。

（四）保险期限

除另有约定外，家庭财产保险合同的保险期限为一年。

（五）保险费率

家财险的保险费率主要依据以下因素确定：

(1) 房屋建筑结构及其等级。被保险人居住的房屋建筑结构及其等级，直接影响到保险标的的风险状况。比如，木结构的房屋较之砖结构的房屋，遭受火灾而产生损失的可能性更大。因此，房屋建筑结构及其等级是决定家财险费率的主要因素。

（2）家庭财产的构成。家庭财产的构成不同，风险状况也会不同。如家用电器的多寡与火灾、爆炸等风险造成损失的大小紧密相关。因此，保险人在制定费率时应当考虑被保险人家庭财产的构成情况。

（3）地理位置及社会环境。一方面，不同的地理位置，家庭财产的风险状况不一样。比如，河流沿岸的家庭的财产遭受严重水患的可能性比内陆地区的大；另一方面，一个城市或社区的社会治安状况良好，盗窃风险必定较小，保险人因盗窃损失支付的赔款就较少。因此，保险人在制定家财险费率时，应将地理位置及社会环境作为依据。

三、其他类型的家庭财产保险

（一）家财两全险

家财两全险是指适用于城乡居民家庭的兼具经济补偿和到期还本双重性质的家财险业务。其保险标的、保险责任与普通家财险无异。家财两全险的主要特点是：

（1）保险金额固定化。与普通家财险不同，家财两全险的保险金额采取固定的方式，一般以1 000元为1份，投保份数至少1份，多者不限，只要是在保险标的的实际价值以内即可。因此，保险金额通常是1 000元的倍数。

（2）保险期限多样化。财产保险的保险期限一般是一年，而家财两全险的保险期限具有多样化的特点，可以是一年，也可以是三年、五年等。

（3）保险人用投保人所交储金的利息作为保费收入。

（4）保险期满退还保险金。家财两全险的到期还本性质体现为，投保人交纳保险金后，无论是否在保险期间发生过保险赔款，保险期满时保险人都要将保险金全部退还给被保险人。

为了顺应保险消费者的需求，家财两全险逐渐演进为投资保障型家庭财产保险。

（二）团体家财险

为适应企事业单位及机关团体为职工办理家庭财产保险的需要，保险人开办了团体家财险。凡单位职工的家庭财产都可以参加团体家财险。团体家财险的保险条款与普通家财险基本相同，但团体家财险还具有以下特点：

（1）投保人与被保险人相分离。在团体家财险中，投保人是单位，被保险人是单位职工，这种投保人与被保险人相分离的情况与其他财产保险中投保人与被保险人往往合二为一的情况相区别，从而成为团体家财险的一个特点。

（2）投保单位的职工必须全部投保。保险人在承保时，要求单位的职工必须全部投保，以防范逆向选择问题。具体而言，保险人以企业职工名册为准，确定被保险人的人数；凡中途调出、调入者，均应办理批改手续或加保手续。

（3）保险金额由投保单位统一确定。在团体家财险中，所有被保险人的保险金额是一致的；同一家庭有两个或两个以上职工参加团体家财险的，其保险金额可以合并计算。

（4）团体家财险适用优惠费率。单位统一投保能够省去保险人大量的展业承保工作，既满足了投保单位的需要，又节约了保险人的经营成本，从而为降低费率奠定了基础。保险人对团体家财险的投保，往往在同等条件下给予费率优惠。

（三）附加盗窃险

附加盗窃险是在家庭财产保险主险基础上的一个附加险种。由于盗窃风险是家庭财产面临的主要风险之一，因此，附加盗窃险是多数家庭投保时必然选择的保险，在家财险中有重要的地位。

保险人在经营附加盗窃险业务时，需要把握如下事项：

（1）盗窃责任是指存放在保险地址室内的被保险财产，因遭受外来的、有明显痕迹的盗窃损失，包括被盗财产和被砸坏的财产等。该责任由保险人负责。对于窗外钩物，没有明显盗窃痕迹等情况下的损失，保险人不予负责。另外，对于被保险人及其家庭成员、服务人员、寄居人员的盗窃或纵容他人盗窃所致的被保险财产的损失，保险人不负责任。

（2）被保险人在遭受保险责任范围内的盗窃损失后，应当保护好现场，及时向当地公安机关报案，并尽快通知保险人。取得公安机关的证明且经过三个月等待期仍然未破案，是被保险人索赔的重要条件之一。

本章小结

（1）火灾保险，简称“火险”，是指以存放在固定场所并处于相对静止状态的财产及其有关利益为保险标的，由保险人承担被保险财产因保险事故所遭受的损失的经济赔偿责任的一种财产损失保险。火灾保险发端于中世纪的西欧。发展到今天，火灾保险的保险标的的范围不断扩展，承保风险不断增加，已经转变成综合性的财产保险。

（2）企业财产保险，简称“企财险”，它是以法人团体作为投保人，保障其所有的、占有的或者负有保管义务的，位于指定地点的财产及其有关利益的财产保险。企财险是传统物质损失保险中基础和重要的险种之一。

（3）机器损坏保险是以安装完毕并投入运行的机器为保险标的，承保人为的、意外的或物理性原因所造成的这些被保险机器的物质损失。机器损坏保险既可作为主险单独投保，也可作为企业财产保险的附加险投保。投保机器损坏保险，被保险人不仅可以在保险事故发生之后获得经济补偿，还能够获取保险人针对机器设备提供的防损服务。

（4）利润损失保险，又称为营业中断保险，是以企业因停产、停业或经营受影响而面临的预期利润的损失及必要的费用支出为保险标的的财产保险。它赔偿企业遭受自然灾害和意外事故后，因生产经营中断造成的间接损失。在我国，利润损失保险一般是作为企业财产保险的附加险投保。

（5）家庭财产保险，简称“家财险”，是指以个人或家庭所有、占有或负有保管义务的位于指定地点的财产及其有关利益为保险标的的财产保险。在我国，家庭财产保险可以进一步细分为许多不同类型的险种，比如，普通家财险、家财两全险、团体家财险等。

本章关键词

火灾保险　企业财产保险　机器损坏保险　利润损失保险　家庭财产保险

本章思考题

1. 什么是火灾保险？火灾保险有何发展变化？
2. 火灾保险承保的风险有哪些？
3. 企业财产保险的基本特征是什么？
4. 怎样确定企业财产保险的保险金额？
5. 企业财产保险的费率厘定需要考虑哪些因素？
6. 企业财产保险的赔款如何计算？
7. 家庭财产保险的基本特征是什么？
8. 家财两全险有何特点？

第四章
货物运输保险

章首语：

货物运输保险是海上保险的重要分支。随着国内外商品贸易的不断发展，货物运输保险已经从最初的海上货物运输保险逐渐发展为覆盖陆、海、空各种运输方式的重要财产保险险种，为我国的商品贸易特别是海外贸易提供了不可或缺的风险保障。本章介绍了货物运输保险的概念、分类及特点，详细阐述了海上货物运输保险和国内货物运输保险的主要内容。

第一节　货物运输保险概述

一、货物运输保险的概念及其分类

（一）货物运输保险的概念

货物运输保险以运输过程中的货物为保险标的，是指承保货物在运输过程中由于自然灾害或意外事故遭受的损失的保险。货物运输保险所承保的货物，主要是指具有商品性质的贸易货物，一般不包括个人行李或随运输所耗的各种供应和储备物品。

货物运输，本质上就是通过运输工具实现货物的位移，这是一种十分常见的劳务形式，也是商品实现其价值的必要途径。无论是国内贸易还是国际贸易，一笔交易的货物从卖方到买方，往往需要经过运输过程。在此过程中，货物可能会因自然灾害或意外事故的发生而造成损失。《中华人民共和国民法典》（简称《民法典》）规定："承运人对运输过程中货物的毁损、灭失承担赔偿责任。但是，承运人证明货物的毁损、灭失是因不可抗力、货物本身的自然性质或者合理损耗以及托运人、收货人的过错造成的，不承担赔偿责任。"由此可见，货物交承运人运输，承运人承担的保障责任是有限的，货物的所有人有通过保险方式转嫁风险的需要。

在现代形式的各类财产保险业务中，海上货物运输保险的历史最为悠久，陆上各种货物运输保险是在海上货物运输保险的基础上发展起来的，是海上货物运输保险的延伸。

（二）货物运输保险的分类

1. 按运输方式分类

按运输方式的不同，货物运输保险可分为以下几类：

（1）水上货物运输保险。它所承保的保险货物以船舶为载体，采取水上运输方式运输所面临的各种风险损失。

（2）陆上货物运输保险。它所承保的保险货物以汽车、货车等机动车为载体，采取陆上运输方式运输所面临的各种风险损失。

（3）航空货物运输保险。它所承保的保险货物以飞机为载体，采取空中运输方式运输所面临的各种风险损失。

（4）邮包保险。它承保通过水、陆、空等运输方式运输的邮包在运输过程中所面临的各种风险损失。

（5）联合运输保险。它承保通过两种或两种以上运输方式运输的保险货物在运输过程中所面临的各种风险损失。

2. 按适用范围分类

按适用范围的不同，货物运输保险可以分为国内货物运输保险和涉外货物运输保险两大类。国内货物运输保险适用于中华人民共和国境内的业务，适用的是中华人民共和国的法律、法规；涉外货物运输保险适用于中华人民共和国境外的业务，经营中除了要遵循国内有关的法律法规外，还要遵循有关的国际公约和惯例。由于海上货物运输保险的发展历史较悠久，是其他货物运输保险发展的基础，因此，本章将首先介绍海上货物运输保险，在此基础上再对国内货物运输保险业务进行介绍。

二、货物运输保险的特点

与一般财产保险相比，货物运输保险具有以下特点：

（一）保险标的具有较强的流动性

一般的财产保险，特别是火灾保险，其保险标的处于相对静止状态；而货物运输保险的保险标的为运输过程中的货物，为了实现货物的位移，必须使用各种运输工具来运输，货物在运输途中经常处于流动状态。由于具有此特点，运输中的货物所面临的风险较多。同时，由于保险标的具有流动性的特点，发生保险事故的地点通常位于运输途中，特别是对于海上的货物运输，保险人一般要委托出险地的代理人代查勘理赔。

（二）保险责任范围较广泛

对于一般的财产保险合同，保险人只负责保险单上约定的灾害事故所导致的保险标的的直接损失，以及被保险人为减少保险标的的损失所支出的费用。而承保货物运输保险的保险人，除了要负责赔偿灾害事故所导致的保险标的的直接损失和支出的施救费用之外，还负责赔偿一系列外来原因所造成的保险货物的损失，如偷窃、提货不着、雨淋、渗漏、包装破裂等。特别是海上货物运输保险，包括多种附加险，使保险人所承担保险责任范围广泛。

（三）保险期限的确定方式较为特殊

对于一般的财产保险合同，保险期限的确定一般采用“定期法”，即保险人承担保险责任的时间通常为一年；货物运输保险的保险期限通常以实际运输途程来确定，保险单中有专门的确定保险期限的条款，称为“仓至仓”条款。

（四）保险单具有可转让性

对于一般的财产保险合同，未经保险人同意，保险单不能随保险标的物权的转让而转让；而对于货物运输保险，保险单可随保险标的物权的转让而转让。由于运输中的货物一般是交承运人运输，被保险人并未直接控制保险标的，保险标的的所有权的转让对货物的风险状况没有产生实质性的影响，且货物运输保险的期限较短，为了方便商品交易，保险单一般可随物权的转移而转让，无须征得保险人同意。

（五）海上货物运输保险具有国际性

海上货物运输保险的国际性表现为：保险合同当事人会涉及不同国家和地区的人；保险标的是国际贸易中的货物；保险合同的签订和履行除了会涉及贸易合同的有关规定外，还要遵循有关的国际公约、国际惯例。

第二节　海上货物运输保险

一、海上货物运输保险的概念

海上货物运输保险是指以远洋船舶运输的各类海运货物为保险标的的一种货物运输保险，承保货物在运输途中由于海上的自然灾害、意外事故以及一些外来因素而产生的物质损失。根据海上货物运输保险的概念，其承保的风险大致可以分为两类：海上风险和外来风险。

海上风险是指远洋船舶所承运的货物在海上运输的过程中所面临的风险。海上风险包括自然灾害和意外事故。但是，需要注意的是，保险人并不承保所有海上的自然灾害和意外事故，其保险责任仅限于保险合同所约定的、特定的海上风险。目前，我国海上货物运输保险承保的自然灾害只有恶劣气候、雷电、海啸、地震、洪水。海上意外事故主要包括船舶搁浅、触礁、沉没、互撞、与流冰或其他物体碰撞、船舶失踪，以及火灾、爆炸等。

外来风险是指除海上风险以外的其他外来原因造成海运货物损失的风险。外来风险必须是意外的、事先难以预料的，而不是必然会发生的。因此，货物的自然损耗和本质缺陷等导致的损失，不属于外来风险引起的损失。外来风险可以分为一般外来风险和特殊外来风险。一般外来风险通常包括偷窃、提货不着、破损、雨淋、受潮受热、串味、玷污、渗漏、钩损、锈损等。特殊外来风险通常包括战争、罢工等。

二、海上货物运输保险的保险责任

海上货物运输保险的主险，按照保险责任范围大小，可以分为平安险、水渍险和一切险。接下来，我们将详细介绍这三种保险的保险责任与除外责任。

（一）平安险（free from particular average，FPA）

“平安险”是我国保险行业中长期沿用的习惯称呼，其英文的原意是“不负责单独海损”，也就是说，该险种原来的责任范围是仅对全部损失和共同海损负赔偿责任。但是，长期以来，经过实践中的不断完善发展，平安险的保险责任范围已经超出了原有的范围，包括自然灾害造成的保险标的的全部损失，以及意外事故造成的保险标的的全部损失和部分损失（包括共同海损和单独海损）。

具体而言，平安险的承保责任包括：

（1）在保险货物的运输途中，恶劣气候、雷电、海啸、地震、洪水所造成的整批货物的全部损失；

（2）运输工具遭受搁浅、触礁、沉没、互撞、与流冰或其他物体碰撞以及失火、爆炸等意外事故所造成的货物的全部损失或部分损失；

（3）在运输工具已经发生搁浅、触礁、沉没、焚毁等意外事故的情况下，货物在此前后在海上遭受恶劣气候、雷电、海啸等自然灾害所造成的货物的部分损失；

（4）在装卸或转运时，一件或数件整件货物落海所造成的货物的全部损失或部分损失；

（5）被保险人对遭受承保责任内危险的货物采取抢救、防止或减少货损的措施而支付的合理费用，但以不超过该批获救货物的保险金额为限；

（6）运输工具遭遇海难后，在避难港由于卸货、存仓以及运送货物而产生的特别费用；

（7）共同海损的牺牲、分摊和救助费用；

（8）运输合同订有“船舶互撞责任”条款，根据该条款规定应由货方偿还船方的损失。

（二）水渍险（with particular average，WA 或 WPA）

与“平安险”类似，“水渍险”也是我国保险界长期使用的称呼。水渍险的英文原意是“负责赔偿单独海损”，也就是原本平安险不负责的部分，水渍险负责赔偿。具体而言，除了上述平安险的各项责任之外，水渍险的保险责任还包括恶劣气候、雷电、海啸、地震、洪水导致的保险标的的部分损失。由于水渍险的保险责任大于平安险，因此，水渍险的保险费率也高于平安险。

（三）一切险（all risks，AR）

一切险的保险责任范围，除了包括上述水渍险的各项责任之外，还负责赔偿在运输途中一般外来原因所致的被保险货物的全部损失或部分损失。一切险承保的这些外来风险体现为 11 种一般附加险。这些附加险列举如下：

（1）偷窃、提货不着险。它主要承保在保险有效期内，偷窃行为以及货物运抵目的地后整件货物未被收货人提到所造成的被保险货物的损失。

（2）淡水雨淋险。它承保货物在运输途中直接遭受雨淋或淡水而造成的损失。雨淋所致的损失包括雨水、冰雪融化给货物造成的损失。淡水所致的损失包括船舱内水汽凝聚而成的舱汗、船上淡水舱或水管漏水给货物造成的损失。

（3）短量险。它承保货物在运输过程中因外包装破裂或散装货物发生数量散失和实际重量短少的损失。

（4）混杂、玷污险。它承保货物在运输过程中因混进杂质或被玷污而造成的损失。

（5）渗漏险。它承保液体、流质类货物因容器损坏而引起的渗漏损失，以及用液体储装的货物因储液渗漏而发生的腐烂、变质损失。

（6）碰损、破碎险。它承保货物在运输途中因震动、碰撞、受压而造成的破碎、折裂、裂损和发生弯曲、凹瘪、变形等损失。

（7）串味险，又叫变味险。它承保货物因受其他物品的影响而引起串味、变味的损失。

（8）受潮受热险。它承保运输途中的货物因在货仓中受潮或高温而造成的损失。潮湿或高温的原因，或是气温突然变化，或是船上通风设备失灵，使得船舱内水汽凝结，引起货物受潮而最终发霉变质。

（9）钩损险。它承保货物在运输、装卸过程中，因使用吊钩一类工具而本身直接被钩破的损失，或外包装被钩破造成货物外漏的损失。

（10）包装破裂险。它承保货物因装运或装卸不慎、包装破裂所造成的短少、玷污、受潮等损失，以及旨在保证运输过程中续运的安全需要而对包装进行修补或调换所支付的费用。

（11）锈损险。它承保货物在运输过程中因生锈所造成的损失。该类货物是指金属或金属制品。凡在装运时未存在，确实是在保险期限内发生的锈损，保险人予以负责。

三、附加险的保险责任

海上货物运输保险的附加险包括一般附加险、特别附加险和特殊附加险种。前面提到，一切险在水渍险的基础上，扩展承保了11种一般外来风险，这11种附加险就是一般附加险。如果投保了平安险或者水渍险，投保人可以根据自身需求选择性地对这些附加险进行加保。如果投保了一切险，其责任范围就已经包含了这11种一般外来风险所致的损失，投保人不需要再重复购买附加险。

特别附加险承保一些涉及政治、国家政策法令和行政措施等特殊外来因素所造成的风险损失。以下列举了几种常见的特别附加险：

（1）交货不到险。它承保不论何种原因，已装上船的货物不能在预定抵达目的地的日期起6个月内交货的损失。保险人对这一损失按全部损失赔偿，但该货物的全部权利应转移给保险人。

（2）进口关税险。它承保已经遭受保险责任范围内的损失的货物，不论该损失是在进口前或进口后发生的，根据进口国的规定仍须按完好价值完税所造成的关税损失。

（3）舱面险。对装载在舱面的货物，除按基本险的条款负责以外，舱面险承保因被抛弃或被风浪冲击所造成的损失。

（4）拒收险。它承保货物在进口时，不论何种原因而被进口国政府或有关当局拒绝进口或没收所造成的损失。

（5）黄曲霉素险。它承保某些含有黄曲霉素的食物因不符合进口国对该毒素的限制标准而被拒绝进口、没收或强制改变用途而遭受的损失。

特殊附加险，与特别附加险类似，承保战争、罢工等特殊外来原因所造成的损失。它包括战争险和罢工险。战争险，承保货物因战争、敌对行为、武装冲突或海盗行为，以及由此引起的捕获、拘留、扣押和禁制等所造成的直接损失。罢工险，承保货物因罢工者、被迫停工工人，以及参加工潮、暴动和民众斗争的人员采取行动而造成的直接损失。

四、责任免除

海上货物运输保险的基本险（平安险、水渍险和一切险）的责任免除事项主要包括以下内容：

（1）被保险人的故意行为或过失行为所造成的货物损失；

（2）属于发货人责任所引起的损失；

（3）在保险责任开始前，保险货物已存在的品质不良或数量短差所造成的损失；

（4）被保险货物的自然损耗、本质缺陷，以及市价跌落、运输延迟所造成的损失和发生的费用；

（5）属于战争险条款和罢工险条款所规定的责任范围。

五、海上货物运输保险的责任起讫

货物运输保险的保险期限不是按照定期法来确定的，而是按实际运输途程来确定的，一般以仓至仓条款来确定保险责任的起讫。

（一）仓至仓条款的含义

仓至仓条款是货物运输保险中确定保险期限的条款，海运、陆运、空运货物运输保险的保险责任起讫通常采用此条款来确定。仓至仓条款规定，保险人对被保险货物所负的责任，从保险单载明的起运地（港）发货人的仓库开始，到保险单载明的目的地（港）收货人的仓库为止。该条款反映了保险人对保险货物承担保险责任的空间范围。

（二）海上货物运输保险的责任起讫

保险人对保险货物承担责任的时间，自被保险货物运离保险单所载明的起运地仓库或储存处所开始运输时生效，直至该项货物到达保险单所载明目的地收货人的最后仓库或储存处所为止。如未抵达上述仓库或储存处所，则以被保险货物在最后卸载港全部卸离海轮后满六十天为止。如在上述六十天内被保险货物需转运到非保险单所载明的目的地时，则以该项货物开始转运时终止。

被保险人无法控制的运输延迟、绕道、被迫卸货、重新装载、转载或承运人运用运输契约赋予的权限所做的任何航海上的变更或终止运输契约，致使被保险货物运到非保险单所载明目的地时，在被保险人及时将获知的情况通知保险人，并在必要时加交保险费的情况下，本保险仍继续有效，保险责任按下列规定终止：

（1）被保险货物如在非保险单所载明的目的地出售，保险责任至交货时为止，但不论任何情况，均以被保险货物在卸载港全部卸离海轮后满六十天为止。

（2）被保险货物如在上述六十天期限内继续运往保险单所载原目的地或其他目的地时，保险责任仍按上述第1款的规定终止。

六、被保险人的义务

当货物到达了保单载明的目的地或者目的港口后，被保险人应当及时提货。如果发现货物遭受损失，被保险人应当立即向保单载明的检验代理人、理赔代理人申请检验。如果发现货物整件短少或有明显残损痕迹，被保险人要立即向承运人、受托人或有关当局（海关、港务当局等）索取货损货差证明。如果货损货差是承运人、受托人或其他有关方面的责任造成的，被保险人应以书面方式向他们提出索赔，必要时还须取得延长时效的认证。如未履行上述规定义务，保险人对有关损失不负赔偿责任。

发生保险事故后，被保险人应当采取合理的抢救措施，防止或减少货物的损失；否则，对于扩大的损失，保险人不负赔偿责任。

如果航程变更，或者发现保单载明的货物、船名以及航程存在错误，被保险人应在知悉后立即通知保险人，保险人加收保费后保险合同继续有效。

被保险人提出索赔时，必须提供必要的单证，包括保险单正本、提单、发票、装箱单、磅码单、货损货差证明、检验报告和索赔清单等。如果被保险人没有履行约定的单证提供义务，导致保险人无法核实损失情况的，保险人对无法核实的部分不承担赔偿责任。

七、理赔代理

为便于及时办理保险货物在国外发生损失的检验和理赔案件的审核，凡经营国际贸易货物保险业务的保险公司，都应在国外主要港口和城市委请检验代理人、理赔代理人。代理人是代表委托公司利益的，在授权范围内有权处理有关保险的理赔，给付赔款、检验、定损、追偿和损余处理等事项，它是委托公司的代表。

（一）代理人的任务和权限

海损代理人（average agents）是代保险公司检验保险货物和处理赔款代理人的通称。一般分为两种：

（1）检验代理人（survey agents）。

当保险货物发生损失时，检验代理人仅代保险公司检验货物的损失，不负责处理案件，不代给付赔款。收货人取得检验报告后，附上其他单证自行向保险公司索赔。

（2）理赔代理人（claims settling agents）。

理赔代理人不仅代保险公司检验受损保险货物，而且还代保险公司处理理赔案件、给付赔款。这类代理人也有两种：一种是没有核赔权的，就是保险公司没有开给该代理人信用证，该代理人对审核理赔案件提出意见并将理赔案件全卷寄给保险公司出单机构，经其核定后如同意赔付则将赔款汇给他们转交给收货人；另一种是有核赔权的，由保险公司开给代理人一定数额的银行信用证，授权其在一定金额内可以凭规定的单证向当地银行就地支取赔款，给付收货人。授权的金额，根据业务需要和代理人的资信能力等的不同而有所不同。

一般来说，保险公司的信用证是不可撤销和循环的，即每笔赔款一经支取，信用证金额即自动补足。因此，保险公司需要对代理人的赔款进行登记，以防止其重复支取赔款。

规定代理人的权利和具体任务通常是由保险公司和代理人共同拟定协议加以明确。协议中主要规定，给付赔款必须提供的索赔单证、代出共同海损担保的授权、代办追偿的范围、收费的标准、赔款结算的手续等。对于需要诉讼的案件，除非经保险公司特别授权，代理人一般是无权代办的。

（二）代理人的使用与考核

代理人是代表保险公司工作的，用好代理人有利于理赔案件的及时处理，并能扩大保险公司的影响力。与此同时，保险公司也需注意防止代理人滥用职权，以免损害其信誉和经济利益。对于表现好、工作效率高、能够维护保险公司权益的代理人，保险公司授予该代理人的核赔权要大些；对于工作不称职的代理人，保险公司往往根据不同情况或提出改进意见或缩小其代理范围。对代理人的考核则是保险公司应该经常抓的工作。保险公司主要从服务资信、工作质量、工作效率，以及费用收取等方面加以考核。

（三）代理人对信用证的使用

代理人不必事先经过保险公司的同意，就可以自行决定给付赔款。为了便于代理人支付赔款，往往由保险公司开给他们不可撤销和循环的信用证。这种信用证每年开给一次，有效期为一年。

第三节　国内货物运输保险

国内货物运输保险与海上货物运输保险同为货物运输保险的重要组成部分，由于国内货物运输保险是从海上货物运输保险演变而来的，因此其与海上货物运输保险有许多相似之处。

一、国内水路、陆路货物运输保险的基本内容

国内水路、陆路货物运输保险承保货物在水路、铁路、公路和联合运输过程中因遭受保险责任范围内的自然灾害或意外事故所产生的损失。按照保险责任的范围不同，它可以分为基本险和综合险。

（一）基本险的保险责任范围

基本险的保险责任范围如下：

（1）因火灾、爆炸、雷电、冰雹、暴风、暴雨、洪水、地震、海啸、地陷、岩崩、滑坡、泥石流所造成的保险货物的损失；

（2）因运输工具发生碰撞、搁浅、触礁、倾覆、沉没、出轨，或隧道、码头坍

塌所造成的保险货物的损失；

（3）在装货、卸货或转载时，因遭受不属于包装质量不善或装卸人员违反操作规程所造成的损失；

（4）按国家规定或一般惯例应分摊的共同海损费用；

（5）在发生上述灾害事故时，因纷乱而造成货物的散失，以及因施救或保护货物所支付的直接合理的费用。

（二）综合险的保险责任范围

综合险除包括基本险的责任外，还包括以下责任：

（1）因受震动、碰撞、挤压而造成货物破碎、弯曲、折断、凹瘪、开裂的损失，或包装破裂致使货物散失的损失；

（2）液体货物因受震动、碰撞、挤压致使所用容器（包括封口）损坏而渗漏的损失，或用液体保藏的货物因液体渗漏而造成保藏货物腐烂变质的损失；

（3）遭受盗窃的损失或整件提货不着的损失；

（4）符合安全运输规定而遭受雨淋所致的损失。

（三）除外责任

对于下列原因所造成的被保险货物的损失，保险人不负赔偿责任：

（1）战争或军事行动；

（2）核事件或核爆炸；

（3）保险货物本身的缺陷、自然损耗，以及货物包装不善；

（4）被保险人的故意行为；

（5）全程是公路货物运输的，盗窃或整件提货不着的损失；

（6）其他不属于保险责任范围内的损失。

（四）保险期限

保险责任的起讫是自签发保险凭证和保险货物运离起运地发货人的最后一个仓库或储存处所时起，至该保险凭证上注明的目的地的收货人在当地的第一个仓库或储存处所时终止。但保险货物抵达目的地后，如果收货人未及时提货，则保险责任的终止期最多延长至以收货人接到到货通知单后的 15 天为限。

1. 保险责任开始

保险责任开始，必须同时具备“签发保险凭证”（须加盖投保章，并且有托运人签字）和“被保险货物运离起运地发货人的最后一个仓库或储存处所”两个要件，缺一不可。例如，由铁路运输部门代办保险业务时，虽然被托运货物在运达车站前已从发货人的最后一个仓库运离，但由于到达车站后铁路部门才签发保险凭证，故保险责任只能从签发了保险凭证后开始。

所谓“运离”，是指被保险货物在起运地发货人的最后一个仓库或储存处所中，被装载进主要运输工具或辅助运输工具中。此时，哪件货物被搬动，哪件货物的保险责任即开始。不能认为只有将保险货物搬出仓库或储存处所以后或装上运输工具才称为“运离”。

所谓“起运地发货人的最后一个仓库或储存处所”，是指被保险人或其发货人为将起运的被保险货物直接装载运输工具外运或发往铁路、轮船等运输机构交运装运前的最后一处仓库或储存处所（包括被保险人或其发货人自有的、租用的或者寄存的仓库或储存处所）。如果不是从该仓库或储存处所直接装载运输工具运往目的地，或发往铁路、轮船等运输机构交运装运，那么，即使在该仓库或储存处所在起运地区域范围内，也不能认为其是“起运地发货人的最后一个仓库或储存处所”，保险责任也未开始。

由于出厂包装不等于运输包装，因此对于被送到“打包站”进行运输包装的货物而言，“打包站”才被视为“最后一个仓库或储存处所”。

2. 中转

被保险货物自保险责任开始后，凡需中途转运，在中转地的承运部门的仓库或储存处所以及代办托运部门的仓库或储存处所停留候运期间，也在保险期限内。

3. 保险责任终止

保险责任终止于保险货物运至该保险凭证上注明的目的地的收货人在当地的第一个仓库或储存处所。具体而言，保险货物到达目的地的收货人在当地的第一个仓库或储存处所（包括收货人自有的、租用的、借用的或者是寄存的仓库或储存处所）后，从运输工具上卸载下来，并经过搬运进入仓库或储存处所（包括露堆）存放后，该件货物的保险责任即行终止。

如果被保险人在当地没有仓库或储存处所，保险责任应在保险货物被运出该行政区域范围时终止。如果被保险人或其收货人在当地虽有仓库或储存处所，但并不立即将保险货物提入该仓库或储存处所，而是就地（目的地的车站、码头等）调拨给其他单位或再转运到其他地区，则保险责任应在保险货物从车站、码头的仓库或储存处所提取出仓时终止。

被保险货物运抵目的地后，如果收货人未及时提货，则保险责任的终止期最多延长至以收货人接到到货通知单后的15天为限，即被保险人或收货人收到到货通知单（以邮戳日期为准）后满15天，保险责任即行终止。如果被保险人或收货人已提走一部分货物，保险公司对所留的那部分货物也只负15天的责任。

（五）保险金额

国内水路、陆路货物运输保险采取定值保险的承保方式。保险价值按货物的实际价值或者货物的实际价值加运杂费计算。保险金额参照保险价值确定。

货物的实际价值是指货物在起运地的购进价，它可凭购货票或调拨单上所列价格计算。无单证证明的，可由双方协商确定。

运杂费包括货物运输费、包装费、搬运费等。

（六）保险费率的确定

国内货物运输保险在确定保险费率时考虑了以下因素：

1. 运输方式

运输方式分为直达运输（水运、铁路、公路等）、联运、集装箱运输等方式。由于货物的运输方式不同，因此货物在运输中所面临的风险不同，保险费率也会有差别。联运与直达运输相比，因为增加了货物卸载、装载等中间环节，从而增加了货物装卸过程中的风险，所以，一般要比直达运输的货物的保险费率高，保险人要按所有运输工具中最高的一种收取，并在此基础上增加一定的比率。集装箱运输货物的风险相对较小，因此，一般在货物运输保险的保险费率表规定的费率基础上减去一定的费率。

2. 运输工具和运输途程

船舶、火车和汽车等运输工具在运输过程中面临的风险不同，保险费率也不同。比如，火车运输相对于其他运输工具所面临的风险小一些，保险费率要低一些。此外，即便是同一种运输工具，运输的距离不同、区域不同，货物在运输过程中所面临的风险也不同，因此，费率厘定还要考虑运输途程。

3. 货物的性质

货物的性质不同，所面临的风险状况必然不同。如易燃易爆货物、易腐烂货物、易碎货物等在运输过程中就较易损毁。

4. 保险险别

保险险别不同，保险人对货物风险责任承担的大小也不同。比如国内水路、陆路货物运输保险的综合险的保险责任范围大于基本险的保险责任范围，其保险费率也就必然高于基本险的保险费率。

二、国内航空货物运输保险的基本内容

（一）保险责任

在保险期限内，保险人对以下原因所造成的损失负赔偿责任：

（1）飞机遭受碰撞、倾覆、坠落、失踪（在三个月以上）而发生卸载，以及遭遇恶劣气候或其他危难事故发生抛弃行为所造成的损失；

（2）被保险货物本身因火灾、爆炸、雷电、冰雹、暴风、暴雨、洪水、海啸、地震、地陷、崖崩而产生的损失；

（3）被保险货物因受震动、碰撞或压力而造成的破碎、弯曲、凹瘪、折断、开裂等损伤，以及由此引起包装破裂而造成的损失；

（4）属液体、半流体或者需要用液体保藏的被保险货物，在运输途中受震动、碰撞或压力致使容器（包括封口）损坏发生渗漏而造成的损失，或用液体保藏的货物因液体渗漏而致使保藏货物腐烂的损失；

（5）被保险货物因遭受盗窃或者提货不着的损失；

（6）装货、卸货时和地面运输过程中，因遭受不可抗力的意外事故及雨淋而造成的被保险货物的损失；

（7）发生责任范围内的灾害事故时，因施救或保护被保险货物而支付的直接合理费用。

（二）除外责任

在保险期内，保险人对以下原因所造成的损失不负赔偿责任：

（1）战争或军事行动；

（2）核反应、核子辐射和放射性污染；

（3）被保险货物自然损耗、本质缺陷、特性所引起的污染、变质、损坏，以及货物包装不善引发的损失；

（4）在保险责任开始前，被保险货物已存在的品质不良或数量短差所造成的损失；

（5）市价跌落、运输延迟所引起的损失；

（6）属于发货人责任引起的损失；

（7）被保险人或投保人的故意行为及违法犯罪行为；

（8）行政行为或执法行为所致的损失；

（9）其他不属于保险责任范围内的损失。

（三）责任起讫

国内航空货物运输保险的保险责任自被保险货物经承运人收讫并签发航空货物运输单注明保险时起，至空运抵达目的地收货人在当地的仓库或储存处所时终止。但被保险货物空运至目的地后，如果收货人未及时提货，则保险责任的终止期最多以承运人向收货人发出到货通知以后的15天为限。

飞机在飞行途中，因机件损坏或发生其他故障迫降，以及因货物严重积压需用其他运输工具将被保险货物运往目的地时，保险公司仍继续承担保险责任，但被保险人应向保险公司提出办理批改手续的申请。如果被保险货物在被迫降落的地点出售或分配，保险责任的终止期以承运人向发货人发出通知以后的15天为限。

（四）保险金额

国内航空货物运输保险采取定值保险方式进行承保。保险价值为货物的实际价值，按货物的实际价值或货物的实际价值加运杂费确定。保险金额依据保险价值确定，并在保险合同中载明。

（五）费率厘定

民航部门所承运的货物与水陆、陆路运输部门承运的货物相比，具有批量小、单位价值高的特点，再加上空运货物要比水运、陆运货物相对安全一些，所以航空货物运输保险的保险费率的厘定比较简单。按照保险货物的性质不同，航空货物运输保险将货物分为一般物资、易损物资和特别易损物资三类，并规定了三个不同档次的保险费率。

三、国内货物运输保险的理赔

（一）索赔申请

被保险人向保险人申请索赔时，必须提供下列单证：

（1）保险单、运单、提货单、发票；

（2）承运部门签发的货运记录、交接验收记录、鉴定书；

（3）收货单位的入库记录、检验报告、损失清单及救护货物所支付的直接合理费用的单据；

（4）被保险人所能提供的其他与确认保险事故的性质、原因、损失程度等有关的证明和资料。

保险人收到被保险人的赔偿请求后，审核事故是否属于保险责任范围。对属于保险责任的，在与被保险人达成有关赔偿金额的协议后，履行赔偿义务。

（二）赔偿计算

对于保险责任范围内的损失，如果按货价确定保险金额的（视为足额投保），保险人根据实际损失按起运地货价计算赔偿；按货价加运杂费确定保险金额的，保险人根据实际损失按起运地货价加运杂费计算。但最高赔偿金额以保险金额为限。如果保险金额低于货价（视为不足额投保），保险人对其损失金额及支付的施救保护费用按保险金额与货价的比例计算赔偿。

另外，处理赔偿时，应注意以下几个问题：

第一，保险人对货物损失的赔偿和施救费用应分别计算，并各以不超过保险金额为限。

第二，货物发生保险责任范围内损失，如果根据法律规定或者有关约定，应当由承运人或第三者负责赔偿一部分或全部的，被保险人应首先向承运人或第三者索赔；如被保险人提出要求，保险人也可以先予赔偿，但被保险人应签发权益转让书给保险人，并协助保险人向责任方追偿。

第三，被保险货物遭受损失后的残值应充分利用，经双方协商，可作价折归被保险人，并在赔款中扣除。

（三）代查勘、代理赔制度

由于货物运输保险的保险标的具有流动性强的特点，因此其业务承保与保险理赔往往发生在不同的地点。为了加快理赔速度，保障被保险人的利益，同时减少承保公司的费用支出，货物运输保险实行在全国范围内各级保险公司之间的代查勘、代理赔制度。

出险当地的代理赔公司接到被保险人的报案并填写“出险通知书”后，应立案登记，同时迅速派业务人员赶赴现场，对受损货物进行检验。对于代查勘、代理赔案件，经办人员还必须填写“代理赔案件登记簿”。

现场查勘工作必须由两人共同完成。在现场查勘时，有关人员应做好以下工作：

首先，做好对受损货物的现场取证工作。

其次，了解受损货物的基本情况，如向有关方面了解出险的时间、地点、原因和经过，核实损失是否属于保险责任范围。

最后，清点受损货物，确定损失范围、数量、程度，做好损失记录，编写检验报告，必要时可聘请专业技术人员协助鉴定损失。

代理赔公司经承保公司的授权，一般对估损在一定金额内的理赔案件，可全权代为赔付。对估损超过一定金额的理赔案件，代理赔公司必须及时将查勘定损情况通知承保公司，在取得对方同意后方可赔付。承保公司如不同意代理赔，则由承保公司派人员前往处理。如果代理赔公司通知承保公司后，承保公司在规定的时间内未做答复，视为其同意代理赔公司赔付。理赔案件结束后，代理赔公司应尽快把出险通知书、检验报告、赔款计算书等有关单据寄往承保公司，承保公司要在规定的日期内把赔款和代查勘费划付给代理赔公司。

本章小结

（1）货物运输保险以运输过程中的货物为保险标的，是指承保货物在运输过程中由于自然灾害或意外事故而遭受的损失的保险。在现代形式的各类财产保险业务中，海上货物运输保险的历史最为悠久，陆上各种货物运输保险是在海上货物运输保险的基础上发展起来的，是海上货物运输保险的延伸。

（2）货物运输保险按照运输方式不同，可分为水上货物运输保险、陆上货物运输保险、航空货物运输保险、邮包保险，以及联合运输保险。按照适用范围不同，货物运输保险可以分为国内货物运输保险和涉外货物运输保险。货物运输保险与一般的财产保险相比，具有以下一些特点：保险标的具有较强的流动性，保险责任范围较广泛，保险期限的确定方式较为特殊，保险单具有可转让性，海上货物运输保险具有国际性。

（3）海上货物运输保险是指以远洋船舶运输的各类海运货物为保险标的的一种货物运输保险，承保货物在运输途中由于海上的自然灾害、意外事故以及一些外来因素而产生的物质损失。海上货物运输保险承保的风险包括海上风险和外来风险。海上货物运输保险的主险，按照保险责任范围的不同，可以分为平安险、水渍险和一切险。

（4）国内货物运输保险，包括国内水路、陆路货物运输保险和国内航空货物运输保险。国内水路、陆路货物运输保险承保货物在水路、铁路、公路和联合运输过程中因遭受保险责任范围内的自然灾害或意外事故所产生的损失。国内航空货物运输保险承保保险货物以飞机为载体，采取空中运输方式所面临的各种风险损失。

本章关键词

海上货物运输保险　海上风险　外来风险　共同海损　单独海损
仓至仓条款　国内货物运输保险

本章思考题

1. 货物运输保险有哪些特点？
2. 比较实际全损与推定全损的不同之处。
3. 比较单独海损与共同海损的不同之处。
4. 比较平安险、水渍险和一切险在保险责任方面的区别。
5. 海上货物运输保险的责任起讫时间如何确定？
6. 简述国内水路、陆路货物运输保险的保险责任。
7. 简述国内航空货物运输保险的保险责任。
8. 国内货物运输保险如何理赔？

第五章
机动车辆保险

章首语：

汽车普及是社会进步的标志，汽车使用有利于提升人们生活质量和社会工作效率。由于汽车行驶存在各种风险，交通事故带来的危害影响社会公众利益，因此国家需要通过立法建立汽车强制保险制度。机动车辆商业保险是国内财产保险领域第一大险种，车险的发展是我国保险服务经济、保障社会公众利益的价值体现。本章简要介绍了机动车辆保险的定义和分类，分析了机动车辆保险的基本特征，并在此基础上阐述交强险的特点，对目前我国机动车辆商业保险产品结构和实务做了较为详细的介绍。

第一节　机动车风险与机动车辆保险

一、机动车风险

机动车是指在特定区域行驶，以动力装置驱动或者牵引，包括上道路行驶的供人员乘用，或者用于运送物品，以及进行专项作业的轮式车辆（含挂车）等。随着我国经济持续发展，尤其是近十年来居民消费水平的提高，加上汽车关税降低、产业政策扶持因素的影响，我国汽车行业呈现快速发展的态势，汽车产销量持续上升。作为现代社会最重要的交通工具，随着社会的发展进步和人们生活水平的提升，汽车逐步走进老百姓的生活。从汽车保有量的动态数据看，全国私人汽车保有量从2005 年的 1 848.07 万辆增加至 2019 年的 22 508.99 辆；全国民用汽车保有量从2005 年的 3 159.66 万辆增加至 2019 年的 25 376.38 万辆；全国新注册民用汽车数量从 2005 年的 528.63 万辆增加至 2019 年的 2 544.59 万辆①。

据公安部统计，截至 2023 年 6 月底，全国机动车保有量达 42 600 万辆，其中汽车 32 800 万辆，新能源汽车 1 620 万辆；机动车驾驶人 5.13 亿人，其中汽车驾驶

① 孙祁祥．中国保险业发展报告 2021［M］．北京：经济科学出版社，2021：211-212.

人 4.75 亿人，占驾驶人总数的 92.7%；全国有 88 个城市的汽车保有量超过 100 万辆，41 个城市超过 200 万辆，24 个城市超过 300 万辆，其中，北京、成都汽车保有量超过 600 万辆，重庆、上海、苏州汽车保有量超过 500 万辆。

机动车交通事故的发生受诸多风险因素影响，除车本身的物质因素外，驾驶员因素对风险状况有重要的影响。机动车风险具有普遍性、高频性、损失的综合性、受害对象的广泛性等特点。

据统计[①]，我国交通事故的发生数在 2003 年以前总体呈上升趋势，尤其是进入 21 世纪，交通事故发生数量的增加幅度大幅增强，2002 年我国交通事故发生数达到最大值（77.3 万起）。2003 年，《中华人民共和国道路交通安全法》颁布。2005—2015 年，我国交通事故数量从 40 万起逐步递减到不足 19 万起，死亡人数从 98 738 人下降为 58 022 人，受伤人数从 469 911 人下降为 199 880 人，直接财产损失从 188 401 万元下降为 103 691 万元。2016 年以后，交通事故的发生数有所回升，以后每年稳定在 25 万起之内。虽然我国交通事故发生数与 21 世纪初期相比有了大幅减少，然而从全球视角来看我国交通事故的发生数仍然处于较高水平。交通事故严重影响我国人民的生命健康和财产安全。

二、机动车辆保险及其发展概况

（一）车险起源与发展概况

国外汽车保险起源于 19 世纪中后期。当时，随着汽车在欧洲一些国家的出现与发展，交通事故所导致的意外伤害和财产损失随之增加。尽管各国都采取了一些管制办法和措施，汽车的使用仍对人们的生命和财产安全构成了严重威胁，因此引起了一些精明的保险人对汽车保险的关注。最早开发汽车保险业务的是英国的法律意外保险有限公司，1898 年该公司车先推出了汽车第三者责任保险，并附加汽车火险。到 1901 年，保险公司提供的汽车保险单已初步具备了现代综合责任险的条件，保险责任也扩大到了汽车的失窃[②]。

20 世纪初期，汽车业在欧美得到了迅速发展。1903 年，英国的汽车通用保险公司创立，并逐步发展成为一家大型专业化汽车保险公司。1913 年，汽车保险已扩大到了 20 多个国家，汽车保险费率和承保办法也基本实现了标准化。20 世纪 50 年代以来，随着美国、日本等国家和地区汽车制造业的迅速扩张，汽车保险也得到了广泛发展，并成为各国财产保险中重要的业务险种[③]。

汽车保险在绝大多数国家均由自愿保险发展为强制保险，从以过错责任为基础转变为以无过错责任为处理交通事故的法律基础。这种改进不仅确保了车辆所有人在肇事后具有相当的偿付力，而且也使受害人能及时得到经济补偿。

随着我国经济和社会的不断发展，人民生活水平的日益提高，汽车市场的扩容以及家庭小汽车的普及，机动车辆保险的前景非常广阔。机动车辆保险已成为财产

① 孙祁祥. 中国保险业发展报告 2021［M］. 北京：经济科学出版社，2021：213-214.
② 龙玉国. 汽车保险创新和发展［M］. 上海：复旦大学出版社，2005：6.
③ 龙玉国. 汽车保险创新和发展［M］. 上海：复旦大学出版社，2005：7.

保险业务中第一大险种。

（二）机动车辆保险的定义与分类

机动车辆保险是以机动车辆本身及其相关利益为保险标的的一种财产保险。各国开办的机动车辆保险（国外一般称为汽车保险）品种繁多、千差万别，保险分类也各不相同。一般来说，各国比较通行的分类方法有两种，即按车辆使用性质分类和按责任范围分类，而且往往把两者结合起来同时使用。在2006年3月，《机动车交通事故责任强制保险条例》（以下简称《交强险条例》）出台以前，我国的机动车辆保险通常分为基本险（包括机动车辆损失保险和第三者责任保险）和附加险。随着《交强险条例》的实施（2006年7月1日），由于这一划分方法具有一定的局限性，因此机动车辆保险划分为机动车辆交通事故责任强制保险（简称“交强险”）和机动车辆商业保险。此外，机动车辆商业保险又分为机动车辆损失保险、第三者责任保险、其他主险和附加险等。

三、机动车辆保险的特点

基于保险标的的特点，相对于非车险业务，机动车辆保险的基本特征可以概括为以下几点：

（一）保险标的的出险概率较高

汽车是陆地上的主要交通工具。汽车总是载着人或货物从一个地方开往另一个地方，很容易发生碰撞及其他意外事故，造成财产损失和人身伤亡。由于车辆数量的迅速增加，而一些地区的交通设施及管理水平跟不上车辆的增加速度，再加上驾驶员的疏忽、过失等人为原因，因此交通事故发生频繁，汽车出险概率较高。

（二）业务量大，投保率高

我国各地机动车辆的存量和增量都很大，而且还会随着社会经济的持续发展而增长。数以千万辆计的机动车辆构成了业务量极大的保险市场，加上交强险具有强制性参保特点，因此，机动车辆保险的投保与承保率相对于其他财产保险是很高的。

（三）被保险人自负责任与无赔款优待

为了促使被保险人注意维护、养护汽车，并督促驾驶员注意安全行车，以减少事故的发生，机动车辆保险合同上一般规定：根据驾驶员在交通事故中所负责任，商业车险一般在符合赔偿规定的金额内实行绝对免赔率。此外，若被保险车辆在一年保险期限内无赔款，第二年（或连续三年）续保时可以按保险费的一定比例享无赔款优待；反之，一年内有赔款发生，续保时保费上浮。以上两项规定，虽然是对被保险人的惩罚和优待，但所要达到的目的是一致的。

（四）机动车辆损失赔偿的特殊性

在机动车辆保险单的保险期限内，无论是发生一次还是发生多次保险责任范围内的车辆损失索赔，只要保险人核定的赔偿额在保险单规定的保险金额内，保险责任继续有效至保险期限结束，以至于会在一份保险单项下出现多次赔偿额的累计金额高于保险单规定的保险金额的情况。但是，只要一次事故的赔偿额达到或超过保险金额，则保险责任终止。

第二节　机动车辆第三者责任强制保险

强制保险一般是法定保险，其保险关系是以法律、法规等为依据而建立起来的。强制保险通常是为了维护社会公众的利益而开办，投保人有投保的义务，保险人有接受投保的义务。

机动车辆第三者责任强制保险是针对机动车辆第三者责任（这里的“第三者”通常是指保险机动车辆发生意外事故的受害人，但不包括被保险机动车的车上人员、被保险人）的基本保障。它有利于保护交通事故中受害者的权益，保证其及时得到应有的经济补偿，又能减轻事故责任者的经济赔偿压力，减少事故双方的矛盾和纠纷，同时也有利于交通安全的综合治理，促进社会安定和公共安全。我国《交强险条例》第三条规定：“本条例所称机动车交通事故责任强制保险，是指由保险公司对被保险机动车发生道路交通事故造成本车人员、被保险人以外的受害人的人身伤亡、财产损失，在责任限额内予以赔偿的强制性责任保险。”

一、发达国家汽车强制保险概述

美国是推行强制保险最早的国家。1919 年，美国马萨诸塞州率先立法，规定汽车所有人必须在汽车注册登记时，提供保单或以债券作为车辆发生意外事故时赔偿能力的担保。该法案被称为《赔偿能力担保法》。1927 年，马萨诸塞州首先采用汽车强制保险，1956 年纽约州也立法实行汽车强制保险，次年北卡罗来纳州也通过相应法律。从此，汽车强制保险开始在美国盛行，并对世界各国的汽车强制保险制度产生了深远影响。美国汽车强制保险制度的立法模式包括绝对强制保险和相对强制保险两类。绝对强制保险是指汽车所有人在领取行驶牌照之前，必须投保最低限额的责任保险。美国部分州（如纽约州、北卡罗来纳州）实行绝对强制保险。相对强制保险，是指汽车所有人可以自愿选择投保机动车强制保险。

在第一次世界大战结束后，由于汽车的普及，英国的交通事故频发，有些事故中受害的第三者不知道应找哪一方赔偿损失。针对这种情况，英国政府发起了对汽车第三者责任强制保险的宣传，并在《1930 年公路交通法令》中将其纳入强制保险条款。在实施汽车第三者责任强制保险的过程中，英国政府又针对实际情况对规定做了许多修改，如颁发保险许可证、取消保险费缓付期限、修改保险合同款式等。目前，所有在英国道路上行驶的车辆，必须投保汽车第三者责任强制保险，否则构成刑事犯罪。

法国汽车强制保险始自 1958 年。1958 年 7 月 5 日，以《巴丹特（Badinter）法》出台为标志，法国开始全面施行汽车第三者责任强制险，并对交通事故造成第三者身体和物质损失的赔偿范围进行了拓展。法国的有关法律规定，相对于车辆，交通事故第三方受害人无过错责任是假定和必然的；受害人不必解释事故原因，只需证明伤害本身与该车辆有关，第三者责任强制险赔偿即可生效。在法国，除火车、警车及其他被证明或认可有偿付能力的机构（如政府部门）拥有的车辆外，所有的汽车都必须购买汽车第三者责任强制险。

德国汽车强制保险采取的是绝对强制保险的立法模式，没有购买第三者责任险的车辆不能上路行驶。按照法律的规定，所有购买第三者责任险的车辆都会在车前窗贴上一个醒目的标志。在承保范围上，德国汽车强制保险的承保范围较广，包括人身伤害或者死亡、财产损失或灭失、间接后果损失。为了保证对交通事故受害人的赔付，德国成立了第三者责任保险基金，主要负责对肇事车辆未投保、肇事车辆逃逸和驾驶人恶意行为三种情况下受害人的赔付。

日本在1955年通过了《自动车损害赔偿保障法》，以此作为实施汽车强制保险的法律依据。该法已历经多次修改。日本采取绝对强制的立法模式，未依照法律规定订立保险合同的汽车不得在道路上行驶。只有经政府批准的保险公司，才能经营强制保险业务。日本强制保险的承保范围较窄，仅对受害人的人身伤亡损失提供最基本的保障。

二、我国机动车第三者责任强制保险制度的建立

我国责任保险的发展起步相对较晚。在20世纪50年代初期，我国首先开办的就是机动车第三者责任保险，这一时期，机动车第三者责任保险业务量小，且社会舆论对其争议较大。1979年保险业恢复正常的经营以后，我国首先开展的责任保险业务仍然是机动车第三者责任保险。1984年，中国人民保险公司在给国务院《关于加快我国保险事业发展》的报告中指出，实行第三者责任保险以保障交通事故受害人的利益。国务院批准了该报告，并要求各地遵照执行。从此，我国的机动车第三者责任保险进入快速发展时期。

我国为了规范保险活动，保护保险合同当事人的合法权益，于1995年颁布了《中华人民共和国保险法》，其中对责任保险做了明确规定。2004年5月1日起实施的《中华人民共和国交通安全法》的第十七条明确规定："国家实行机动车第三者责任强制保险制度，设立道路交通事故社会救助基金。具体办法由国务院规定。"在此基础上，2006年3月，国务院颁布了《机动车交通事故责任强制保险条例》（以下简称《条例》）。《条例》于2006年7月1日实施。2006年开始实施的交强险是国内第一个强制保险。《条例》的实施和完善标志着机动车辆强制保险制度在我国建立并全面开展起来。

三、我国交强险的特点

作为国内第一个强制保险，交强险与商业第三者责任保险有着本质的不同，主要表现在强制性、赔偿原则、产品供给主体、责任限额和项目等几个方面：

（一）强制性

我国交强险的强制性具体表现在：

（1）具有交强险经营资格的保险公司，不能拒绝承保，不得拖延承保交强险业务，不能随意解除保险合同。

（2）无交强险的机动车不得上路行驶。在中华人民共和国境内道路上行驶的机动车所有人或者管理人应当投保交强险，未投保交强险的机动车不得上道路行驶，否则将由交警依法扣留机动车，通知机动车所有人、管理人依照规定投保，处依照规定投保最低责任限额应缴纳的保险费的两倍罚款。对上道路行驶的机动车未放置保险标志的行为，公安机关交通管理部门应当扣留机动车，通知当事人提供保险标志或者补办相应手续，可以处警告或者 20 元以上 200 元以下罚款。

（3）保险公司垫付抢救费用。为了确保交通事故受害人能得到及时有效的救治，对于驾驶人未取得驾驶资格或者醉酒、被保险机动车被盗抢期间以及被保险人故意制造道路交通事故等情况下发生道路交通事故，造成受害人人身伤亡的，由保险公司垫付抢救费用。垫付金额不超过交强险相应的医疗费用赔偿限额，并且垫付金额为抢救受伤人员所必须支付的相关医疗费用。保险公司有权就垫付的抢救费用向致害人追偿。

（二）赔偿原则

在机动车商业第三者责任保险中，保险公司赔偿的前提是被保险人的过失造成交通事故的发生，保险公司才承担相应的赔偿责任。也就是说，保险公司是根据被保险人在交通事故中应负的责任比例来确定赔偿责任。交强险推行的是“无过错”归责赔偿原则，即使被保险人对交通事故的发生不负任何责任，只要交通事故给受害人的人身或财产造成了侵害（道路交通事故的损失是由受害人故意造成的除外），保险公司就必须无条件地在交强险责任限额范围内予以赔偿。但根据驾驶员在交通事故中是否有责，赔偿的责任限额不同。另外，保险公司可以向被保险人赔偿保险金，也可以直接向受害人赔偿保险金。但是，因抢救受伤人员需要保险公司支付或者垫付抢救费用的，保险公司在接到公安机关交通管理部门通知后，经核对应当及时向医疗机构支付或者垫付抢救费用。

（三）产品供给主体

因交强险具有强制性、政策性的属性，这一产品只能由中资保险公司（经中国保险监管机构批准）来提供，保险监管机构应当将具备从事交强险业务资格的保险公司向社会公示。而商业第三者责任险没有限制，所有内资和外资的财产保险公司都可以进行销售。

（四）责任限额和项目

交强险在全国范围内实行统一的责任限额。同时，交强险实行分项责任限额，具体分为死亡伤残赔偿限额、医疗费用赔偿限额、财产损失赔偿限额，以及被保险人在道路交通事故中无责任的赔偿限额。机动车交通事故责任强制保险责任限额由保险监管机构会同国务院公安部门、国务院卫生主管部门、国务院农业主管部门规定。

表 5. 1 是 2008 年 2 月 1 日零时起实行的交强险赔偿限额。2020 年赔偿限额进行了调整，表 5. 2 是 2020 年 9 月 19 日零时起实行的交强险赔偿限额。

表 5.1　交强险赔偿限额（2008 年 2 月 1 日零时起实行）

机动车在道路交通事故中有责任的赔偿限额	金额/元	机动车在道路交通事故中无责任的赔偿限额	金额/元
死亡伤残赔偿限额	110 000	死亡伤残赔偿限额	11 000
医疗费用赔偿限额	10 000	医疗费用赔偿限额	1 000
财产损失赔偿限额	2 000	财产损失赔偿限额	100
合计	122 000	合计	12 100

表 5.2　交强险赔偿限额（2020 年 9 月 19 日零时起实行）

机动车在道路交通事故中有责任的赔偿限额	金额/元	机动车在道路交通事故中无责任的赔偿限额	金额/元
死亡伤残赔偿限额	180 000	死亡伤残赔偿限额	18 000
医疗费用赔偿限额	18 000	医疗费用赔偿限额	1 800
财产损失赔偿限额	2 000	财产损失赔偿限额	100
合计	200 000	合计	19 900

根据人身伤害赔偿责任的不同，赔偿项目可分为死亡伤残赔偿项目和医疗费用赔偿项目。

死亡伤残赔偿项目包括丧葬费、死亡补偿费、受害人亲属办理丧葬事宜支出的交通费用、残疾赔偿金、残疾辅助器具费、护理费、康复费、交通费、被扶养人生活费、住宿费、误工费，以及被保险人依照法院判决或者调解承担的精神损害抚慰金等。

医疗费用赔偿项目包括医药费、诊疗费、住院费、住院伙食补助费，以及必要的、合理的后续治疗费、整容费、营养费等。

（五）其他特点

从投保的目的来看，国家强制要求所有机动车都必须投保交强险，且交强险有统一的责任限额，其目的是保护社会上不特定主体，即交通事故中受害人的利益。商业第三者责任险自愿投保，购买责任限额①由投保人决定。

从经营原则看，商业第三者责任险以营利为目的，属于商业性保险业务。交强险业务总体上以不盈利不亏损为原则，各公司从事交强险业务实行与其他商业保险业务分开管理、单独核算，无论盈亏，均不参与公司的利益分配。

从保障范围上看，因赔偿原则不同，交强险保障的范围要大得多。除了《条例》规定的个别事项外，交强险的赔偿范围几乎涵盖了所有道路交通责任风险。而商业第三者责任险中，保险公司不同程度地规定有具体的责任免除事项。

从条款与基础费率拟定来看，交强险实行全国统一的保险条款和基础费率，保险监管机构按照交强险业务总体上不盈利不亏损的原则审批费率。

①　责任限额范围为 10 万元至 1 000 万元。

四、道路交通事故社会救助基金

道路交通事故社会救助基金（以下简称“救助基金”），是指依法筹集用于垫付机动车道路交通事故中受害人人身伤亡的丧葬费用、部分或者全部抢救费用的社会专项基金。根据《道路交通事故社会救助基金管理办法》①，财政部门是救助基金的主管部门。财政部负责会同有关部门制定救助基金的有关政策，并对省级救助基金的筹集、使用和管理进行指导。国务院保险监督管理机构的派出机构负责对保险公司缴纳救助基金情况实施监督检查。

（一）救助基金垫付

有下列情形之一时，救助基金垫付道路交通事故中受害人人身伤亡的丧葬费用、部分或者全部抢救费用：

（1）抢救费用超过交强险责任限额的；

（2）肇事机动车未参加交强险的；

（3）机动车肇事后逃逸的。

救助基金一般垫付受害人自接受抢救之时起 7 日内的抢救费用，特殊情况下超过 7 日的抢救费用，由医疗机构书面说明理由。具体费用应当按照规定的收费标准核算。

（二）救助基金来源

救助基金的来源包括：

（1）按照交强险的保险费的一定比例提取的资金；

（2）对未按照规定投保交强险的机动车的所有人、管理人的罚款；

（3）依法向机动车道路交通事故责任人追偿的资金；

（4）救助基金孳息；

（5）地方政府按照规定安排的财政临时补助；

（6）社会捐款；

（7）其他资金。

第三节　机动车商业保险

机动车商业保险，分为主险、附加险。主险包括机动车损失保险、机动车第三者责任保险、机动车车上人员责任保险共三个独立的险种。投保人可以选择投保全部险种，也可以选择投保其中部分险种。保险人依照保险合同的约定，按照承保险种分别承担保险责任。投保主险才能投保对应的附加险，即附加险不能独立投保。附加险条款与主险条款相抵触的，以附加险条款为准，附加险条款未尽之处，以主险条款为准。

---

① 2020 年 11 月 26 日经财政部部务会议审议通过，经银保监会、公安部、卫生健康委、农业农村部同意，并报经国务院批准公布，自 2022 年 1 月 1 日起施行。

以《中国保险行业协会机动车商业保险示范条款（2020 版）》为例，机动车商业保险产品结构见表 5.3。

表 5.3　机动车商业保险产品结构

<table>
<tr><th>主险</th><th colspan="2">附加险</th></tr>
<tr><td>机动车损失保险</td><td colspan="2">附加绝对免赔率特约条款
附加车轮单独损失险
附加新增加设备损失险
附加车身划痕损失险
附加修理期间费用补偿险
附加发动机进水损坏除外特约条款
附加机动车增值服务特约条款</td></tr>
<tr><td>机动车第三者责任保险</td><td>附加车上货物责任险
附加法定节假日限额翻倍险</td><td rowspan="2">附加精神损害抚慰金责任险
附加医保外医疗费用责任险</td></tr>
<tr><td>机动车车上人员责任保险</td><td></td></tr>
</table>

以下根据《中国保险行业协会机动车商业保险示范条款（2020 版）》介绍三个主险及其主要内容。

一、机动车损失保险

机动车辆损失保险以机动车辆本身为保险标的。保险合同中的被保险机动车是指在中华人民共和国境内（不含港、澳、台地区）行驶，以动力装置驱动或者牵引，上道路行驶的供人员乘用或者用于运送物品以及进行专项作业的轮式车辆（含挂车）、履带式车辆和其他运载工具，但不包括摩托车、拖拉机、特种车。

（一）保险责任

该险种保险责任有三条，采用一切险方式保障车损责任。

（1）保险期间，被保险人或被保险机动车驾驶人（以下简称“驾驶人”）在使用被保险机动车过程中①，因意外事故②或自然灾害③造成被保险机动车直接损失，且不属于免除保险人责任的范围，保险人依照本保险合同的约定负责赔偿。

（2）保险期间，被保险机动车被盗窃、抢劫、抢夺，经出险地县级以上公安刑侦部门立案证明，满 60 天未查明下落的全车损失，以及因被盗窃、抢劫、抢夺受到损坏造成的直接损失，且不属于免除保险人责任的范围，保险人依照本保险合同的约定负责赔偿。

（3）发生保险事故时，被保险人或驾驶人为防止或者减少被保险机动车的损失

---

① 指被保险机动车作为一种工具被使用的整个过程，包括行驶、停放及作业，但不包括在营业场所被维修养护期间、被营业单位拖带或被吊装等施救期间。

② 指被保险人不可预料、无法控制的突发性事件，但不包括战争、军事冲突、恐怖活动、暴乱、污染（含放射性污染）、核反应、核辐射等。

③ 指对人类以及人类赖以生存的环境造成破坏性影响的自然现象，包括雷击、暴风、暴雨、洪水、龙卷风、冰雹、台风、热带风暴、地陷、崖崩、滑坡、泥石流、雪崩、冰陷、暴雪、冰凌、沙尘暴、地震及其次生灾害等。

所支付的必要的、合理的施救费用，由保险人承担；施救费用数额在被保险机动车损失赔偿金额以外另行计算，最高不超过保险金额。

（二）责任免除

1. 上述保险责任范围内，有下列情况的，不论任何原因造成被保险机动车的任何损失和费用，保险人均不负责赔偿

（1）事故发生后，被保险人或驾驶人故意破坏、伪造现场，毁灭证据。

（2）驾驶人有下列情形之一者：

①交通肇事逃逸[①]；

②饮酒[②]、吸食或注射毒品、服用国家管制的精神药品或者麻醉药品；

③无驾驶证，驾驶证被依法扣留、暂扣、吊销、注销期间；驾驶与驾驶证载明的准驾车型不相符合的机动车。

（3）被保险机动车有下列情形之一者：

①发生保险事故时被保险机动车行驶证、号牌被注销；

②被扣留、收缴、没收期间；

③竞赛、测试期间，在营业性场所维修、保养、改装期间；

④被保险人或驾驶人故意或重大过失，导致被保险机动车被利用从事犯罪行为。

2. 下列原因导致的被保险机动车的损失和费用，保险人不负责赔偿

（1）战争、军事冲突、恐怖活动、暴乱、污染（含放射性污染）、核反应、核辐射；

（2）违反安全装载规定；

（3）被保险机动车被转让、改装、加装或改变使用性质等，导致被保险机动车危险程度显著增加，且未及时通知保险人，因危险程度显著增加而发生保险事故的；

（4）投保人、被保险人或驾驶人故意制造保险事故。

3. 下列损失和费用，保险人不负责赔偿

（1）因市场价格变动造成的贬值，修理后因价值降低引起的减值损失；

（2）自然磨损、朽蚀、腐蚀、故障、本身质量缺陷；

（3）投保人、被保险人或驾驶人知道保险事故发生后，故意或者因重大过失未及时通知，致使保险事故的性质、原因、损失程度等难以确定的，保险人对无法确定的部分，不承担赔偿责任，但保险人通过其他途径已经知道或者应当及时知道保险事故发生的除外；

（4）被保险人违反有关条款约定[③]，导致无法确定的损失；

（5）车轮单独损失[④]，无明显碰撞痕迹的车身划痕，以及新增加设备的损失；

---

① 是指发生道路交通事故后，当事人为逃避法律责任，驾驶或者遗弃车辆逃离道路交通事故现场以及潜逃藏匿。

② 指驾驶人饮用含有酒精的饮料，驾驶机动车时血液中的酒精含量大于等于 20 mg /100 ml 的。

③ 对于因保险事故损坏的被保险机动车，修理前被保险人应当会同保险人检验，协商确定维修机构、修理项目、方式和费用。无法协商确定的，双方委托共同认可的有资质的第三方进行评估。

④ 指未发生被保险机动车其他部位的损失，因自然灾害、意外事故，仅发生轮胎、轮毂、轮毂罩的分别单独损失，或上述三者之中任意两者的共同损失，或三者的共同损失。

（6）非全车盗抢、仅车上零部件或附属设备被盗窃。

（三）免赔额

对于投保人与保险人在投保时协商确定绝对免赔额的，保险人在依据保险合同约定计算赔款的基础上，增加每次事故绝对免赔额。

（四）保险金额

保险金额按投保时被保险机动车的实际价值确定。投保时被保险机动车的实际价值由投保人与保险人根据投保时的新车购置价[①]减去折旧金额后的价格协商确定或根据其他市场公允价值[②]协商确定。折旧金额可根据保险合同列明的参考折旧系数表确定（见表 5.4）。

表 5.4　参考折旧系数

车辆种类	月折旧系数/%			
	家庭自用	非营业	营业	
			出租	其他
9 座以下客车	0.60	0.60	1.10	0.90
10 座以上客车	0.90	0.90	1.10	0.90
微型载货汽车	—	0.90	1.10	1.10
带拖挂的载货汽车	—	0.90	1.10	1.10
低速货车和三轮汽车	—	1.10	1.40	1.40
其他车辆	—	0.90	1.10	0.90

折旧按月计算，不足一个月的部分，不计折旧。最高折旧金额不超过投保时被保险机动车新车购置价的 80%。折旧金额的计算公式为

折旧金额=新车购置价×被保险机动车已使用月数×月折旧系数

（五）赔偿处理

（1）发生保险事故后，保险人依据条款约定在保险责任范围内承担赔偿责任。赔偿方式由保险人与被保险人协商确定。

（2）因保险事故损坏的被保险机动车，修理前被保险人应当会同保险人检验，协商确定维修机构、修理项目、方式和费用。无法协商确定的，双方委托共同认可的有资质的第三方进行评估。

（3）被保险机动车遭受损失后的残余部分由保险人、被保险人协商处理。如折归被保险人的，由双方协商确定其价值并在赔款中扣除。

（4）因第三方对被保险机动车的损害而造成保险事故，被保险人向第三方索赔的，保险人应积极协助；被保险人也可以直接向保险人索赔，保险人在保险金额内先行赔付被保险人，并在赔偿金额内代位行使被保险人对第三方请求赔偿的权利。

---

① 指保险合同签订地购置与被保险机动车同类型新车的价格，无同类型新车市场销售价格的，由投保人与保险人协商确定。

② 指熟悉市场情况的买卖双方在公平交易的条件下和自愿的情况下确定的价格，或无关联的双方在公平交易的条件下一项资产可以被买卖或者一项负债可以被清偿的成交价格。

被保险人已经从第三方取得损害赔偿的，保险人进行赔偿时，相应扣减被保险人从第三方已取得的赔偿金额。

保险人未赔偿之前，被保险人放弃对第三方请求赔偿的权利的，保险人不承担赔偿责任。

被保险人故意或者因重大过失致使保险人不能行使代位请求赔偿的权利的，保险人可以扣减或者要求返还相应的赔款。

保险人向被保险人先行赔付的，保险人向第三方行使代位请求赔偿的权利时，被保险人应当向保险人提供必要的文件和所知道的有关情况。

（5）机动车损失赔款的计算方法。

①对于全部损失[①]，赔款的计算公式如下：

赔款=保险金额-被保险人已从第三方获得的赔偿金额-绝对免赔额

②对于部分损失，保险人按实际修复费用在保险金额内计算赔偿：

赔款=实际修复费用-被保险人已从第三方获得的赔偿金额-绝对免赔额

③施救费。被施救的财产中，含有保险合同之外的财产，应按保险合同保险财产的实际价值占总施救财产的实际价值比例分摊施救费用。

（6）被保险机动车发生保险事故，导致全部损失，或一次赔款金额与免赔金额之和（不含施救费）达到保险金额，保险人按保险合同约定支付赔款后，保险合同保险责任终止，保险人不退还机动车损失保险及其附加险的保险费。

二、机动车第三者责任保险

保险合同中的第三者是指因被保险机动车发生意外事故遭受人身伤亡或者财产损失的人，但不包括被保险机动车车上人员、被保险人。

（一）保险责任

保险期间，被保险人或其允许的驾驶人在使用被保险机动车过程中发生意外事故，致使第三者遭受人身伤亡或财产直接损毁，依法应当对第三者承担的损害赔偿责任，且不属于免除保险人责任的范围，保险人依照保险合同的约定，对于超过机动车交通事故责任强制保险各分项赔偿限额的部分负责赔偿。

保险人依据被保险机动车一方在事故中所负的事故责任比例，承担相应的赔偿责任。被保险人或被保险机动车一方根据有关法律法规选择自行协商或由公安机关交通管理部门处理事故，但未确定事故责任比例的，按照下列规定确定事故责任比例：

①被保险机动车一方负主要事故责任的，事故责任比例为70%；

②被保险机动车一方负同等事故责任的，事故责任比例为50%；

③被保险机动车一方负次要事故责任的，事故责任比例为30%。

涉及司法或仲裁程序的，以法院或仲裁机构最终生效的法律文书为准。

---

① 指被保险机动车发生事故后灭失，或者受到严重损坏完全失去原有形体、效用，或者不能再归被保险人拥有的，为实际全损；或被保险机动车发生事故后，认为实际全损已经不可避免，或者为避免发生实际全损所需支付的费用超过实际价值的，为推定全损。

（二）责任免除

（1）在上述保险责任范围内，下列情况下，不论何种原因造成的人身伤亡、财产损失和费用，保险人均不负责赔偿：

①事故发生后，被保险人或驾驶人故意破坏、伪造现场，毁灭证据。

②驾驶人有下列情形之一者：

a. 交通肇事逃逸；

b. 饮酒、吸食或注射毒品、服用国家管制的精神药品或者麻醉药品；

c. 无驾驶证，驾驶证被依法扣留、暂扣、吊销、注销期间；

d. 驾驶与驾驶证载明的准驾车型不相符合的机动车；

e. 非被保险人允许的驾驶人。

③被保险机动车有下列情形之一者：

a. 发生保险事故时被保险机动车行驶证、号牌被注销的；

b. 被扣留、收缴、没收期间；

c. 竞赛、测试期间，在营业性场所维修、保养、改装期间；

d. 全车被盗窃、被抢劫、被抢夺、下落不明期间。

（2）下列原因导致的人身伤亡、财产损失和费用，保险人不负责赔偿：

①战争、军事冲突、恐怖活动、暴乱、污染（含放射性污染）、核反应、核辐射；

②第三者、被保险人或驾驶人故意制造保险事故、犯罪行为，第三者与被保险人或其他致害人恶意串通的行为；

③被保险机动车被转让、改装、加装或改变使用性质等，导致被保险机动车危险程度显著增加，且未及时通知保险人，因危险程度显著增加而发生保险事故的。

（3）下列人身伤亡、财产损失和费用，保险人不负责赔偿：

①被保险机动车发生意外事故，致使任何单位或个人停业、停驶、停电、停水、停气、停产、通信或网络中断、电压变化、数据丢失造成的损失以及其他各种间接损失；

②第三者财产因市场价格变动造成的贬值，修理后因价值降低引起的减值损失；

③被保险人及其家庭成员[①]、驾驶人及其家庭成员所有、承租、使用、管理、运输或代管的财产的损失，以及本车上财产的损失；

④被保险人、驾驶人、本车车上人员的人身伤亡；

⑤停车费、保管费、扣车费、罚款、罚金或惩罚性赔款；

⑥超出《道路交通事故受伤人员临床诊疗指南》和国家基本医疗保险同类医疗费用标准的费用部分；

⑦律师费，未经保险人事先书面同意的诉讼费、仲裁费；

⑧投保人、被保险人或驾驶人知道保险事故发生后，故意或者因重大过失未及时通知，致使保险事故的性质、原因、损失程度等难以确定的，保险人对无法确定

① 家庭成员指配偶、父母、子女和其他共同生活的近亲属。

的部分，不承担赔偿责任，但保险人通过其他途径已经知道或者应当及时知道保险事故发生的除外；

⑨被保险人违反有关条款[①]约定，导致无法确定的损失；

⑩精神损害抚慰金；

⑪应当由机动车交通事故责任强制保险赔偿的损失和费用；保险事故发生时，被保险机动车未投保机动车交通事故责任强制保险或机动车交通事故责任强制保险合同已经失效的，对于机动车交通事故责任强制保险责任限额以内的损失和费用，保险人不负责赔偿。

（三）责任限额

每次事故的责任限额，由投保人和保险人在签订保险合同时协商确定。

主车和挂车连接使用时视为一体。发生保险事故时，由主车保险人和挂车保险人按照保险单上载明的机动车第三者责任保险责任限额的比例，在各自的责任限额内承担赔偿责任。

（四）赔偿处理

对被保险人或其允许的驾驶人给第三者造成的损害，保险人可以直接向该第三者赔偿。被保险人或其允许的驾驶人给第三者造成损害，对第三者应负的赔偿责任确定的，根据被保险人的请求，保险人应当直接向该第三者赔偿。被保险人怠于请求的，第三者就其应获赔偿部分直接向保险人请求赔偿的，保险人可以直接向该第三者赔偿。被保险人或其允许的驾驶人给第三者造成损害，未向该第三者赔偿的，保险人不得向被保险人赔偿。

赔款计算方式如下：

（1）当（依合同约定核定的第三者损失金额-机动车交通事故责任强制保险的分项赔偿限额）×事故责任比例等于或高于每次事故责任限额时：赔款=每次事故责任限额。

（2）当（依合同约定核定的第三者损失金额-机动车交通事故责任强制保险的分项赔偿限额）×事故责任比例低于每次事故责任限额时：赔款=（依合同约定核定的第三者损失金额-机动车交通事故责任强制保险的分项赔偿限额）×事故责任比例。

保险人按照《道路交通事故受伤人员临床诊疗指南》和国家基本医疗保险的同类医疗费用标准核定医疗费用的赔偿金额。未经保险人书面同意，被保险人自行承诺或支付的赔偿金额，保险人有权重新核定。不属于保险人赔偿范围或超出保险人应赔偿金额的，保险人不承担赔偿责任。

三、机动车车上人员责任保险

保险合同中的车上人员是指发生意外事故的瞬间，在被保险机动车车体内或车

---

① 发生保险事故后，保险人依据本条款约定在保险责任范围内承担赔偿责任。赔偿方式由保险人与被保险人协商确定。因保险事故损坏的第三者财产，修理前被保险人应当会同保险人检验，协商确定维修机构、修理项目、方式和费用。无法协商确定的，双方委托共同认可的有资质的第三方进行评估。

体上的人员，包括正在上下车的人员。保险合同中的各方权利和义务，由保险人、投保人遵循公平原则协商确定。保险人、投保人自愿订立保险合同。

(一) 保险责任

(1) 保险期间，被保险人或其允许的驾驶人在使用被保险机动车过程中发生意外事故，致使车上人员遭受人身伤亡，且不属于免除保险人责任的范围，依法应当对车上人员承担的损害赔偿责任，保险人依照保险合同的约定负责赔偿。

(2) 保险人依据被保险机动车一方在事故中所负的事故责任比例，承担相应的赔偿责任。被保险人或被保险机动车一方根据有关法律法规选择自行协商或由公安机关交通管理部门处理事故，但未确定事故责任比例的，按照下列规定确定事故责任比例：

①被保险机动车一方负主要事故责任的，事故责任比例为70%；

②被保险机动车一方负同等事故责任的，事故责任比例为50%；

③被保险机动车一方负次要事故责任的，事故责任比例为30%。

涉及司法或仲裁程序的，以法院或仲裁机构最终生效的法律文书为准。

(二) 责任免除

(1) 在上述保险责任范围内，下列情况下，不论任何原因造成的人身伤亡，保险人均不负责赔偿：

①事故发生后，被保险人或驾驶人故意破坏、伪造现场，毁灭证据。

②驾驶人有下列情形之一者：

a. 交通肇事逃逸；

b. 饮酒、吸食或注射毒品、服用国家管制的精神药品或者麻醉药品；

c. 无驾驶证，驾驶证被依法扣留、暂扣、吊销、注销期间；

d. 驾驶与驾驶证载明的准驾车型不相符合的机动车；

e. 非被保险人允许的驾驶人。

③被保险机动车有下列情形之一者：

a. 发生保险事故时被保险机动车行驶证、号牌被注销的；

b. 被扣留、收缴、没收期间；

c. 竞赛、测试期间，在营业性场所维修、保养、改装期间；

d. 全车被盗窃、被抢劫、被抢夺、下落不明期间。

(2) 下列原因导致的人身伤亡，保险人不负责赔偿：

①战争、军事冲突、恐怖活动、暴乱、污染（含放射性污染）、核反应、核辐射；

②被保险机动车被转让、改装、加装或改变使用性质等，导致被保险机动车危险程度显著增加，且未及时通知保险人，因危险程度显著增加而发生保险事故的；

③投保人、被保险人或驾驶人故意制造保险事故。

(3) 下列原因导致的人身伤亡、损失和费用，保险人不负责赔偿：

①被保险人及驾驶人以外的其他车上人员的故意行为造成的自身伤亡；

②车上人员因疾病、分娩、自残、斗殴、自杀、犯罪行为造成的自身伤亡；

③罚款、罚金或惩罚性赔款；

④超出《道路交通事故受伤人员临床诊疗指南》和国家基本医疗保险同类医疗费用标准的费用部分；

⑤律师费，未经保险人事先书面同意的诉讼费、仲裁费；

⑥投保人、被保险人或驾驶人知道保险事故发生后，故意或者因重大过失未及时通知，致使保险事故的性质、原因、损失程度等难以确定的，保险人对无法确定的部分，不承担赔偿责任，但保险人通过其他途径已经知道或者应当及时知道保险事故发生的除外；

⑦精神损害抚慰金；

⑧应当由机动车交通事故责任强制保险赔付的损失和费用。

（三）责任限额

驾驶人每次事故责任限额和乘客每次事故每人责任限额由投保人和保险人在投保时协商确定。投保乘客座位数按照被保险机动车的核定载客数（驾驶人座位除外）确定。

（四）赔偿处理

（1）对每座的受害人，当（依合同约定核定的每座车上人员人身伤亡损失金额-应由机动车交通事故责任强制保险赔偿的金额）×事故责任比例高于或等于每次事故每座责任限额时：赔款=每次事故每座责任限额。

（2）对每座的受害人，当（依合同约定核定的每座车上人员人身伤亡损失金额-应由机动车交通事故责任强制保险赔偿的金额）×事故责任比例低于每次事故每座责任限额时：赔款=（依合同约定核定的每座车上人员人身伤亡损失金额-应由机动车交通事故责任强制保险赔偿的金额）×事故责任比例。

保险人按照《道路交通事故受伤人员临床诊疗指南》和国家基本医疗保险同类医疗费用标准核定医疗费用的赔偿金额。未经保险人书面同意，被保险人自行承诺或支付的赔偿金额，保险人有权重新核定。不属于保险人赔偿范围或超出保险人应赔偿金额的，保险人不承担赔偿责任。

四、新能源汽车迅速发展与新能源汽车保险

在“双碳”目标下，近年来我国的汽车制造业一直在向环保化和智能化方向发展。新能源汽车的研发和生产给我国车险市场带来较大影响。新能源汽车采用非常规的车用燃料作为动力来源；或使用常规的车用燃料，但采用新型车载动力装置，能有效节约能源、保护环境。在国家政策的大力支持下，我国新能源汽车制造技术得到迅速发展，开发了锂离子电池、燃料电池和混合动力三种类型的动力系统，形成了具有中国特色的插电式混合动力发展技术路线。

（一）新能源汽车迅速发展

目前，世界各国都在大力发展新能源汽车，我国更是将其列入七大战略性新兴产业之中。节能与新能源汽车的发展是我国减少石油消耗和降低二氧化碳排放的重要举措之一。中央和地方各级政府对其发展高度关注，陆续出台了各种扶持培育政策，为新能源汽车的发展营造了良好的政策环境。近年来，我国新能源汽车产业在行业标准、产业联盟、企业布局、技术研发等方面也取得了明显进展，肩负起中国

汽车工业弯道超车的历史重任。

2014 年被称为我国“新能源汽车元年”，因为从 2014 年至今，国家政府出台了一系列鼓励电动汽车行业发展的利好政策。在政府的一系列政策支持下，我国新能源汽车的产量和销量快速增长，分别从 2015 年的 34.1 万辆、33.1 万辆，增长至 2020 年的 136.6 万辆、136.7 万辆①。

按公安部统计，截至 2023 年 6 月底，全国新能源汽车保有量达 1 620 万辆，占汽车总量的 4.9%。其中，纯电动汽车保有量 1 259.4 万辆，约占新能源汽车总量的 77.8%。上半年新注册登记新能源汽车 312.8 万辆，同比增长 41.6%，创历史新高。新能源汽车新注册登记量约占汽车新注册登记量的 26.6%②。

（二）新能源汽车保险

与传统汽车不同，电池在新能源汽车整车的价值中占比大，一旦动力电池意外受损，就得更换电池，而电池成本一直居高不下，导致维修成本相对较高。维修成本是车险的重要考虑因素。如果维修成本提高，风险保费也会随之提高，因此，购买传统车险并不适合对新能源车险的风险进行保障。过高的维修成本会给车主带来更多忧虑，他们对车险的需求更加迫切。因此，新能源汽车不适合采用普通商业车险条款进行承保，必须开发专门的车险产品。

在市场的推动下，为进一步落实《中国银保监会关于印发实施车险综合改革指导意见的通知》精神，贯彻以人民为中心的发展思想和高质量发展要求，深化车险市场供给侧结构性改革，中国保险行业协会组织行业力量，在深入调研的基础上，于 2021 年年底发布《中国保险行业协会新能源汽车商业保险专属条款（试行）》，它又包括《中国保险行业协会新能源汽车商业保险示范条款（试行）》和《中国保险行业协会新能源汽车驾乘人员意外伤害保险示范条款（试行）》。

按照新能源汽车商业保险示范条款费率切换时间，所有新保和续保的新能源汽车，但不包括摩托车、拖拉机、特种车，统一适用《中国保险行业协会新能源汽车商业保险示范条款（试行）》承保，不再适用《中国保险行业协会机动车商业保险示范条款（2020 版）》。各保险公司在 2021 年年底推出新能源汽车保险。以车损险为例，主要有以下特点：

1. 条款中的新能源汽车定义

新能源汽车是指在中华人民共和国境内（不含港、澳、台地区）行驶，采用新型动力系统，完全或主要依靠新型能源驱动，上道路行驶的供人员乘用或者用于运送物品以及进行专项作业的轮式车辆、履带式车辆和其他运载工具，不包括摩托车、拖拉机、特种车。能源类型筛选条件：纯电、插电式混合动力、燃料电池。

2. 保险责任的变化

条款内容：“保险期间，被保险人或被保险新能源汽车驾驶人（以下简称‘驾驶人’）在使用（包括行驶、停放、充电及作业）被保险新能源汽车过程中，因自然灾害、意外事故（含起火燃烧）造成被保险新能源汽车下列设备的直接损失，且不属于免除保险人责任的范围，保险人依照本保险合同的约定负责赔偿。（一）车

---

① 孙祁祥. 中国保险业发展报告 2021［M］. 北京：经济科学出版社，2021：212-213.

② 曾诗阳. 我国新能源汽车保有量达 1 620 万辆［N］. 经济日报，2023-07-09（3）.

身；（二）电池及储能系统、电机及驱动系统、其他控制系统；（三）其他所有出厂时的设备。"

变化点在于：①明确"使用"的定义，包括行驶、停放、充电及作业；②明确意外事故含起火燃烧；③明确设备直接损失的范围，即车身，电池及储能系统、电机及驱动系统、其他控制系统，其他所有出厂时的设备。

3. 针对新能源车的附加险

根据新能源车的特点，增加了三个附加险：①附加自用充电桩损失保险；②附加自用充电桩责任保险；③附加外部电网故障损失险。

本章小结

（1）机动车辆保险是以机动车辆本身及其相关利益为保险标的的一种财产保险。机动车辆保险不仅是运输工具保险的主要险种，也是整个非寿险业务的主要来源。我国机动车辆保险也是财产保险业务占比最高的险种。

（2）我国机动车辆第三者责任保险分为交强险和商业险，二者在是否强制性、赔偿原则、产品供给的主体、责任限额、保障范围、经营原则以及条款与基础费率等方面存在区别。

（3）机动车商业保险分为主险和附加险。只有投保了主险才能投保对应的附加险，即附加险不能独立投保。

（4）主险包括机动车损失保险、机动车第三者责任保险、机动车车上人员责任保险共三个独立的险种，投保人可以选择投保全部险种，也可以选择投保其中部分险种。保险人依照保险合同的约定，按照承保险种分别承担保险责任。

（5）与传统汽车不同，新能源汽车采用新型动力系统，完全或主要依靠新型能源驱动。因此，在车辆损失险基础上，目前新能源汽车车辆损失保险及其保险责任范围，有些特殊的界定和扩展，并新增了三个附加险。

本章关键词

机动车辆保险　交强险　机动车损失保险　机动车第三者责任保险
机动车车上人员责任保险　新能源汽车

复习思考题

1. 机动车辆保险有何特点？
2. 简述我国机动车辆商业保险的险种结构。
3. 分析损失补偿原则在机动车损失保险赔偿中的应用。
4. 简述我国交强险的特点。
5. 简述道路交通事故救助基金的垫付情形。
6. 简述新能源汽车保险的保险责任变化。

第六章
工程保险

章首语：

本章以专业融合为基调，着力让读者了解建设工程、建筑工程与工程保险专业领域的术语、定义和基本概念，使理论学习变得立体化；通过对建设工程全生命周期的风险解读，引导读者建立风险分配的理念，为构建工程保险知识体系打下基础；同时通过图、表的方式将复杂烦琐的专业逻辑进行抽象简化后呈现给读者以强化学习效果。

第一节　建设工程及其风险分配

一、术语、定义与基本概念

（一）建设工程与建筑工程

1. 建设工程

建设工程是人类有组织、有目的、大规模的经济活动；是为完成依法立项的新建、改建、扩建的各类工程（土木工程、建筑工程及安装工程等）而进行的、有起止日期的、达到规定要求的一组相互关联的受控活动组成的特定过程；是固定资产再生产过程中形成综合生产能力或发挥工程效益的工程项目。

典型的建设工程有铁路工程、高速公路工程、市政工程等。

2. 建筑工程

建筑工程是指通过对各类房屋建筑及其附属设施的建造和与其配套的线路、管道、设备的安装活动所形成的工程实体。其中，“房屋建筑”是指有顶盖、梁柱、墙壁、基础以及能够形成内部空间，满足人们生产、居住、学习、公共活动需要的工程。

典型的建筑工程有商业住宅、自建房、创意园等。

3. 建设工程与建筑工程的联系与区别

（1）建设工程与建筑工程的联系。

建设工程是一个大项，建筑工程往往是建设工程的一部分。例如，新建高速公路是典型的建设工程，一般会按照专业划分为路基、路面、桥梁、隧道、绿化、交安、机电、房建等分部工程。而高速公路服务区属于房建工程，也就是我们所说的建筑工程。

（2）建设工程与建筑工程的区别。

建设工程是一个较为宽泛的概念，包括策划、勘察、设计、采购、施工、试运行、竣工验收和移交等一系列延续性的专业活动，不仅是指工程施工活动，还是工程建造全周期专业行为的总和。建设工程还具备投资额巨大、建设周期长、整体性强和固定性等特征。

建筑工程与建设工程相比，范围相对较窄。其专指各类工业与民用建筑的土建工程及其附属设施和与其配套的线路、管道、设备的安装工程，主要是指特定的建筑施工活动，所以建筑工程往往也被称为房屋建筑工程。某些功能属性比较强的建筑工程还被赋予一定的综合性、社会性、实践性，以及在技术上、经济上和建筑艺术上的统一性。

（二）建设工程的相关主体

本节所介绍的建设工程相关主体仅是指从商业保险合同角度出发，与建设工程有直接关联的参建主体或商业主体，并不包括工程建设过程中可能涉及的行政、司法部门或社会组织。参与工程建设的所有主体在同一项目上的保险利益有一定的差异，而且在不同的工程建设阶段也有不同的风险需求。本节将建设工程的主体进行简化后通过表格（见表6.1）的方式简单列明其不同的保险利益范围。

表6.1　建设工程相关主体的风险需求及保险利益说明

相关主体	身份角色	主要风险需求	保险利益范围	说明
投资方	工程项目资金提供方或发起人	投资风险	出资比例	工程延误、工程损毁
贷款人	金融机构	贷款安全	贷款额度	如巨灾导致工程损毁，借款人无法偿还贷款
业主	工程项目的直接产权所有人	业主自有财产、人员安全，以及工程整体验收交付	工程产权范围内的物质损失以及附带的财务损失	
承包人	负责总体或部分工程建造的单位	工程建造期间的工程成本损失与人员、设备安全	已投入的工程建设成本	
分包人	承担部分施工合同任务的单位	工程建造期间的工程成本损失与人员、设备安全	分包合同约定范围内的工程建设成本	劳务分包不存在可保利益
设计单位	工程项目设计方案的提供方	职业责任	设计合同约定的履约责任部分	
监理单位	按照与业主签订的监理合同履行工程管理职能的单位	职业责任	监理合同约定的履约责任风险	

表6.1(续)

相关主体	身份角色	主要风险需求	保险利益范围	说明
供应商	工程材料供应商、工程机械出租方、专业技术或专业服务的提供方	履约责任	相关的合同责任与经济利益	

（三）工程保险定义与分类

国际工程保险人协会（IMIA）将工程保险业务分为广义的工程保险与狭义的工程保险。以下这四大类称为广义的工程保险：

①建筑、安装工程保险及其工程保证保险（CAR、EAR、GUARANTEE）；

②机器损坏保险、锅炉爆炸保险和其他（M、BE、OTHER）；

③电气设备保险（EE）；

④利润损失保险（LOP）。

其中的建筑、安装工程保险及其工程保证保险（CAR、EAR、GUARANTEE）称为狭义的工程保险。

传统观念上一般认为工程保险即建筑工程一切险、安装工程一切险以及施工机械保险。近年来，我国经济发展迅猛，建设工程的保险需求日益丰富，市场亟须对工程保险的内涵进行重新定义。

本章所介绍的工程保险并非指单一或某几种特定的保险产品，而是泛指用于覆盖工程建设各个阶段各类风险的保险产品。国内建设工程适用的主要保险产品的情况见表6.2。

表6.2 建设工程的主要保险产品的情况

险种	风险需求	现有产品	投保人	保险期间
工程一切险	工程物质损失	建筑工程一切险、安装工程一切险	业主、承包人	工程建设期内
意外险	施工人员人身伤害风险	建筑工人团体意外保险	业主、承包人	工程建设期内
责任保险		雇主责任保险	业主、承包人	工程建设期内
	第三者财产损失或人身伤害	第三者责任保险、安全生产责任保险	业主、承包人	工程建设期内
	职业责任	设计师责任保险、监理工程师责任保险	设计单位、监理单位或其他独立第三方	工程建设期内
	环境污染	环境污染责任保险	业主、承包人	工程建设期内
信用保险	融资信用担保	贷款信用保险	业主	贷款期内
	投标信用担保	投标保证保险	投标人（承包人）	投标期间
保证保险	置换履约保证金	履约保证保险	承包人	工程建设期内
	置换工程质保金	工程质量保证保险	承包人	质保期内
财产综合险	施工机械损坏	施工机械保险	业主、承包人	工程建设期内

二、建设工程的风险需求

（一）工程建设的基本流程

为便于理解，本节将工程建设的基本流程简化并归纳为四个阶段，逐一标明每个阶段的重要节点与主要成果。工程建设的基本流程如图 6.1 所示。

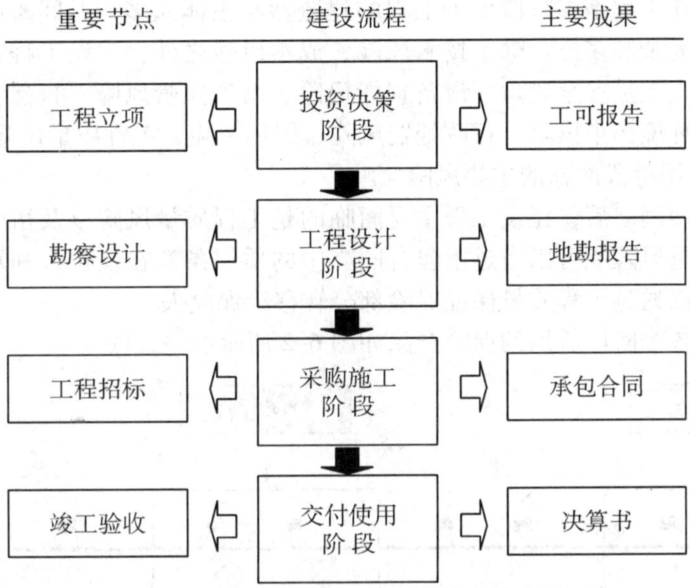

图 6.1　工程建设的基本流程

目前，国内建设工程保险市场的产品和服务主要围绕采购施工阶段的需求进行设计，因为只有在这个阶段建设工程具备投保的基本条件，例如，完备的工程开建手续、明确的投保主体、清晰的保费来源。但随着建设工程市场的快速发展，人们对商业保险的需求日益多样化，保险产品也逐步向工程建设的其他阶段延伸。例如，近年住房和城乡建设部大力推动的“工程质量潜在缺陷责任保险”（IDI），其定位就是将工程交付使用之后所暴露的工程质量风险统一归口转嫁给保险人承担的责任保险。

（二）各个阶段的风险需求

工程建设的各个阶段潜在的风险是多领域、多维度、多层次的单一或者混合风险。风险转移或风险控制的方式和手段多种多样，如通过编制概预算控制投资风险，通过改进工艺的方式降低技术风险，又或者通过设计调整的方式降低施工时环境污染风险。需要强调的是，商业保险无论是在建设工程的哪一个阶段都只能够按照商业规律有限度地转移参建主体所面临风险中的一小部分（如自然灾害导致的工程损毁），而未能通过商业保险转移的则为各个主体的自担风险（如工程设计变更导致的成本增加）。

工程建设各个阶段面临的主要风险如下：

1. 投资决策阶段面临的主要风险

建设工程在投资决策阶段所面临的主要风险有投资风险、政策风险、环保风险、法律风险、技术风险等。

2. 工程设计阶段面临的主要风险

建设工程在工程设计阶段所面临的风险则相对单一，主要集中在技术风险、管理风险、成本风险上面。

3. 采购施工阶段面临的主要风险

建设工程在工程施工阶段由于工程的建造参与主体众多，时间跨度较大，所面临的风险最为复杂和多样。除了技术风险、成本风险之外，建设工程在这一阶段还面临自然风险、人员安全风险、设备损毁风险、财产照管风险、自然灾害风险、意外事故风险、环境污染风险、行政处罚风险、履约风险、工程质量风险等。

4. 交付使用阶段面临的主要风险

工程交付使用之后，建设工程主要面临的是工程质量风险以及衍生的相关法律风险。工程质量风险既可以通过承包合同当中的质保条款在发包人和承包人之间进行分配，也可以通过工程质量保证保险部分转移给保险人。

工程建设各个阶段适用的保险产品如图 6.2 所示。

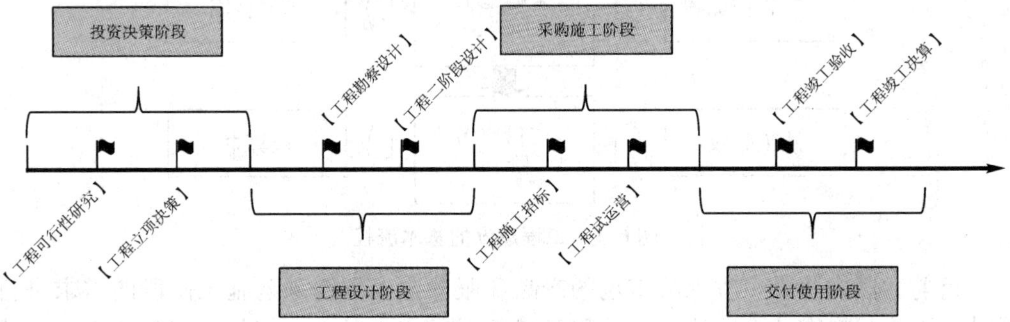

国内工程建设不同阶段适用的保险

暂无	贷款信用保险、投标保证保险、工程质量保证保险	履约保证保险、工程款支付保证保险、农民工工资支付保证保险、建筑工程一切险、安装工程一切险、施工机械保险、工程质量保证保险、第三者责任保险、雇主责任保险、安全生产责任保险、职业责任保险、环境污染责任保险、建筑工人团体意外保险	机器损坏险、公众责任险、雇主责任险、营业中断险、现金保险、物业责任险、工程质量保证保险、财产一切险(综合险、基本险)

图 6.2 工程建设各个阶段适用的保险产品

三、建设工程的风险分配

建设工程的投资规模大、工期较长、协作主体众多，且所面临的不确定性因素多，这些决定其风险分配的复杂性与独特性。理论上，建设工程所面临的风险会通过所有参与本项目的主体（包括商业保险公司）之间签订经济协议的方式进行分解和分配。而这些经济协议中的所有风险条款主要通过互补与竞合的方式形成工程风险分配体系的规则，而相关主体的定位则决定了风险分配体系的格局。

以下通过将建设工程的主体简化为业主（发包人）、承包人、保险人来简单说明建设工程风险分配的基本逻辑。

（一）风险的初次分配

业主与承包人签订工程承包协议，当中的工程照管与不可抗力条款约定双方按照以下原则承担风险：

（1）工程建设过程中的工程照管、工程质量、施工安全、环境保护以及非业主原因而导致的工程延期及相关附带损失由承包商负责；

（2）合同约定的不可抗力或者业主原因（如业主提供的设计、材料、设备等）所导致的工程质量、工程延期等问题及其带来的附加损失，由业主负责。

（二）风险的二次分配

业主根据法律法规和项目管理需求，向保险公司投保工程一切险、雇主责任险、工程质量保险、农民工工资支付保证保险等。而承包商则自行向保险公司投保安全生产责任保险。保险公司将按照保险条款约定部分承担业主与承包人的风险，具体如下：

（1）工程主体方面，保险公司将根据工程一切险保单的约定承担保单当中除外责任以外的原因所导致的工程物质损失风险与第三者责任风险；

（2）施工人员方面，保险公司将根据雇主责任险的约定承担除外责任以外的原因所导致的业主管理人员的人身伤害风险；同时，也将按照安全生产责任保险的约定，承担工程施工过程中保单约定原因所导致的施工人员或第三者人身伤亡产生的经济赔偿责任。

（3）质量保证方面，保险公司将按照工程质量保险的条款约定部分承担保单约定的原因所导致的工程质量未能达到设计标准而产生的工程修复或缺陷纠正费用。

（4）信用担保方面，保险公司将按照农民工工资支付保证保险的约定，在保险金额范围内承担因业主或施工方原因所导致的未能及时支付农民工工资的信用风险，维持社会稳定。

（三）风险的多次分配

保险人根据自身经营情况、再保合约以及共保协议将本项目的一定比例保费支付给国际再保人和本项目的共同保险人。各共同保险人也将依照自身的再保合约再次将自身份额内的保费按一定比例支付给各自的国际再保人再次进行风险分出，如此循环形成风险的多次分配，使建设工程实现风险转移与风险分散。

第二节 工程保险发展概述

一、国际工程保险

（一）国际工程保险的发展

全世界第一张建设工程保险的保单是于1929年开出的在伦敦泰晤士河上建造的伦敦兰贝斯大桥（Lambeth Bridge）的工程保单。该保单在原有火灾保险保单的基础上做了一些针对建设工程特点的修改和扩展，就其原型和特点而言仍未摆脱火灾保险的模式，只能说是一份具有现代工程保险雏形的保单。真正意义上的工程保险保单出现在20世纪30年代的德国，它已经针对现代工程的特点进行较为完善的保单设计，并在日后的发展中逐步形成自己独立的保险体系。

现代工程保险快速发展的起点是第二次世界大战结束之后。由于两次世界大战，尤其是在第二次世界大战中作为主要战场之一的欧洲在战后满目疮痍，百废待兴。在美国马歇尔计划的主导下，大量的资金涌入欧洲战后的重建市场，大规模的工程建设为工程保险的发展提供了基础条件。当时为了维护业主和外国承包商双方的利益，需尽快完善国际工程承包的标准合同文件。在此客观需求的推动下，国际咨询工程师联合会于1945年12月制定并颁布了国际性的土木建筑工程承包施工的通用标准合同，即“菲迪克（FIDIC）合同”。1950年，国际咨询工程师联合会进一步完善并组织制定了标准的“土木建筑工程通用合同”。该文件开创性地对建筑、安装工程各关系方的权利和义务做了明确的规定，从而为建筑、安装建设工程保险成为世界性的财产保险险种奠定了基础，为工程保险的推广与发展创造了极为有利的条件。

（二）国际工程保险产品

国际工程保险相对国内工程保险而言是一个高度成熟的产品体系和专业领域，是一个将国际工程风险管理体系与商业保险体系深度融合的产物，是一个跨专业、跨领域的独特的保险学科。其涉及国际工程中的方方面面，包括地区性法律、工程合约、工程投融资、工程专业技术、国际工程管理、工程项目运维等。

以下从工程损失成因的角度简要归纳国际工程所涉及的各类保险：

1. 物质损失类

①工程一切险项下的物质损失部分（对应FIDIC 2017中19.2.1部分）；

②施工机具保险［包括盾构机（或独立保单）、施工船（或独立保单）、施工用飞行器（或独立保单），未上牌照的各类施工机具］；

③车辆损失保险；

④货物运输保险（对应FIDIC 2017中19.2.2部分）；

⑤战争和政治暴乱保险的物质损失部分；

⑥运营期间财产一切险项下的物质损失部分；

⑦工程完工后十年期保险。

2. 人员安全及健康类

①当地的强制工伤责任保险以及商业类的雇主责任保险（对应 FIDIC 2017 中 19.2.5 部分）；

②人员意外伤害保险；

③人员安全撤离保险；

④绑架勒索保险；

⑤其他高端医疗及人员健康类保险。

3. 责任类

①工程一切险项下的第三者责任部分（对应 FIDIC 2017 中 19.2.4 部分）；

②产品责任保险；

③国际工程职业责任保险（对应 FIDIC 2017 中 19.2.3 部分）；

④环境污染责任保险；

⑤董事及高管责任保险；

⑥网络安全责任险项下的第三方损失保险；

⑦运营期公众责任保险；

⑧当地强制车辆三者保险。

4. 信用担保类

①工程投标保函；

②工程预付款保函；

③工程履约保函；

④工程稳定金保函；

⑤工程项目工资保函；

⑥维保期保函。

5. 业主财务损失类

①工程一切险项下的业主延迟完工保险部分；

②货物运输保险项下的业主延迟完工保险部分；

③承包商误期损害赔偿保险；

④国际工程职业责任保险；

⑤运营期间财产一切险项下的业主营业中断损失保险部分；

⑥战争和政治暴乱险的业主延迟完工或营业中断损失保险部分；

⑦商业犯罪保护保险；

⑧网络安全责任险项下的营业中断损失保险部分。

6. 政治及主权信用担保类

①战争和政治暴乱保险；

②征收/政府干预保险；

③汇兑限制保险；

④封锁禁运保险；

⑤主权信用违约保险（不履行国际仲裁裁决）；

⑥保函的政府性不正当支用保险。

二、国内工程保险

（一）国内工程保险的发展

20 世纪 80 年代初，菲迪克合同体系和工程保险随着世界银行对中国基建项目的贷款一并被引入国内。目前，我国已形成包括意外伤害险、建筑工程一切险、安装工程一切险、工程质量保证保险和相关职业责任保险等在内的相对完善的工程保险体系，而工程险市场的保费收入也日益增加。国家金融监督管理总局公开数据显示，2015—2022 年国内工程保险原保费收入情况如表 6. 3 所示。

表 6. 3　2015—2022 年国内工程保险原保费收入情况

年份	2015	2016	2017	2018	2019	2020	2021	2022
保费收入/亿元	82. 9	93. 24	110. 2	120. 75	117. 84	138	110. 67	152

（二）国内工程保险的特点

国内工程保险市场现阶段虽然尚存在着主流产品单一、配套法律有待完善、复合型人才缺乏、保险中介专业化程度不高等情况，但总体而言，工程保险市场的发展依然是健康有序的。

现阶段，国内工程保险市场在快速发展的同时有以下几大特点：

1. 工程保险体系发展不均衡

相较于国际工程保险市场，国内工程保险市场的整体发展时间较短。保险主体的资源投入倾向于传统的单一产品，在其他补充性工程保险产品的供给方面明显存在不足，无法较好地满足工程行业对工程质量、施工安全、合同履约、财产保障、职业责任等风险方面的综合保障需求。也正是各类工程险种的不均衡发展，商业保险目前仍然未能为工程企业或者工程项目提供全面有效的风险保障。

2. 工程险售后服务创新不足

长期以来，国内工程保险服务基本都是在“投保”与“理赔”两大端口，对现代工程企业的风险需求与风险技术缺少关注。受限于专业人才与专业资源，保险企业往往在进行新型工程类险种的推广与创新时陷入发展困境，无法为相关新型工程险种提供足够和有效的风险管理技术支撑，一定程度上制约了国内工程保险市场的快速、充分发展。

3. 国内再保险市场发展缓慢

工程保险是专业性较强的险种，在市场的开拓方面离不开专业再保险公司的支持。但目前我国专业再保险公司较少，国内工程再保险业务发展循环比较缓慢，大量保费流入国际市场。这也是造成目前国内工程保险市场一些特殊险种（如延迟完工保险）无法有效顺利普及，以及一些新型工程类险种（如工程质量潜在缺陷责任保险）推广缓慢、工程险区域市场的发展不平衡的重要原因之一。

（三）国内工程保险产品

我国以《建设工程标准施工招标文件通用合同条款》为核心构建的工程合同体系，大范围吸收国际通行的菲迪克合同条件体系的先进性与完备性，同时重视通过商业保险将工程建设过程中大量不可避免的复杂风险进行分解和转移，通过市场的长时间沉淀逐步形成符合我国国情的工程保险体系。所以，从风险分配的角度出发，我们可以认为保险合同也属于工程合同体系的一个组成部分。

下面是目前国内主流的工程保险产品：

1. 工程一切险（建工险、安工险）

工程一切险包括建筑工程一切险及第三者责任险和安装工程一切险及第三者责任险。其保险责任包括工程主体（永久或临时）、工程材料、各类工程设备、工程机械等财产在建设或安装期间，因自然灾害或意外事故而产生的损失赔偿；以及被保险人施工过程中引起的第三者责任事故，依法应承担的第三者人身伤亡或财产损失的经济赔偿责任。

2. 施工机械保险

施工机械保险，也称工程机械保险，既可以通过附加险形式加贴在一切险主条款之后，保障施工期内施工机械遭受自然灾害或意外事故所产生的损失，也可以通过专用的施工机械保险产品承保，但二者的保险期限和保险责任范围有一定的差异。

3. 雇主责任保险与建筑工人团体意外保险

雇主责任保险与建筑工人团体意外保险的保险责任都围绕施工人员因施工风险所产生的意外医疗、伤残或死亡补偿等费用赔偿而制定，但略有差异。雇主责任保险属于责任保险，被保险人是用工单位。而建筑工人团体意外保险的被保险人是施工人员本人。两者在客观上都可以补偿因参与施工活动而遭受意外伤害的员工或员工家属，但最明显的差异是投保雇主责任保险的用工单位可以部分免除或减少相关的法律责任。

4. 工程质量潜在缺陷责任保险（IDI）

工程质量潜在缺陷责任保险是近年来逐步引入我国建筑市场的新险种，其责任包括：项目工程因设计、材料和施工等造成质量不符合工程建设强制性标准以及在使用过程中暴露出施工期间引起的质量缺陷而产生的修复赔偿责任。工程质量潜在缺陷责任保险的保险期间可以覆盖工程勘察设计阶段、施工建设阶段、运营使用阶段，最长保险保障期限可达完工后十年之久。

5. 信用保险与保证保险

信用保险是指由权利人直接向保险人投保，要求保险人承保义务人的信用的险种，如贷款信用保险。如果权利人（贷款人）因义务人（借款人）不履行义务而遭受经济损失，保险人必须按照保险合同规定负责赔偿。例如：某公司进行某项工程投资，其中部分资金缺口通过商业贷款补充，同时银行向保险公司投保贷款信用保险。工程开建两年后，由于各种原因某公司（借款人）未能按照贷款协议在约定期限内履行支付贷款本息的义务，银行（贷款人）向保险公司提起索赔。保险公司按照保单约定赔偿贷款人（银行）相应的经济损失，随后向某公司（借款人）提出追偿。

保证保险是指由义务人投保，保险人以保证人的身份为义务人提供信用担保的险种。如果义务人的行为导致权利人遭受经济损失时，在义务人不能补偿权利人损失的情况下，由保险人代替义务人补偿权利人的经济损失，并拥有向义务人进行追偿的权利。例如，承包商通过向保险公司投保履约保证保险替代履约保函并提交给业主；在工程建设过程中，一旦承包商未能履约，则由保险公司首先向业主赔偿相应损失，然后通过锁定损失和证据向承包商进行追偿。

第三节　国内现行工程一切险条款

一、工程保险条款的引进与修订

1979 年 4 月，国务院批转《中国人民银行全国分行行长会议纪要》。根据国务院批示，中国人民银行发布《关于恢复国内保险业务和加强保险机构的通知》，相继为恢复国内保险业务提供政策支持。也正是这一年，中国人民保险公司拟定了建筑工程一切险及第三者责任险的保险条款及保单样式，为国内工程保险制度的发展打下基础。同年 8 月，中国人民银行、国家计委等部门联合发文，规定国内基建单位应将引进的建设项目的保险费列入投资概算，向中国人民保险公司投保建筑工程险或安装工程险。国内建筑工程一切险条款源自国际通行的“慕尼黑再保险建工一切险条款”（简称“慕再条款”）。慕再条款与国际工程中常用的“土木建筑工程通用合同条件”（FIDIC）有着千丝万缕的联系。慕再条款的广泛适用性经过了世界范围的无数类型工程项目检验，所以从基础上而言，国内现行的工程保险条款相对科学和完善。中国人民保险公司对工程一切险条款（包括建筑工程一切险条款与安装工程一切险条款）分别在 1995 年与 2009 年进行了两次修订。目前，市场上通行的仍然是 2009 年版的工程一切险条款，市场上其他保险公司均以该版本条款为基础进行细微调整后编入条款库并向监督部门报备使用。

二、建筑工程一切险和安装工程一切险的联系与区别

从条款结构和措辞上来看，建筑工程一切险与安装工程一切险在形式和内容上有着较多的相似或相同之处。无论是建筑工程一切险还是安装工程一切险，两者都涵盖工程物质损失以及第三者人身伤亡或财产损失的保险赔偿责任。但仔细分析责任边界设定与具体适用场景，二者实际上有着比较明显的区别。

建筑工程一切险和安装工程一切险的主要区别见表 6.4。

表 6.4 建筑工程一切险和安装工程一切险的主要区别

项目	建筑工程一切险	安装工程一切险	备注
适用承保标的	各类工业或民用建筑的土建部分以及各类市政或大型基建工程	专用、专属、专门的设备或大型预制结构的安装工程，市政或民用建筑的装饰装修工程	在实务当中往往一个工程项目会同时投保两个险种以最大限度覆盖风险
有无试车期	无	有	建筑工程一切险可以通过附加条款的形式拓展承保试车期的保险责任
设计错误所造成的损失	财产自身与其他损失均不予负责	财产本身损失除外，其他损失负责赔偿	
大气放电所造成的电气设备或电气用具的损失	负责赔偿	除外责任，不予赔偿	
震动、移动或减弱支撑所造成的损失	除外责任，不予赔偿	负责赔偿	属于第三者责任

在实务当中，建筑工程一切险与安装工程一切险的适用范围往往并无绝对的标准。因为投保的工程项目经常会同时包括土建、电气、设备、装饰等不同专业的子工程。单一条款并不能完全满足客户的风险保障需求。所以，在实务当中，保险公司经常会将建筑工程一切险与安装工程一切险或者其他保险产品打包成一个综合性的保险方案为客户提供保障。又或者在某些情况下，例如，某工程以土建为主兼有少量安装工程则会投保建筑工程一切险，通过特别约定或者扩展条款针对安装工程部分的风险特点扩展对应的保险责任。但总体而言，在整个工程险市场中，投保建筑工程一切险的项目仍然占绝对比例，建筑工程一切险目前仍然是保险市场上最常用的工程保险产品。

三、建筑工程一切险条款简介

（一）工程一切险条款概述

工程一切险是财产险与责任险的复合险种，其承保标的分为两个部分，即物质损失和第三者责任。虽然称为一切险，但是工程一切险在保险责任的设计上比普通的财产险更为复杂和严谨。工程一切险在条款结构设计上首先明确定义了基本的保险责任边界，然后又通过三重除外责任的设定对实际承保的责任进行筛选与细化。三重除外责任梯次延展，相互补充，共同构成了完整的工程一切险的承保责任区间。国际通行的工程一切险条款（主要是指英文条款）在经历长期的市场沉淀后在体例和专业措辞上已经非常成熟与完善。国内工程一切险虽然在整体结构上与慕再条款保持一致，但在实际的保险责任的设定逻辑以及专业措辞（包括保险责任和除外责任）方面并不完全一致。

（二）第一部分——物质损失

以中国人民保险公司 2009 版“建筑工程一切险及第三者责任险条款”[①] 为例，其中第五条为：在保险期间，本保险合同分项列明的保险财产在列明的工地范围内，因本保险合同责任免除以外的任何自然灾害或意外事故造成的物质损坏或灭失，保险人按本保险合同的约定负责赔偿。

图 6.3 是“建筑工程一切险及第三者责任险条款”物质部分保险责任范围的示意图。需要强调的是，现行工程险条款并未充分考虑工程保险事故的专业逻辑问题，而是通过限定具体的事故形式，以“意外事故”或“自然灾害”作为保险责任成立的唯一标准。这样一来虽然从字面上或合同条款的执行上看似简单，但实践当中的大量保险案例反映出现行工程险条款仍存在一定的改进空间。

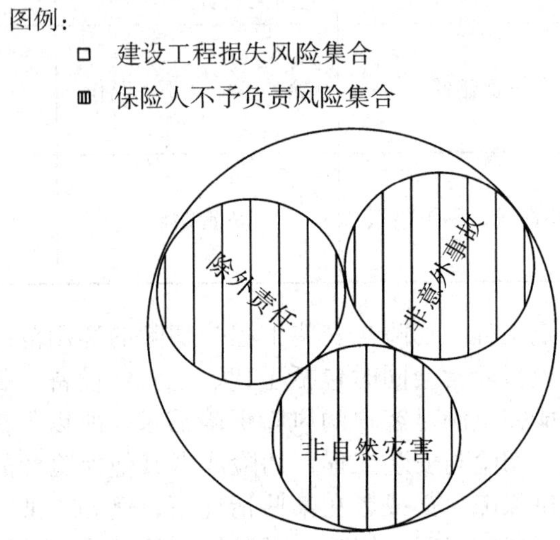

图 6.3　国内工程险条款下的保险责任集合示意图

（三）第二部分——第三者责任

以中国人民保险公司 2009 版“建筑工程一切险及第三者责任险条款”为例，其中第十八条为：在保险期间，因发生与本保险合同所承保工程直接相关的意外事故引起工地内及邻近区域的第三者人身伤亡、疾病或财产损失，依法应由被保险人承担的经济赔偿责任，保险人按照本保险合同约定负责赔偿。

图 6.4 是“建筑工程一切险及第三者责任险条款”第三者责任部分范围的示意图。建筑工程一切险第三者责任成立有两个前提：第一，属于民事侵权责任；第二，通过经济赔偿的方式承担责任。需要注意的是，被保险人应该承担的合同责任，但无合同存在时仍然应由被保险人承担的法律责任不在此限。其表达的意思是当该合同责任同时属于民事侵权责任的时候不属于责任免除范围。

① 人保版条款可以看作国内工程险的蓝本。

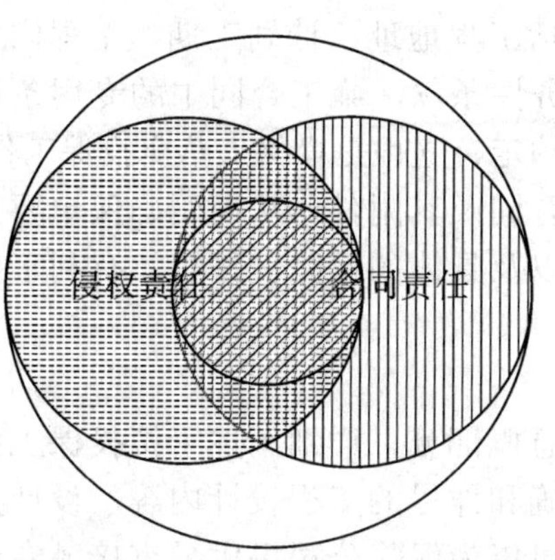

图 6.4　建筑工程一切险的第三者责任部分集合示意图

第四节　工程一切险承保实务

工程保险的承保工作对保险公司相关业务和核保人员的专业素养有一定的要求。而且，工程一切险投保政策制定的过程实际上也是对承保标的风险了解和评估的过程，是保险公司承接业务的关键环节。以下就保险公司承保工程一切险时需要注重的事项进行简要介绍和总结。

一、工程资料收集

收集工程资料是所有工程保险承保前的基础工作，目的是通过分析工程资料获取拟承保项目的基础信息，同时为下一步对工程风险评估提供重要的技术素材。一般情况下，核保人员通过对工程技术资料的研读和判断，结合工程建设的普遍规律对投保项目的基础风险进行初步评估，从而为制定合理的承保策略提供依据。

投保工程保险的项目建议收集如下常规资料：

1. 工程可行性研究报告

工程可行性研究报告囊括的信息非常丰富，尤其是对工程项目立项前期的详细的风险调研与分析。当中的投资估算、工程建设条件、工程重难点等章节对保险公司直观地了解拟投保工程的静态风险有较高价值。

2. 工程概（预）算与工程量清单

工程概（预）算或者工程量清单都属于工程造价文件，能够让保险公司准确和详细了解拟投保工程的成本构成。保险公司通过分部工程预算金额可以了解该工程的施工重难点，掌握一定的工程风险特征。

3. 施工合同协议书与专用条件

施工合同（或者称为承包合同）是工程建设合同体系中的统领性文件，其直接载明拟投保工程的各项要素，包括工程地址、计划工期、工程内容、合同金额，以及工程建设方方面面的技术和事务性条款。施工合同中的专用条件部分会有专门的条款针对保险安排事项进行详细约定，这也是投保人落实投保工作的合同依据之一。保险公司可以通过认真研读施工合同及其附件，从而明确保单要素信息，了解到业主与承包人之间的风险分配规则以及具体的保险安排等，有利于保险公司制定有针对性的保险方案。

4. 设计总说明

设计总说明是施工设计图的总概部分，详细阐述了拟投保工程设计标准、主要工程数量、工程重难点等比较精确和详尽的工程设计内容。设计文件的可靠性与时效性高于工程可行性研究报告，可以为保险公司提供最直接最专业的工程技术风险指引。

5. 工程施工组织设计审批稿

工程施工组织设计文件是承包人依据自身技术与管理水平编制的施工组织的计划文件。工程施工组织设计能够直接体现承包人的施工规划与组织水平。同时，由于施工组织设计会重点关注节点工程或者重难点工程并针对这些部分编制专项方案，相关部分的内容实际上也是这些风险高发点的风险评估结论以及技术应对措施，能够为保险公司提供承包人应对潜在风险的策略与具体实施方案，从而进一步判断拟承保项目的实际风险水平。

二、施工风险调研

建设工程具有涉及专业广泛、建设周期较长、协作主体众多等特点。承保前期条件允许的话，保险公司需要通过一定的风险调研工作才能较为准确地掌握项目的风险状况。在此基础上，保险公司依据风险对价原则确定科学合理的承保策略。

对拟投保工程的风险调研工作主要分为以下三步：

（一）工程背景调查

保险公司可以通过公开的信息渠道或者客户代表了解拟投保项目的背景信息，为下一步的风险评估工作做准备。需要了解的内容主要有以下几项：

（1）了解项目定位、规划、投资，目的是评估项目发展的可持续性、社会意义以及融资风险；

（2）了解项目进度以及建设模式，目的是评估工程是否如期展开以及具体的建设模式下的风险；

（3）了解工程类型与重难点，目的是评估工程施工过程中存在的主要的技术风险与管理风险。

（二）施工现场踏勘

施工现场踏勘目的是实地感受施工地点附近的自然条件以及了解沿线地物地貌特征，结合施工技术人员提供的信息综合研判拟投保工程的物质损失风险。

踏勘工作主要包括以下四点：

（1）观察周边地物地貌，了解工程所在地的地势、河流、气候等自然条件的特征；

（2）考察施工区域布置，了解工区工段划分以及临时设施与临时工程的规划和部署；

（3）向工程技术人员了解工程施工规划和技术交底情况，初步掌握施工节奏；

（4）了解工程征地、资金状况、进度产值等重要信息，为保险方案设计做好准备。

（三）开列风险清单

根据前面的工作成果，保险公司可以相对全面地了解拟投保工程的风险概况，从而为下一步进行风险罗列与风险甄别做好准备。表 6.5 以公路工程为例演示如何以不同类型的工程保险标物开列拟投保工程的风险清单。

表 6.5　公路工程投保风险清单

保险标的		风险 1	风险 2	风险 3	风险 4
工程主体	路基	暴雨、洪水、泥石流	软基、地陷、滑坡	材料缺陷	工艺不善
	桥梁	暴雨、洪水、泥石流	溶洞、地陷、滑坡	低温冻害	架梁事故
	隧道	失稳坍塌	涌泥透水	变形岩爆	瓦斯爆炸
临时设施	碎石场	火灾	风灾	水灾	泥石流
	搅拌站	火灾	风灾	水灾	泥石流
施工机械	自走式设备	倾覆	碰撞	触电	掩埋
	装配式设备	倾覆	碰撞	触电	掩埋
第三者	财产	自然灾害	意外事故	环境污染	交通事故
	人员	施工意外	管理缺失	环境污染	交通事故

三、保险方案设计

在完成上述的工程风险调查与风险罗列工作之后，承保工作将进入核心环节，即保险方案设计。保险方案设计的内容包括保险费率、保险期限、保险明细、免赔金额及扩展责任等。

（一）保险费率

工程保险费率厘定主要取决于各个保险公司自身的精算能力和工程险再保合约质量。保险公司在此基础上综合考虑投保时的业务需求、市场水平以及具体经营情况等在一定的范围内对保险费率进行浮动。但就具体单一工程项目而言，工程保险费率与投保工程的专业类型、技术难度以及承保公司在同类型项目的历史赔付数据直接相关。

（二）保险期限

一般而言，建设工程的保险期限应为合同工期+缺陷责任期。理论上保险期限的起算之日为开工日，即监理人向承包商发出的正式的开工令之日。但由于实际工程建设受诸多客观因素影响，提前进场施工以及无法按照合同工期完工的情况时有发生，因此在承保实务当中经常会出现合同工期与保险期限交错、重叠的情况。具体的保险期限实际上需要在结合计划工期的基础上保险双方通过协商确定。

（三）保险明细

工程一切险的保险明细一般默认为本项目承包合同后附的已标价工程量清单。保险标的包括工程清单当中列明各分部分项工程以及为完成这些工程所投入的建筑材料、相关的临时设施以及临时工程。需要注意的是，现行工程一切险条款明确在保险双方未取得一致意见之前施工机械并不属于保障范围。条款设计的目的并非刻意将施工机械排除在保险责任范围，而是提醒投保人施工机械需独立约定投保，甚至需要额外缴纳保费。

（四）免赔金额

免赔金额的设定与各个保险公司的再保合约有着密切的联系，一般情况下会将巨灾免赔与常规事故的免赔分类列明。地震、海啸等会设定高额免赔额或免赔率，例如，人民币 100 万元或损失金额的 20%，以高者为准。而常规事故，例如，暴雨、洪水、泥石流等各个保险公司会制定自己的承保指引，在市场水平范围内与投保人协商确定。

（五）扩展责任

扩展责任是单一工程风险个性化的体现，也是工程保险方案设计的惯常做法。目前主流的工程一切险保单样式既有合同式也有传统的保单式（主条款+扩展条款+特别约定）。但无论是哪种样式，其文本核心依然是工程一切险主条款以及涉及保险责任延展、补充、调整的相关约定。这些扩展保险责任的条款可以附加条款或者特别约定又或者其他一般性条款的形式写入保险合同当中。但无论何种形式都应该注意在设计扩展责任的时候充分考虑不能脱离工程保险主条款的基本设计原意，不能引起条款效力顺序的混乱，以及尽可能地使用工程专业术语以减少或者规避潜在的理赔争议。

本章小结

（1）建设工程与建筑工程二者既有联系也有区别。二者的联系在于：建设工程是一个大项，建筑工程往往是建设工程的其中一部分。二者的区别：建设工程是一个较为宽泛的概念，包括策划、勘察、设计、采购、施工、试运行、竣工验收和移交等一系列延续性的专业活动过程，不仅仅是指工程建造过程。建筑工程范围相对较窄，专指各类工业与民用建筑的土建工程及其附属设施和与其配套的线路、管道、设备的安装工程，所以建筑工程往往也被称为房屋建筑工程。

（2）建筑工程的主体多元。从商业保险合同角度看，有直接关联的参建主体或商业主体各方包括投资方、贷款人、业主、承包人、分包人、设计单位、监理单位、供应商等。

（3）建设工程具有投资规模大、工期较长、协作主体众多的特点，且其面临诸多技术与自然的不确定性因素，这注定其风险分配的复杂性与独特性。

（4）国内工程一切险包括建筑工程一切险及第三者责任险和安装工程一切险及第三者责任险。其保险责任包括：工程主体（永久或临时）、工程材料、各类工程设备、工程机械等财产在建设或安装期间，因自然灾害或意外事故而产生的损失赔偿；以及被保险人施工活动直接导致的第三者人身伤亡或财产损失，依法应承担的经济赔偿责任。

本章关键词

建设工程　建筑工程　工程保险　风险分配　承保实务

复习思考题

1. 工程建设哪一个阶段风险最复杂，有哪些适用的保险产品呢？

2. 请比较国际工程保险与国内工程保险在发展上的差异，并谈谈你的理解。

3. 请举一个具体的事例，说明在什么情况下工程险第三者责任既属于侵权责任又属于合同责任。

4. 工程一切险承保时，保险期限与保险明细该如何确定？

第七章
农业保险

章首语：

在习近平新时代中国特色社会主义思想和党的二十大精神的引领下，我国农业保险的高质量发展，为稳步推进农业产业转型、实现乡村振兴等发挥保险保障作用。本章阐述了农业保险的概念、分类及其特征，分析了影响农业保险发展的因素，并在概括阐述种植业保险和养殖业保险的基础上，介绍了种、养两业保险的主要内容，探讨了种、养两业保险的风险控制问题。

第一节　农业保险概述

一、农业保险的概念及其分类

(一) 农业保险的概念

农业保险有广义与狭义之分。广义的农业保险是指农村保险，包括农村的两业保险、农村的财产保险和农村的人身保险。狭义的农业保险仅指两业保险，即种植业保险和养殖业保险①。在国外，特别是很多发达国家，一般使用广义农业保险的概念。而我国一般使用狭义的农业保险概念，即保险人为农业生产经营者因保险事故而造成的种植业、养殖业标的损失提供经济补偿的保险保障制度。但近年来，随着农业保险在我国的不断发展，农业保险的概念也开始向农村保险延伸，例如，江苏省开办的农业机械保险和湖南农房保险，也隶属于农业保险的范畴。本书仅述狭义的农业保险。

(二) 农业保险的分类

根据农业保险承保的具体对象的不同，农业保险可以分为种植业保险和养殖业保险两大险别，并可进一步细分为农、林、牧、渔（水产养殖）业保险（见图 7.1）。

① 孙蓉，兰虹. 保险学原理［M］. 5 版. 成都：西南财经大学出版社，2021：117.

- 农业保险
  - 种植业保险
    - 农作物保险
      - 生长期农作物保险
      - 收获期农作物保险
    - 林木保险
      - 森林保险
      - 果树保险
  - 养殖业保险
    - 畜牧保险
      - 大牲畜保险
      - 中小家畜家禽保险
      - 牧畜保险
    - 水产养殖保险
      - 淡水养殖保险
      - 海水养殖保险

图 7.1　农业保险的分类

1. 种植业保险

种植业保险是各种农作物保险、林木保险的总称，它是指以农牧场、林场和个人为保险对象，以其生产经营的各种农作物、林木为保险标的，承担保险事故所致的农作物、林木损失的一种保险。

（1）农作物保险。

农作物保险是指以各种农作物为保险标的，承保农作物在生长期和收获期遭受保险责任范围内的经济损失的一种保险。生长期农作物保险和收获期农作物保险是农作物保险的具体表现形式。

①生长期农作物保险。

生长期农作物保险是指保险人承保合同约定的各种农作物在生长期间因灾害事故而造成的收获量价值或生产费用（成本）损失的保险。生长期农作物保险的对象是处于生长阶段的农作物，受土壤环境和自然条件的影响较大，具有较强的不稳定性，保险人要根据各种农作物的具体特点合理地制定保险条款。生长期农作物保险通常采取农作物成本保险和农作物收获量保险两种方式，并实行不足额承保，以减少道德风险。由于农作物面临的风险程度因农作物的生长期不同而存在差异，因此，生长期农作物保险通常根据各种农作物生长期确定不同的保险期限。

②收获期农作物保险。

收获期农作物保险是指以农作物成熟后的初级农产品为承保对象的短期风险保险，是生长期农作物保险的后续保险。其保险金额一般按正常年景平均亩[①]产的一定成数确定。处于收获期的初级农产品遭受了自然灾害、意外事故造成损失，或者出险时因施救支付了合理费用，保险人应根据保险合同的有关规定进行赔偿。

（2）林木保险。

林木保险是指承保林木生长期间因保险事故而造成的风险损失的保险。林木保险以森林保险为主要内容，亦可承保各种果树等林木。

①森林保险。

森林保险是指以林场或林农营造的人工林和天然林为承保对象，以林木生长期

① 注：1 亩约等于 0.067 公顷。

间因农业风险造成林木价值损失或营林、造林生产费用损失为承保责任的保险。森林的生长期较长，森林保险的保险期限亦较长，这是森林保险区别于其他险种的一个显著特征。森林保险的险种可以根据《中华人民共和国森林法》对森林的分类来确定，保险人可以分别提供防护林保险、用材林保险、经济林保险、薪炭林保险及特种用途林保险等。森林保险一般按单位面积立木蓄积量或营林成本确定保险金额，也可以按市场价的一定成数或理论林价（计息成本价+应获利润与应交税金）等确定保险金额。

②果树保险。

果树保险是指以常绿果树和落叶果树为承保对象的保险。果树保险的保险标的兼具有林业生产和农业生产双重特性。果树生产是多风险生产。在保险实务中，果树保险责任是各种气象灾害，一般不保病虫害，对树体和产果分别承保，并分别估价确定和按亩产确定保险金额。

2. 养殖业保险

养殖业保险是畜牧保险、水产养殖保险等险种的总称。它是以不同形式的农牧场和农牧民个人、渔场及渔民为保险对象，承担其在养殖业生产过程中因灾害事故或疾病造成保险标的损失的赔偿责任的一种保险业务。

（1）畜牧保险。

畜牧保险以大牲畜、中小家畜家禽等为保险标的，是指被保险畜禽在保险期限内因保险事故造成风险损失时，由保险人承担赔偿责任的保险。

①大牲畜保险。

大牲畜保险是养殖业保险的主要险种。它以役用、乳用、种用的大牲畜为承保标的。它在保险实务中往往规定了较为严格的承保条件，如对大牲畜的健康状况、畜龄及饲养管理状况等都有相应的限制性规定，大牲畜的保险金额一般以账面价值、估定价值和市场价值等为依据确定。

②中小家畜家禽保险。

中小家畜家禽保险是以中小家畜和商品性生产群养的家禽为承保标的的保险，保险责任是家畜家禽因灾害事故和疾病造成的死亡损失。保险人主要采取定额承保和变额承保等方式对家畜家禽予以承保。

③牧畜保险。

牧畜保险的特色在于以牧区放养的牲畜为承保标的，保险标的主要有群养群牧的牛、马、驴、骡、骆驼等大牲畜及绵羊、山羊等小牲畜。保险人在承保时主要依据牧畜的种类和经济价值等因素确定保险金额，并主要采取定额承保和估价承保两种方式。

（2）水产养殖保险。

水产养殖保险是指以利用淡水水域和海洋资源进行人工养殖的水产品为保险标的的保险。保险标的主要有商品性养殖的鱼类、虾类、蟹类、贝类、藻类等。保险期限根据各种水产品的不同养殖期限而定。保险人根据养殖成本和养殖产量确定保险金额。

①淡水养殖保险。

淡水养殖保险以在淡水水域进行人工养殖的水产品为保险标的，保险人主要承保淡水养殖产品的流失责任和死亡责任。

②海水养殖保险。

海水养殖保险以利用海洋资源进行人工养殖的水产品为保险标的，包括海生动物和海生植物。保险人承担因保险事故造成的海水养殖产品的死亡和流失赔偿责任。

综上可知，农业保险的适用范围较为广泛，凡是农、林、牧、渔场或农、牧、渔民及林农的种植类、养殖类标的，只要符合保险条款规定的承保条件，都可以投保农业保险。

二、农业保险的特征

农业保险的发展历史可以追溯到18世纪的西欧，那时的德国、法国等国就已经开办了农作物雹灾保险。发展至今，农业保险的开办已遍及世界，承保的标的已扩展到农、林、牧、渔，承保的风险责任也由单一的风险责任发展到混合风险责任乃至一切风险责任。可以说，经过两个多世纪的发展，农业保险已有了长足的进步。

狭义的农业保险①属于财产保险的范畴，但其保险标的的特殊性及其所面临风险的复杂性，使其具有了区别于其他财产保险的显著特点：

（一）农业保险标的的特殊性

农业保险标的大多是有生命的植物或动物，在此基础上，产生了一系列以非生命体作为保险标的的财产保险中未曾遇到的问题。

首先，农业保险标的有明显的生命周期及生长规律，保险期限需要严格地按照农作物生长期特性来确定。普通财产保险的保险期限一般为一年；而在农业保险中则不能笼统规定，需要根据物种的生长差异更细致地进行划分，尤其是对一年多季的粮食作物及养殖业。

其次，农业保险标的在一定的生长期内受到损害后有一定的自我恢复能力，从而使农业保险的定损变得更为复杂，尤其是农作物保险，往往需要收获时二次定损。

最后，农业保险标的的保险价值难以确定。一般财产保险的标的是无生命物，保险价值相对稳定，容易确定；农业保险的标的在保险期间一般都处在生长期，其价值始终处于变化中，只有当它成熟或收获时才能最终确定，在此之前，保险标的处于价值的孕育阶段，不具备独立的价值形态。因此，在实务中，赔偿金额可能是在保险事故发生后以公式计算，而不一定事先确定一个定额。

（二）农业自然风险具有系统性特征

首先，农业保险承保的自然风险结构很特殊，主要包括各种气象灾害和生物灾害，如水灾、旱灾、冰雹、低温灾害、干热风灾、病虫害、疫病灾害等，甚至很多时候出现多数灾害叠加，对农业生产构成严重威胁。其次，农业风险具有高度的相关性。地域的广延性和气象灾害的区域性，使得农业风险单位在灾害事故及灾害损

① 下文中的农业保险，凡未特别指明的均是指狭义的农业保险。

失中常表现为高度的时间与空间相关性①。最后，农业灾害的覆盖面广、影响面大，农业风险所造成的经济损失往往难以度量，发生巨灾损失的概率相对较大，极易给保险公司带来无法控制的潜在巨大损失。

（三）农业保险中存在着严重的信息不对称

保险业中普遍存在着逆选择和道德风险。由于农业保险的标的大都是有生命的动植物，其生长、饲养都离不开人的行为作用；而我国农村地区土地广袤，气候多变，加之农户居住地分散，信息闭塞，保险人往往很难得到相关信息，农业保险中信息不对称就表现得更为严重。

1. 逆选择

由于在农业保险上获取信息的代价过于高昂，因此保险人不得不采取统一格式的农业保险合同，其结果是农险市场上充斥着大量的高风险者，并形成恶性循环：低风险者不愿参保→保险人的赔付率不断上升，进一步提高保险费率→中低风险的农业风险单位不愿参保。

2. 道德风险

与一般财产保险不同，在农业保险中，风险事故的发生与事故发生后造成的损失往往与被保险人的行为密切相关。被保险人的防灾防损、灾后补救的态度和手段不同，损失率就有可能不同。而实际中，农户参保以后，可能忽视甚至放弃有效的风险管理措施，大大增加损失概率；加之查勘定损的不便，骗赔现象屡有发生。如对能繁母猪投保的农户用同一头母猪的尸体多次报案要求赔付，或者故意弄死生病牲畜以达到获得保险金的目的等。目前，保险人的人力及技术水平有限，监督成本高，风险控制难度大。道德风险往往给保险公司造成很大的损失。

（四）农业保险通常以收支平衡为经营目标

农村经济发展水平相对较低，农业经济基础薄弱，影响到保险双方当事人的经济承受能力，影响到农业保险的发展。一方面，投保人的有效需求不足，保费负担能力偏低，难以承受较高的农业保险费支出；另一方面，相对于其他财产保险的险种而言，农业保险标的面广、分散、风险损失率高等，又使保险企业的赔付率居高不下，赔付负担过重。薄弱的经济基础与高风险、高赔付并存引起的农业保险供求矛盾，决定了农业保险不可能取得较高利润，一般只能以收支平衡为经营目标。而且，如果没有政府的扶持，农业保险甚至连收支平衡也难以为继，保险公司经营会陷入亏损局面而难以自拔。

（五）农业保险离不开法律的完善和政府的扶持

农业保险经营的高赔付率，使不少商业保险公司对农业保险望而却步。而农业保险具有准公共物品性质②，对农业经济乃至整个国民经济的发展起着十分重要的作用。这就从客观上要求通过立法促进和保护农业保险的发展，要求各国政府对农

① 马国旭. 农业保险的特殊性与我国农业保险发展的战略选择［J］. 济南金融，2004（8）：44-45.

② 庹国柱，王国军. 中国农业保险与农村社会保障制度研究［M］. 北京：首都经济贸易大学出版社，2002：85-106.

业保险高度重视，并采取经济手段、法律手段和行政手段来大力扶持农业保险，以税率优惠、保费补贴等方式促进农业保险的健康发展。例如，法国在1900年就通过了《农业互助保险法》；巴拿马政府规定农业保险公司的全部行政开支由政府负担，如果保费收入不足赔付，除去国际再保险市场分担的部分外，不足部分由政府承担，且实行农业保险免税经营；加拿大政府则对农业保险实行50%的保险补贴。又如，西班牙粮食保险委员会对小麦、大麦、玉米、高粱等作物遭受多种自然灾害所造成的损失和林业遭受火灾所致损失，提供保险保障。其实施方式是农作物保险以自愿为主，地方政府可以规定强制；林业保险则采取强制方式。再如，土耳其政府对农业保险免税。总之，各国政府专门对农业保险立法保护，实行减、免税政策，采取了政府分保、承担部分费用支出、超额补偿、保费补贴等方式，并对部分险种实施强制保险，以体现政府对农业保险的扶持。这些措施的采取，促进了农业保险的良性循环。相反，如果没有法律的完善和政府的扶持，农业保险虽然在局部领域可能得到发展，但其总体的发展举步维艰。

由农业保险的特征可知，将农业保险业务交由保险公司按照纯商业性经营方式来操作，在现实中的可行性较低。基于农业在国民经济中的重要地位以及农业保险业务开展的诸多难处，世界各国普遍将农业保险定性为政策性农业保险。

三、影响农业保险发展的因素

世界各国的农业保险发展实践表明，政策、经济、法律以及市场等因素影响着农业保险的发展。

（一）政策因素

政策因素对农业保险影响甚大。从农业保险需求而言，国家政策是否鼓励农业生产者参加农业保险，是否给予一定的财政支持，是否努力缩小自然需求与有效需求的差距，将反映出政策的倾向性，进而会直接影响到农业保险的需求的多少。

日本、美国等国的农业保险之所以有一定的成就，甚至取得成功，在很大程度上取决于政府制定的促进、稳定农业生产发展的政策。比如，日本政府对农业保险承担了几乎所有的经营费用，按不同险种补贴较高比例的保险费，费率越高、风险程度越高、补贴就越高，并通过再保险承担了大额的赔款，使农业保险的发展有了经济基础。又如美国，由农业部联邦作物保险公司专门经营农作物保险，政府对农作物保险的附加保费部分给予补贴并提供再保险。

而我国农业保险在改革开放后的发展历程更是体现出政策的显著影响。1982年，中国人民保险公司开始恢复停办近30年的农业保险。1982—1992年，农业保险保费收入呈不断上升趋势，但由于缺乏政府政策支持和财政补贴，基本上处于持续亏损状态（见表7.1）。

表 7.1　1982—1992 年我国农业保险经营状况①

年份	保费收入/万元	赔款支出/万元	赔付率/%	业务管理费用/万元	盈亏额/万元
	A	B	C=B/A	D=A×20%	E=A-(B+D)
1982	23	22	95.7	5	-4
1983	173	233	134.7	35	-95
1984	1 007	725	72	201	81
1985	4 332	5 226	121.6	866	-1 800
1986	7 803	10 637	136.3	1 561	-4 395
1987	10 028	12 604	125.7	2 006	-4 582
1988	11 534	9 546	82.8	2 307	-319
1989	12 931	10 721	82.9	2 586	-376
1990	19 428	16 723	86.9	3 850	-1 325
1991	45 504	54 194	119.1	9 101	-17 791
1992	81 690	81 462	99.7	16 338	-16 110

1993—2003 年，我国农业保险发展波动起伏，长期停滞、徘徊不前。2004 年启动农业保险试点以来，中央和地方出台了一系列推动农业保险发展的政策措施，农业保险在经历多年停滞之后得到较快发展。首先，中央政府连续六年（2004—2009 年）发布一号文件要求加快发展政策性农业保险。其次，2004 年开始启动农业保险试点。2007 年，中央确定四川、江苏、浙江、黑龙江、吉林、新疆六省和上海市为政策性农业保险的试点省（直辖市），并实施财政补贴。如 2007 年四川省水稻、玉米的保费财政补贴比例为 70%，其中，中央财政 25%、省财政 25%、市（县）财政 20%。2008 年，中央财政将奶牛、育肥猪纳入保费补贴范围。其中，育肥猪在四川、湖南、吉林三省试点，中央财政保费补贴比例为 10%，地方财政保费补贴比例为 60%；奶牛的中央财政保费补贴比例为 30%，地方财政保费补贴比例为 30%，农户承担 40%。中央财政关于农业保险的补贴支出从 2007 年开始已连续 3 年大幅增长，2009 年在 2008 年 60 亿元的基础上增加到 100 亿元②。2007 年国家对政策性农业保险试点地区实施优惠政策以来，试点险种业务得到了极为迅速的发展，财政的补贴政策起到了很好的杠杆效应。最后，2004 年以来，经原中国保监会批准成立了几家农险公司，如黑龙江的阳光农业保险公司、吉林的安华农业保险公司、上海的安信农业保险公司、安徽的国元农业保险公司等，增加了农业保险供给主体，增大了农业保险供给总量，促进了农业保险的发展。1992—2008 年我国农业保险保费收入发展趋势如图 7.2 所示。

① 费友海. 中国农业保险制度演化研究［D］. 成都：西南财经大学，2009：59.

② 张宁. 政策性农业保险体系构建与制度创新研究［M］. 成都：四川人民出版社，2011：20，26-27.

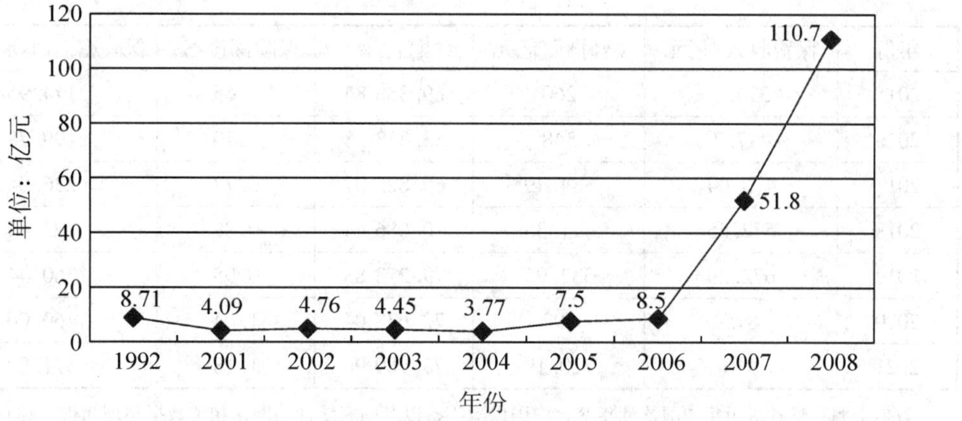

图 7.2　1992—2008 年我国农业保险保费收入发展趋势

《农业保险条例》（国务院第 629 号令）于 2012 年 10 月 24 日在国务院第 222 次常务会议通过。2012 年 11 月 12 日，中华人民共和国国务院令第 629 号正式公布。《农业保险条例》从 2013 年 3 月 1 日起正式实施，标志着我国第一次从立法层面建立了统一的农业保险制度框架。2014 年 8 月，国务院发布《国务院关于加快发展现代保险服务业的若干意见》（简称“新国十条”），明确规定“大力发展‘三农’保险，创新支农惠农方式”。2016 年，国务院对《农业保险条例》进行修订，使得中国农业保险制度更加完善。2019 年 9 月，财政部等四部门发布《关于印发〈关于加快农业保险高质量发展的指导意见〉的通知》，提出“推动农业保险高质量发展，更好地满足‘三农’领域日益增长的风险保障需求”，引导农业保险高质量发展以保障农业产业转型稳步推进、实现乡村振兴，这也标志着政策性农业保险进入高质量发展阶段。

2009 年以来，我国农业保险发展迅速，服务“三农”能力显著增强。2020 年，我国农业保险保费收入为 815 亿元，成为世界上农业保险保费规模最大的国家；2021 年，我国农业保险保费收入为 976 亿元，赔付额为 720.19 亿元，保险深度和密度分别达到 1.18%和 571.70 元/人。2022 年，我国农业保险实现保费规模 1 192 亿元，同比增长 23%，为 1.67 亿户次农户提供风险保障 5.46 万亿元，农业保险日益成为广大农户“定心丸”和农业生产“稳定器”。表 7.2 展示了 2009—2021 年中国农业保险保费收入、赔付额、赔付率、保险深度和保险密度。

表 7.2　2009—2021 年中国农业保险保费收入、赔付额、赔付率、保险深度和保险密度

年份	保费收入/亿元	赔付额/亿元	赔付率	保险深度/%	保险密度/(元·人)
2009	133.93	95.18	71.066 98	0.44	46.36
2010	135.86	95.96	70.631 53	0.37	48.64
2011	174.03	81.78	46.991 9	0.41	65.74
2012	240.6	131.34	54.588 53	0.51	94.22
2013	306.59	194.94	63.583 29	0.60	128.61
2014	325.78	205.8	63.171 47	0.59	145.62

表7.2(续)

年份	保费收入/亿元	赔付额/亿元	赔付率	保险深度/%	保险密度/(元·人)
2015	374.7	260	69.388 84	0.65	174.95
2016	417.7	348	83.313 38	0.70	199.78
2017	479.04	334.49	69.825 07	0.77	236.04
2018	572.65	401.35	70.086 44	0.88	293.44
2019	672.29	532.95	79.273 83	0.95	360.44
2020	815	592	72.638 04	1.04	460.06
2021	976	720.19	73.789 96	1.18	571.70

数据来源：笔者对历年中国统计年鉴、中国保险年鉴以及国家统计局网站相关数据整理而得。赔付率、农业保险深度和密度为笔者计算得出，其中，简单赔付率=赔付额/保费收入，农业保险深度=农业保险保费收入/第一产业国内生产总值，农业保险密度=农业保险保费收入/第一产业人口数。

同时，我国农业保险险种不断增多，各类险种协调发展，2020年，种植业保险保费收入490.2亿元，受益农户4 367.3万户次，综合赔付率75.4%，其中三大主粮作用的保障面积和保额分别为玉米（4.2亿亩，111.3亿元）、水稻（4.1亿亩、102.1亿元）、小麦（3.3亿亩、62.6亿元）；养殖业保险保费收入282.2亿元，受益农户796.2万人，综合赔付率78.2%；涉农保险保费收入63.0亿元，其中农房保险保费收入8.3亿元，农机保险保费收入2.5亿元，渔船保险保费收入1.4亿元（见表7.3）。截至2021年年底，农险承保的农作物品种达280余种，保险产品3 828个，基本覆盖农、林、牧、渔各个领域。各地也根据其地方农业产业规划和农户需求，积极发展地方特色优势农产品保险。

表7.3　2020年我国农业保险各险种保障水平

类别	具体险种	保障水平
种植业保险	玉米保险	4.2亿亩、111.3亿元
	水稻保险	4.1亿亩、102.1亿元
	小麦保险	3.3亿亩、62.6亿元
养殖业保险	奶牛保险	1 078.3万头、46.0亿元
	能繁母猪保险	3 162.6万头、24.7亿元
	育肥猪保险	3.8亿头、128.7亿元
涉农保险	农房保险	8.3亿元
	农机保险	2.5亿元
	渔船保险	1.4亿元

数据来源：张红宇，徐斌. 中国农业风险管理发展报告2021［M］. 北京：中国农业出版社，2021：42-44.

此外，自农业保险财政补贴实施以来，政府支持不断增强，补贴机制逐渐完善。一是补贴规模不断扩大，我国农业保险补贴规模从2007年的20.5亿元增加到2022年的434.53亿元，同比增长30.3%；2007年以来累计保费补贴2 589.41亿元①。2007—2022年政策性农业保险中央财政保费补贴如表7.4所示。广大参保农户通过农业保险机制，以较少的保费支出获得了较高的农业风险保障。二是补贴品种不断增加，在2007年保费补贴试点初期，仅有6个品种被纳入补贴范围，到2021年，中央补贴的范围就扩大到稻谷、小麦、玉米、棉花、马铃薯、油料作物、糖料作物、天然橡胶、三大粮食作物（稻谷、小麦、玉米）制种、能繁母猪、育肥猪、奶牛、公益林、商品林、青稞、牦牛、藏系羊17类。除此之外，地方政府也对特色农业进行补贴。三是补贴机制不断完善。2018年，我国在6个粮食大省中选择24个产粮大县开展三大主粮的完全成本保险和种植收入保险。2021年试点范围扩大，中央财政共安排三大主粮作物保费补贴资金148.69亿元，占保费补贴资金总额的44.6%。2022年，三大主粮的完成成本保险和种植收入保险政策已实现13个粮食主产省份812个产粮大县全覆盖②。

表7.4　2007—2022年政策性农业保险中央财政保费补贴

年份	保费收入/亿元
2007	20.5
2008	37.3
2009	59.7
2010	67.7
2011	78.7
2012	91
2013	120.4
2014	128.2
2015	144.7
2016	158.3
2017	162
2018	199.34
2019	265.59
2020	288
2021	333.45
2022	434.53

数据来源：笔者对中华人民共和国财政部官方网站数据整理而得。

① 中华人民共和国财政部. 农业保险提供风险保障逾5万亿元［EB/OL］.（2023-02-07）［2023-03-05］. http://jrs.mof.gov.cn/gongzuodongtai/202302/t20230207_3865368.htm.

② 陈晶晶. 千亿农险蝶变［EB/OL］.（2023-02-05）［2023-03-05］. https://baijiahao.baidu.com/s?id=1758738170120217712&wfr=spider&for=pc.

国内外的农业保险实践表明，政策因素作用于农业保险的供求双方，并直接影响农业保险的发展。

（二）经济因素

经济条件是保险业赖以发展的基础，因而也直接影响并作用于农业保险。

1. 经济发展水平的影响

农业经济发展水平的提高，会扩大农民的生产规模和经营范围，使农民个人和集体的财富增加，农业风险损失的机会也会随之增大，这会刺激农民风险意识的增强和保险自然需求的形成。同时，农村经济的发展使农民个人和集体的收入水平提高，农业保险自然需求更多地转化为有保费支付能力的需求。农业保险需求的增多，又会促使保险人顺应需求，扩大农业保险保障的对象和范围，增加农业保险供给。

2. 经济发展周期的影响

农村经济发展周期的波动对农业保险的发展造成影响。当农村经济发展迅猛时，农业保险的有效需求随着农村生产力水平的大幅度提高而迅速增加，农业保险的保费收入亦可能随之迅速增加；反之，农村经济发展处于低谷时，农业生产经营者的收入明显减少，农业保险的有效需求降低，保费收入减少。

3. 经济体制的影响

经济体制往往是经济政策的具体体现，会影响到农业保险的发展。西方国家农民投保积极性高的主要原因之一，是私有化生产方式下农民要承担全部风险责任。在我国，农村经济改革使承包责任制得到发展和完善，进而促使农村发展商品经济的积极性高涨。用于生产投资的项目多了，投入的人财物力增加了，农民所承担的经济责任也相应加大，农业风险亦随之增大，对农业保险保障的自然需求增大；农村经济体制改革，还使农业生产经营者的经济收入增加，农业自然需求更多地向有效需求转化，在一定程度上促进了农业保险业的发展。

（三）法律因素

法律是国家依照立法程序规定，强制保证执行的行为准则。

法律因素的影响，体现为农业保险本身就是采用法律形式。农业保险是保险双方当事人通过签订农业保险合同建立起来的一种民事法律关系。农业保险合同从签订、履行到终止，保险业务从承保到理赔，无不受到法律的约束。农业保险合同作为一种法律形式，既保障双方当事人合法的经济利益，又促使他们各自履行应尽义务，并调整人们在保险活动中的关系，使农业保险以法律为保障持续发展。

法律因素的影响还体现为国家通过制定法律来规范农业保险行为。法律是许多国家普遍采用的管理保险经济活动的手段，市场经济的国家尤其注重实行法治管理。法治管理的实施通常采用两种方式。第一，制定和完善农业保险法，实施农业保险保障。国家可以通过保险立法对农业保险企业的开业资本金、组织形式、业务范围，以及农业保险合同等做出明确的规定。通过保险法律手段，国家可以控制农业保险业的发展方向和发展规模。例如，法国在1900年通过《农业互助保险法》（AMA），该法给予互助保险社税收优惠待遇，对其收入和财产免征赋税。1960年，法国颁布的《农业指导法》对农业保险的经营与发展做出了较为明确的规定。1964 年，法国政府颁布《农业损害保证制度》，规定农业保险公司除了经营农业保险业务外，还可以为农民提供财产保险和寿险业务。1982 年，法国颁布《农业灾害救助法》[①]。1984 年，法国制定了《农业保险法》，对农业保险的保险责任、再保险、保险费率、理赔计算等用法律加以明确规定。可以说，法国农业保险法律、法规经过不断调整、修改而臻于完善，为农业保险的健康发展奠定了坚实的基础。第二，实施法定保险。比如，日本根据《农业灾害补偿法》于 1947 年开始在全国范围内开展农作物保险，对小麦、大麦、水稻等主要作物以法律形式实施强制保险。以上两种方式是密切相关的，往往法定保险的实施以农业保险法的制定和颁布为前提，法定保险又是农业保险法的具体体现。

在我国，《中华人民共和国农业法》第四十六条规定："国家建立和完善农业保险制度。国家逐步建立和完善政策性农业保险制度。鼓励和扶持农民和农业生产经营组织建立为农业生产经营活动服务的互助合作保险组织，鼓励商业性保险公司开展农业保险业务。"《中华人民共和国保险法》第一百八十四条第一款规定："国家支持发展为农业生产服务的保险事业。农业保险由法律、行政法规另行规定。"这表明了我国的法律明确认定了农业保险与一般的商业保险不同，具有政策性。

此外，农业保险市场也对农业保险的发展产生重大影响。农业保险市场既可以说是农业保险商品买卖的场所，又可以说是一定时期内对农业保险商品的供给和有支付能力的需求之间的关系。农业保险市场由农业保险供给者、农业保险需求者及农业保险中介人构成。对农业保险供给而言，供给主体的增加与专业的农业保险公司的成立是推动农业保险发展的重要条件，逆选择和道德风险的防范是农业保险发展的严峻挑战；对农业保险需求而言，关键是如何增加农业生产经营者的有效需求；农业保险市场的完善离不开农业保险中介人制度的建立，其对农业保险供求均衡具有促进作用。

总之，农业保险的发展既需要保险行业自身的努力，也需要社会环境的优化；既需要一个良好的市场环境和经济环境，更需要国家提供的政策支持和法律的规范约束。

第二节 种植业保险

一、种植业保险概述

种植业保险以农作物和林木为保险标的，承保保险标的因保险责任范围内的灾害事故而造成的经济损失。按保险标的的不同分类，种植业保险可以分为农作物保险和林木保险。

---

① 田野，胡迁，马明华. 法国农业互助保险及对中国的启示［J］. 成都：农村经济，2005（10）：119-122.

（一）种植业保险标的的特征

1. 农作物与林木的特征不同

在种植业保险标的中，农作物与林木具有各自不同的特征：农作物保险标的种类多，生长期较短，投入成本较少，分布范围广；林木保险标的种类则相对较少，生长期较长，投入成本较多，分布相对较为集中。

2. 再生能力较强

在种植业标的遭受自然灾害、意外事故后，只要灾后的自然条件适合植物生长，又管理得当，就能逐步恢复植物的生长机能，减轻灾害造成的损失；而且部分植物个体的消失，会给植物群体中的其他个体带来更多的光、肥、水、气等养分，使之增产增收。但若管理不当，自然条件又不理想，则植物的再生能力必受影响。

3. 各种植物的自身规律要求实现种植的科学化

种植业保险标的一般是活的有机体，主要以群体存在方式进行规模种植。群体中的个体在吸收光、肥、水、气等方面相互排斥，存在矛盾。因此，必须根据各种植物自身的生长发育规律，以及植物的种类、品种特性和气候条件，实现种植的科学化，为种植业生产的丰收创造条件。

（二）种植业保险的基本做法

种植业保险的特征及规律决定了开展该业务有别于一般的财产保险业务。

1. 以成本为基础实施基本保障

对一般的财产保险而言，保险标的的外部形态和内在结构在保险期限内相对稳定，保险价值较易确定，投保人的保费交纳能力相对较强，保险人鼓励投保人通过足额投保获得较充分的保障。而种植业标的从外部形态到内在结构几乎每天在变化，保险价值随着种植成本的投入逐日增加；种植业生产受自然条件和选种、施肥、农时季节、田间管理、种植技术等诸多因素的影响和制约，即使在相同面积投入相同成本，也不一定能获得相同数量的产品。因此，在确定种植业保险的保障程度时，一般是以投入的生产成本费用为基础，保产量者也是按这种保障程度确定可保产量的成数，目的是保证恢复简单再生产。

2. 实行防赔结合

种植业保险标的生长于自然环境中，受自然条件的影响较大，自然灾害发生后涉及面大，需要预防与赔偿相结合。从保险角度促进防灾，既可以使保险标的高产稳产，增加社会财富；又可以降低赔付率，提高保险企业效益。保险人以防灾为前提，通过灾前的预防和灾后的补偿来促进生产的发展。

3. 实行收获时的最终补偿

种植业保险标的是有生命的植物，遭灾后有一定的自我恢复能力，收获时才能最终真实地反映损失情况。因此，只有在收获时测定的损失才较准确合理。在实际工作中，出险后保险人员应尽快赶赴现场查勘定损。确定为全损的，一般按出险前已投入的成本费用一次性赔偿；对部分损失，则将受灾情况记录在案，作为收获时理赔的依据之一，并预付部分赔款作为施救等费用，待收获时，由保险人组成评估小组，确定保险标的的实际损失程度和补偿金额。

二、种植业保险的主要内容

（一）保险标的

对种植业保险的不同险种而言，保险标的是不同的。

1. 生长期农作物保险的标的

生长期农作物保险的标的，是指处于生长期的各种农作物。它可以分为两大类：一类是粮食作物，一类是经济作物。生长期农作物保险可分为粮食作物保险和经济作物保险。

粮食作物保险的标的主要有禾谷类作物（如水稻、玉米、小麦等）和豆类作物（如大豆、蚕豆、绿豆等）。

经济作物保险的标的主要有纤维作物（如棉花、亚麻）、油料作物（如油菜、花生）、嗜好性作物（如烟草、茶）、药用作物（如天麻、三七），以及瓜果、蔬菜等。

2. 收获期农作物保险的标的

收获期农作物保险的标的，是指处于收获期的各种农作物，它同样分为粮食作物和经济作物。农作物成熟后离开生长地进入场院、炕房，处于晾晒、脱粒、烘烤等初加工形态时，即成为初级农产品，可以作为收获期农作物保险的标的进行投保。

3. 森林保险的标的

森林是指生长在广阔陆地上的各种树林，从起源上可以划分为人工林和天然林。从理论上讲，人工林和天然林在不同程度上都投入了人力、物力，都可以作为森林保险的标的。森林保险的标的是一种多年生植物，它属于种植业，又不同于农作物，其生长过程具有周期长、效益广、风险大、灾害多等特征。

4. 果树保险的标的

果树保险的标的，有树体标的和果品标的，有常绿果树标的和落叶果树标的，有木本果树标的和草本果树标的，有温带、亚热带、热带和寒带果树标的。概括起来，果树保险的标的可以分为七大类：仁果类（如苹果）、核果类（如樱桃）、浆果类（如葡萄）、坚果类（如核桃）、柑果类（如柚）、柿枣类（如柿子）、亚热带及热带果类（如香蕉）。

（二）保险期限

在农作物保险中，保险期限与保险标的的特点密切相关。

生长期农作物保险一般从作物出土定苗后起保，到成熟收割时止。例如，水稻保险的保险期限可以从插秧结束起至收割时止。对于分期收获的农作物（如棉花），保险期限应到收获的最后一期为止。

收获期农作物保险一般从农作物收割（采摘）进入场院或炕房后起保，到完成初加工离场或离房入库前终止。收获期农作物保险的保险期限往往较短，一般只有一个月左右；有的保险条款，将保险期限向前延伸到收割（采摘）进入场院前 10 天，包括了收割、运输途中的时间，向后推迟至交售入库为止，从而进一步提高了保障程度。

林木属多年生植物，生长期较长，林木保险期限因此较长。但由于各地、各种林木的生长期差异较大，林木保险期限一般以林木的投入至产出时间作为确定保险期限的依据。在林木保险试办初期，在尚未掌握林木保险规律的情况下，适宜于实行 1 年期的短期保险；对已试办结束并摸索和总结出林木保险规律的，也可以实行长期保险，如保险期限为 3 年、5 年乃至更长期限。

（三）保险责任

种植业生产面临各种各样的风险，作为转嫁种植业生产风险的种植业保险，究竟能承担哪些风险，是种植业保险必须解决的问题。

我国农作物面临的风险主要有旱灾、水涝灾、病虫害、风雹灾和霜冻等。

林木同样面临着各种风险的威胁，火灾、病虫害、风灾、雪冻和洪水等均危及林木生长，而火灾的影响尤其大。全世界每年发生森林火灾几十万次，被烧毁林地面积几百万公顷，有的年份竟烧毁达几千万公顷。

对农作物和林木面临的各种风险，保险人并非都承保，而是根据保险原理中可保风险的条件（非投机性、偶然性和意外性、普遍性、严重性等）以及保险人的承保能力对风险进行选择。如病虫草害是农业生产的大敌，然而，病虫草害与耕作技术的科学合理性有关，人为管理因素的影响特别大。对此，保险人在承保时须慎重考虑，既可以将病虫害作为不保风险，也可以根据当地的实际情况选择特定的病虫害作为保险责任。对于旱灾、水涝灾、风雹灾、冻灾、火灾等灾害基本符合可保风险条件的，保险人既可以选择部分承保，也可以全部承保，并应尽量避免承担与人为因素有关的责任。

1. 农作物保险的保险责任

根据保险人所承担风险责任的多寡，农作物保险可以分为单一风险责任、混合风险责任和一切风险责任。

承保农作物单一风险责任的保险，简称“农作物单一险”，是指保险人只承保农作物的一种风险责任的保险。例如，对于棉田雹灾保险，保险人只对冰雹灾害引起的棉田损失负责赔偿；对于麦场火灾保险，保险人只对火灾引起的保险小麦损失负责赔偿。

承保农作物混合风险责任的保险，简称“农作物混合险”，是指保险人对两种或两种以上的风险（如暴风、暴雨、冰雹等）所致的农作物损失负赔偿责任。例如，四川水稻、玉米保险条款（2008 版）① 承保的风险是暴雨、洪水（政府行蓄洪除外）、内涝，风灾、雹灾和冻灾。

承保农作物一切风险责任的保险，简称“农作物一切险”，是指保险人对几乎所有的自然灾害和病虫害造成的农作物损失承担赔偿责任。由于承担农作物一切险在损失发生时需要大量资金，因此，该保险一般由政府部门或政府支持的农作物机构办理，政府为此提供保费支助，分担赔款或再保险。如美国的《联邦农作物保险法》规定，由美国农业部的联邦农作物保险公司对 46 种农作物因一切自然风险等

① 参见四川省政策性水稻、玉米种植一般灾害保险条款（简称“四川水稻、玉米保险”）（2008 版）第三条。

而产生的损失给予保险补偿，政府则提供补贴和再保险。

我国的农作物保险主要承保单一风险责任和混合风险责任。

2. 林木保险的保险责任

林木再生产过程面临着各种各样的风险，例如，林木被哄抢、偷砍、盗伐等人为风险；洪灾、雹灾、风灾、冻灾、雪灾以及牲畜践踏、病虫害、野兽危害等致林木损失的自然风险；介于人为风险与自然风险之间的火灾风险等。在以上风险中，对林木威胁最大的是火灾。

根据林木面临的风险，保险人可以合理地确定保险责任。林木保险中保险人承保责任的多寡，取决于保险人的供给能力的大小和投保人的需求程度的高低。在保险人的承保能力不足、经营水平不高、投保人面临的风险程度和经济支付能力有限的情况下，保险人通常不承担病虫害等风险责任。若保险供求能力低下，林木保险甚至只承保火灾这一项风险责任。

（四）保险金额

种植业保险金额的确定，一般以不超过正常年景的收获量或保险标的的实际价值的八成为最高限额，让被保险人自己承担一部分损失责任，以提高承担效益。保险金额的主要确定方法有以下三种：

1. 按投入的生产成本确定

该方法即根据种植业保险标的的生长规律和有关职能部门提供的种植成本投入的具体情况，分别确定不同阶段的保险程度，按亩平均成本计算保额。

2. 按平均收获量的一定成数确定

该方法即根据同类保险标的在乡以上的范围内，前 3~5 年的时间里平均收获量的 4~8 成，按销售中间价计算保险金额，其保障程度略高于按投入的生产成本确定保额的方式。

3. 按银行贷款确定

该方法即为了支持科技兴农技术的推广和应用，保险人可以在农技部门提供责任担保的情况下，将银行向农民提供的生产贷款额作为保险金额，以提高农民的适贷地位。

（五）保险费率

确定种植业保险费率是一项复杂的工作。确定种植业保险费率的主要依据是保险责任范围和保险标的历年的损失率，同时还应顾及保险公司的承保能力和投保人的保费负担能力。具体制定时应考虑以下因素：

（1）地理位置、自然环境、气候条件、水利设施、防灾力量、交通状况等。

（2）各种作物及林木对灾害的抵抗力及经营管理水平。各种作物、林木对灾害的抵抗能力不同，即使是同等强度的灾害对各种农作物或林木造成的损失程度也各不相同。而经营管理水平不同，也影响到农作物或林木的风险及其损失程度。因此，保险人在制定费率时应有所区别。对于被保险人经营管理水平高的、保险标的对灾害的抵抗能力强的，保险人应适当降低费率。

（3）切实估计最大损失可能及必要开支。保险人员应切实估计到发生灾害的最大可能性，考虑大灾年的赔付状况，清楚自己所能承担的最高赔偿额度，在纯费率的基础上附加一定的稳定系数，并将保险人的营业费用支出计算在费率中。

（六）保险理赔

种植业保险理赔是指保险人对种植业保险理赔案件进行处理的过程。理赔的基本程序是审核、查勘和赔付等。

保险人接到被保险人的报险索赔后，一方面应根据有关资料进行审核；另一方面应尽快派人到出险现场进行查勘，并根据灾害的强度和保险标的的生长规律进行评估和收获前的实地测算。例如，对禾类作物进行定损，保险人通常要从单位面积上的穗数、平均每穗实粒数和千粒重这三个方面进行测算定损；对于大面积灾害，还可利用先进的遥感计算机、计算技术进行测算。在确定进行赔付的前提下，保险人须计算赔款。

种植业保险的赔款计算分为以下两种情况：

1. 全部损失

我国的种植业保险条款一般规定，保险标的遭灾后，如果有70%以上的植株死亡，没有继续种植的价值或不能改种其他作物，视同全损，按条款规定的赔付方法计算赔款；若有残值，要从赔款中扣除。保产量和保成本的赔款计算公式分别为

亩赔款=平均亩产×承保成数×单价

亩赔款=亩保险成本-未来应投入的成本

例如，四川水稻、玉米保险条款（2008版）规定：赔偿处理以亩为核算单位。保险标的的不同生长期的赔偿金额的计算方式：被保险水稻、玉米发生保险责任范围内的损失，保险人按照保险水稻不同生长期的最高赔偿标准、损失率及受损面积计算赔偿：

赔偿金额=出险当期每亩最高赔偿标准×损失面积×实际损失率×(1-绝对免赔率)

公式中“出险当期每亩最高赔偿标准”为四川水稻、玉米条款（2008版）的附表“水稻、玉米不同生长期的最高赔偿标准”中所列出险当期每亩最高赔偿比例，免赔率为损失金额的10%①。

受灾后改种其他作物并有收益的，保单继续有效，保产量和保成本的赔款计算公式分别为

亩赔款=（平均亩产×承保成数×单价）-亩改种已赔金额-亩改种收入

亩赔款=原保单亩成本保额-改种时亩赔款-（亩改种收入-亩改种投入成本）

2. 部分损失

计算部分损失的赔款，一般是在收获时的测产以后。如受灾当时给了预付赔款的，计算时应当扣除。

保产量的计算公式为

亩赔款=（保险亩产-实收平均亩产）×单价-预付赔款

其中，保险亩产=正常年景下3~5年的平均亩产×承保成数。

① 参见四川省政策性水稻、玉米种植一般灾害保险条款（2008版）第七条、第九条。

保成本的计算公式为

亩赔款=（亩成本保额-实收平均亩产×单价）-预付赔款

上述公式计算时，只有出现正数才发生赔款。

三、种植业保险的风险控制

要使种植保险业顺利发展，保险人应当强化风险控制措施。

（一）加强防灾防损

种植业生产在很大程度上受自然条件的制约，其面临的不少自然风险是难以预防的，如暴雨、龙卷风等；但有些风险是可以通过采取预防措施在一定程度上降低灾害所造成的损失程度的，如病虫害等。加强种植业保险的防灾防损工作，可以减少社会财富的损失，降低保险人的赔付率，提高保险的社会效益和经济效益。如某年山西太谷县中国人民保险公司所保的3万多亩高粱遭受蚜虫灾害，保险公司及时投入必要的防灾费，统一购置农药，发给各村同时喷打，避免了往年“你治他不治”的现象，彻底根除了这次蚜虫造成的危害，减少了百万元的损失，效益显著。

在防灾防损中，保险人还应注意以下问题：要与当地植保、气象、水利、农技等部门紧密配合，交流信息，了解气候变化情况，掌握灾害发生的规律，并会同有关部门进行防灾防损检查，发现问题并及时纠正解决，把防灾防损贯穿于种植业保险的始终；经常组织人员深入农村宣传防灾防损的意义、目的及防范措施，使防灾防损成为农村社会共同关心的事，尤其是要采取各种措施督促被保险人搞好防灾防损；对事前可以预防的应积极采取措施，尽量避免灾害的发生；灾害发生后，应鼓励、督促被保险人积极施救，避免灾害蔓延；应按保费收入的一定比例提取防灾费，购置防灾设备、器材等，并合理掌握防灾费的使用范围和标准，提高防灾费的使用效果，坚决杜绝挪用防灾费的现象。

（二）实行低保额

农业保险标的受自然灾害的影响较大，逆选择和道德风险也较为严重，农业保险的经营风险较大，供求能力有限。因此，世界各国对农业保险的经营均较为审慎，普遍实行低保额制，保险人按保险标的价值的一定成数承保，留给被保险人一定的自保成数。这种不足额承保方式，既可以在一定程度上减少道德风险，加强被保险人的责任心，保证保险经营的稳定；又可以增大被保险人的有效需求。我国的种植业保险参照国际惯例，也实行了低保额，让农民和林农等被保险人自负部分风险损失，以促使其加强对种植业标的的风险管理，实现保险人降低赔付率、减少道德风险的目标。

（三）无赔款保费优待

为了鼓励被保险人搞好防灾防损，保险人可以对一年或多年无赔款的保户在续保时实行保费优待。如一年内无赔款，优待金额为上年所交保险费的10%；连续两年无赔款，优惠15%；连续三年或三年以上无赔款，优惠20%；不续保者不给；等等。

第三节　养殖业保险

一、养殖业保险概述

养殖业保险是指承保被保险人在进行各种养殖业生产活动中因保险责任事故而产生损失的一种农业保险。养殖业保险可以分为畜牧保险和水产养殖保险两大类，亦可细分为大牲畜保险、中小家畜家禽保险、牧畜保险、淡水养殖保险和海水养殖保险。

（一）保险标的的主要特征

1. 畜牧保险标的——畜禽的主要特征

（1）畜禽是有生命的陆生动物，其价值变化较大，即畜禽的使用价值和经济价值随畜禽年龄的变化而变化。从幼龄开始，随着养殖成本的投入价值逐渐递增，直到最大极限后，又随畜禽年龄的老化而逐年递减，一旦死亡，则价值丧失 60%～80%。畜禽的这一特征，决定了畜禽对生存环境的要求较之其他无生命财产对存储环境的要求更为严格。

（2）疾病是影响畜禽生存的最大风险，占死亡比例的 70%以上，这是其他无生命的财产保险标的所没有的风险，因此，畜禽的防病治病十分重要。

（3）残值因死亡季节、原因不同而差异较大。一方面，畜禽死亡后，有机体易腐烂变质，特别是在夏季高温时更易腐坏，因此，夏季的残值较小，冬季的残值较大；另一方面死亡原因不同，畜禽的残值亦不同。畜禽因非病因死亡，残值较高；因普遍病因死亡，残值较低；因传染病死亡，没有残值，必须深埋处理。保险标的的这一特点，决定了保险人在理赔时必须根据畜禽的死亡季节、死亡原因等合理地扣除残值。

2. 水产养殖保险标的——水产品的主要特征

（1）水产品是生活在水中的动植物，受自然条件的影响较大，其自然淘汰率较高，并因养殖种类不同而呈现差异。例如，对虾收获尾数只有放苗尾数的 30%左右，淡水鱼的收获尾数则达到放苗尾数的 50%。

（2）养殖产量与人工养殖条件、养殖技术密切相关。水产品主要在沿海地区和江河流域地区利用丰富的水资源进行人工养殖，随时可能因自然灾害引起死亡、流失风险。因此，养殖场所堤坝是否牢固，供氧设施是否齐备等，决定了保险标的对自然风险的承受力的强弱，进而影响到养殖产量的多少；同时，养殖技术高，有专人负责管理水产品，按时投料、测温、防病等，则可以减少水产品的死亡率，增加养殖产量。

（3）水产品的价值随着养殖成本的逐渐投入而不断增大。不同养殖阶段，水产品的价值不同。在放苗时一次性投入购苗成本后，随着人工费用的增加和养殖饲料的投入，养殖成本逐渐增加，水产品的价值也随之不断增大。根据这一特征，保险人承保的保险金额，可以不是保险标的投保时的实际价值，而是最终收获时的成本投入额或价值。

（二）养殖业保险的基本做法

根据农村的实际情况和养殖业保险的特征，我国在养殖业保险的实践中主要采取了以下做法：

1. 低保额、低保费、低保障

对养殖业保险，保险人通常按保险标的的价值的一定比例承保，这样既考虑了开展养殖业保险的社会经济基础，又可以在一定程度上减少道德风险。一方面，养殖业经营者的风险转嫁意识是保险的社会基础，而我国养殖业经营者的风险意识及保险意识相对薄弱；养殖业经营者的保费交纳能力是养殖业保险的经济基础，而我国养殖业经营者的经济收入普遍不高，养殖业收益普遍偏低。在这样的社会经济条件下，低保额、低保费，符合被保险人的需求状况，能减轻其保费负担。另一方面，养殖产品的价值受各种因素的制约，实行低保额下的低保障，使被保险人自负部分责任，可以减少乃至避免因保障程度高于某阶段的实际价值而造成被保险人不精心饲养，甚至人为制造事故图谋赔款的现象。

2. 保险与防疫治病相结合

疾病死亡是养殖业保险标的面临的最大风险。在养殖过程中，养殖标的的疾病死亡风险与养殖管理中的防治措施密切相关。防疫面广、密度大、方法措施得当，养殖标的的发病率及死亡率就低；在保险标的已发病的情况下，及时有效地治疗，能阻止疾病的蔓延和传播，恢复患病畜禽及水产品的生长机能，减少养殖标的的死亡损失和保险赔偿。因此，养殖业保险应与防治疾病相结合。在保险公司内部缺乏懂防治疾病知识的专业技术人才的情况下，保险公司可以实行与畜牧兽医部门等专业部门联合共保的方式，借助其专业知识和技术力量加强养殖业保险的防疫和治疗工作，降低保险标的的死亡率，提高养殖业保险的经济效益。

二、养殖业保险的主要内容

（一）保险标的

养殖业保险的标的因险种不同而不同。

1. 大牲畜保险的标的

大牲畜从用途上可划分为役用畜、乳用畜、种用畜和肉用畜等，从种类上可以划分为牛、马、骡、驴、骆驼等。无论怎样划分，要成为大牲畜保险的标的，必须符合承保条件（如投保人必须是大牲畜的所有者和饲养者，畜体必须健康，饲养管理正常，符合畜龄规定等）。

2. 中小家畜家禽保险的标的

在养殖业保险实务中，家畜保险和家禽保险因标的不同而成为两个独立的险种。

家畜保险的标的按类别不同，可以分为肉用家畜、种用家畜等。家畜保险主要承保猪、羊、兔等中小家畜，我国各地区因而开办了生猪保险、养羊保险和长毛兔保险等险种。

家禽保险的标的是商品性生产群养的家禽，对单个家禽不予承保。从种类上划分，家禽保险的标的包括鸡、鸭、鹅、鸽、火鸡、鹌鹑等；从生长阶段划分，家禽又可分为雏禽、成禽、淘汰禽；从用途上划分，同种家禽又可分为更具体的标的，如成鸡可以分为蛋鸡、肉鸡、种鸡等。

家畜、家禽保险都规定了与大牲畜保险大致相同的承保条件。只有符合承保条件，才能成为中小家畜家禽保险的保险标的。

3. 牧畜保险的标的

牧畜保险的标的，包括群养群牧的牛（如肉牛、奶牛、牦牛）、马、驴、骡、骆驼等大牲畜，以及绵羊、山羊等小牲畜。牧畜保险的标的具有的主要特点是：保险标的以在草原、草山坡上自然放养、觅食为主，流动性较强；以出售保险标的为主要养殖目的；实行规模养殖等。

4. 淡水养殖保险的标的

淡水养殖保险的标的，主要有鱼、蚌等人工养殖的淡水生物。其保险标的的主要特点是：生活在淡水水域中，受自然气候条件的影响较大；产量与养殖方式和养殖管理技术直接相关；保险标的存活量难以准确测定，致使部分损失的损失程度难以确定。

5. 海水养殖保险的标的

海水养殖保险的标的，主要是海洋生物，包括海生动物和海生植物，如对虾、扇贝、蛤蜊、海带、鳗鱼等。海水养殖保险的标的属于高投入、高风险、高效益的养殖产品，也是以出口为主的外向型养殖对象。

（二）保险期限

1. 畜牧保险的保险期限

畜牧保险的保险期限主要是根据农区或牧区畜禽的种类、生理特征及生长发育规律、经济用途等因素确定。

（1）保险期限为一年。对生长期或使役期超过一年的畜禽，保险期限一般规定为一年。如我国的大牲畜保险，考虑到不同畜龄的大牲畜，其价值和死亡率存在较明显的差异，一般采取以一年为期的方式。

（2）根据养殖周期确定保险期限。对生长期或使役期短于一年的畜禽，按照相应的养殖周期确定保险期限。比如，以育肥为主要目的的家畜，具有当年繁殖、生长期较短等特点，因此，保险人可以根据畜种的育肥周期确定保险期限。

畜牧保险的保险期限的制定还可以采取其他形式。比如，欧洲各国的大牲畜保险采取了多种形式，既有一年期的，也有季节性的和短期的保险单，还有四至五年的长期保单。采取多种形式的保险期限，目的在于适应被保险人的不同需要，提供灵活、方便、经济的保险服务。随着我国保险市场的完善及竞争的加强，保险人也应该调整经营方式，采用满足不同需求的多形式的保险期限。

在畜牧保险期限的确定中，保险人还应注意设置承保观察期，以防畜禽带病投保或感菌投保。

2. 水产养殖保险的保险期限

我国水产养殖的品种较多，养殖水域既有淡水水域又有海水水域，南北方气候的差异也较为明显，所以，就全国而言，不可能按照自然年度来确定一个统一的保险期限，而应根据不同的保险标的的养殖周期来确定。不同的保险标的，保险期限应有长短的差异，即使是同一种保险标的，也可以因南北的气候差异实行不同的保险期限。如对虾养殖保险，北方一般一年养一次；而在南海海域，一年内要养两至三次。因此，水产养殖保险期限最好以具体保险标的的养殖周期为限。养殖周期在一年以上的，保险期限可以为一年。另外，对任何水产养殖保险标的，在保险责任生效前，都应规定承保观察期，以防止道德风险。

（三）保险责任

畜牧保险与水产养殖保险因保险标的面临的风险状况不同，而有不同的保险责任。

1. 畜牧保险的保险责任

畜牧保险的标的面临的风险主要有三种：①自然灾害，如洪水、淹溺、崖崩、暴风雪、冰雹、冻灾、雷击等；②意外事故，如摔跌、碰撞、窒息、互斗、野兽伤害、触电、建筑物或其他物体倒塌等；③疾病、胎产、阉割等其他风险。畜牧保险的保险人可以将以上风险所致的畜禽死亡损失综合起来作为保险责任，或者说承保混合责任；保险双方当事人也可以协商确定单独承保某一种风险，即承保单一风险责任。如欧洲各国的大牲畜保险一般都承保混合风险责任；有的国家也承保单一风险责任，如英国的口蹄疫后果保险，保险人只负责承担大牲畜患口蹄疫而产生的后果损失（如饲养费、销售损失）。

2. 水产养殖保险的保险责任

水产养殖保险的保险责任包括死亡责任和流失责任两大类。

水产品自身疾病引起的死亡、缺氧死亡及他人投毒、河水干涸、污染、冰冻等引起的死亡，均构成死亡责任；台风、龙卷风、暴风雨、洪水、海啸、地震等造成堤坝溃决或海潮漫坝等引起的水产品流失损失，可以构成流失责任。

水产养殖保险的保险人既可以一张保单同时承保水产品的死亡责任和流失责任；也可以将死亡责任作为基本责任，将流失责任作为附加责任处理；还可以对流失责任单独承保。保险人可以根据各地的具体情况，具体确定采用何种承保方式。

（四）保险金额

1. 畜牧保险金额

畜牧保险金额，需要考虑畜禽的种类、用途、年龄、饲养成本以及所在区域的经济水平等情况，选择一种或几种方式具体确定。一般在初次投保确定保险金额时，以不超过畜禽当时实际价值的七成为宜。在每次续保时，保险人要依据畜禽的价值变化规律重新确定保额。对保险期满时正在患病的畜禽不能照常续保，一般应当视风险相应提高费率，并依据病情的严重程度降低保额，甚至拒保。

确定畜牧保险金额的主要方式是：

（1）估价承保。

估价承保，又称为按评定价值承保，即保险双方当事人根据保险标的的具体情况通过协商估价来确定保险金额。如大牲畜保险的双方当事人可以根据大牲畜的年龄、用途、健康状况和饲养管理状况共同协商估定保险金额；牧畜保险则可以按牧畜的种类、用途、价值等分别进行估价后按成数承保，该方式对有明显标志的大牲畜较为适用。

（2）定额承保。

定额承保即保险人根据保险标的的种类、用途、年龄、经济价值等制定不同档次的保险金额，由保险双方选择适当的保额档次进行承保。该方式适用于大牲畜保险、中小家畜家禽保险、牧畜保险等。例如，人保财险的能繁母猪养殖保险条款（2008 版）第六条规定“每头保险母猪的保险金额 1 000 元”，就属于定额承保。

（3）其他方式。

除以上方式外，保险人还可以采取其他方式确定保险金额。如中小家畜家禽保险就可以根据在不同生长阶段和不同季节的价值差异和生理生长规律实行变动保额；又如，大牲畜保险可以采用账面价值（会计账簿上记载的牲畜价值）或市场价值（根据各畜龄大牲畜的市场价分为若干档次）确定保险金额等。

2. 水产养殖保险金额

水产养殖保险的标的的价值，往往伴随着养殖生产过程的延续而不断增加，因而保险金额的确定，往往不是以投保时保险标的的实际价值为依据，而是以最终收获时的价值或投入的全部成本（最终生产费用）为依据计算。

（1）保成本。

保成本即根据对水产养殖标的投入的全部成本确定水产养殖保险的保险金额。具体分为以下两种方式：

①保险人以保险标的在生长期间投入的总成本作为依据确定保险金额。此方式适用于养鱼保险、养虾保险等险种。

比如某县的网箱养鱼保险试行条款规定，按 8 个月的生产期计算成本，每平方米网箱面积保险金额为 150 元，其中，鱼苗费 60 元、饲料费 87 元、药费 1 元、人工费 2 元。

水产养殖保险按成本的投入量确定保险金额，能够为被保险人的生产经营提供基本保障；有利于保险人合理确定保险标的在不同生长期的损失额；可以避免物价变化对保险金额确定的影响。

②保险人根据对保险标的投入的成本和养殖方式共同确定保险金额。

比如，某地的保险条款，保险金额分为四个档次：精养鱼池的保险金额为每亩 500 元，湖、塘粗养的保险金额为每亩 300 元，围圈养鱼的保险金额为每亩 300 元，拦汊养鱼的保险金额为每亩 200 元。

水产养殖保险结合养殖方式采用保成本方式，主要原因在于养殖方式不同，成本投入量不同，风险状况不同，水产品的死亡、流失损失情况也随之不同，因此，需要确定不同档次的保险金额。

（2）保产值。

在保产值的方式下，保险人以保险标的的市场价格或产品销售价格的一定成数，作为水产养殖保险的保险金额。

对养殖成熟的待售水产品（如海带），或者是成本一次性投入比较大的水产品，保险人可以采用保产值的方式确定保险金额。

养鱼保险也可以采用保产值的方式。比如，某县网箱养鱼保险条款规定，保险金额按约定价格（每斤最高不超过2元）确定。

（五）保险费率

养殖业保险费率的确定受到诸多因素的影响。保险标的的种类、保险责任的大小、保险标的所面临的风险及其可能造成的损失的程度等都影响到养殖业保险费率的确定。制定养殖业保险费率，保险人必须综合考虑上述因素的影响。

养殖业保险费率的制定应考虑以下原则：

1. 准确性

科学、准确地制定保险费率，要求保险人在深入调查研究的基础上，根据当地正常年景（一般是3年以上）的赔付记录及保额资料计算保额损失率。如资料不全，保险人应进行抽样测算并力求准确。在试办养殖业保险的地方，保险人可用当地畜禽产品或水产品的死亡率统计资料暂时代替保额损失率，以确定保险费率。

与其他险种的费率一样，养殖业保险费率既需要准确确定保额损失率，也必须考虑稳定系数和营业费用率。

2. 合理性

养殖业保险费率合理，才能促进养殖业保险业务的开展。保险费率高了，会增加投保人的保险费负担，降低保险的有效需求；保险费率低了，又会因入不敷出危及保险人的经营稳定。因此，保障保险双方当事人的利益，要求保险费率构成的各要素（保额损失率、稳定系数和营业费用率）以及保险人的积累、留利、应缴税金都必须合理。

3. 稳定性

对养殖业保险，保险人可以根据本公司历年的资料数据，参考国内外保险公司的经验，确定一个适当的赔付率指标，如果实际赔付率超过赔付率指标较多，就应该从保险企业自身的经营管理上挖掘潜力，寻找原因，制定对策，比如开展保险投资，降低营业费用率，搞好防灾防损，减少保险标的的损失等，以达到经营核算的稳定。

4. 适应性

（1）时期的适应性。养殖业保险率只有在一定时间内保持相对稳定，才不会造成保险经营核算的困难，影响保险人信誉，才能适应养殖业保险业务正常、稳定发展的需要。但是，相对稳定的同时要适当调整，即在一定时期后（如3年）应根据变化了的风险状况、经济状况、市场状况等因素变动保险费率，以适应保险费率因素自身的变化和保险费率的外部影响因素的变化，满足各种保险需要。

（2）区域的适应性。各地的自然条件不同，养殖业保险标的所面临的风险种类及风险损失程度差异很大。如果忽视区域差异，全国比照一个无差别的费率实施养殖业保险，就可能导致保险的“逆选择”现象，违背风险分散原则。因此，保险人必须适应各地的具体情况，制定出符合当地实际的保险费率。

（六）保险理赔

当保险人接到被保险人的损失通知后，要立即核查保险单或明细清册资料，初步确定是否属于保险责任范围，及时填写报案登记簿。由于养殖标的易腐烂变质，保险人在出险后应尽快（如24小时内）赶赴现场查勘，以正确核定损失，及时处理残值。

在查勘过程中，对因疾病死亡的保险标的进行检验时，保险人主要采取的方法是：一看，即巡视养殖标的的养殖环境，如生猪因猪瘟死亡，应观察现场有无拉稀或便溺的污染物，还要查阅兽医的诊断证明及治疗经过；二问，即就保险标的的发病时间、症状及变化特征，患病期间的进食、排泄和运动状况以及死亡时的症状，及时询问被保险人或饲养员；三诊断，保险标的因疾病死亡后有一定的病理变化，可采取尸体解剖检查和病理分析措施进行病理诊断。现场查勘后确认不属于保险责任的，保险人应拒赔。

对自然灾害、意外事故责任，还需要注意以下问题：对灾害事故引起的畜禽死亡，要考察是否与人为因素有关，以分清是否属于保险责任，如家禽养殖的棚圈设施是否符合要求等；对灾害事故引畜禽灭失的（如牲畜被洪水冲走），需要对保险标的的灾前情况进行追溯调查，查阅灾前的存栏情况、健康状况资料，并向第三者调查核实，避免被保险人趁机转嫁非保险责任损失或人为扩大保险责任损失；对灾害事故造成的水产品的死亡、流失责任，需要查看是否达到保险责任所要求的等级，以确定是否构成赔偿责任。如在养鱼保险的查勘中，在确定缺氧浮头死亡责任时，保险人既要调查自然气候因素，又要对死亡标的进行解剖分析，查证真实的死亡原因，在条款规定不承担疾病死亡责任的情况下，对疾病引起的死亡损失不予赔偿。

查勘后，保险人要将被保险人提供的“出险通知书”等索赔材料与现场查勘的情况进行比较分析，审查核定保险标的是否是在保险合同载明的时间、地点遭受的保险事故，是否构成索赔的条件（如被保险人在出险时对保险标的具有保险利益，是具有索赔权）等，以确定赔偿责任。

保险人经过查勘、审核，确认损失属于保险合同规定的责任范围时，应按合同约定向被保险人履行赔偿义务、支付赔款。

在畜禽保险中，保险人的赔款通常在保险金额的限度内扣除残值得出。保险人要根据畜禽死亡的季节和死亡的原因扣除残值。对定额承保的畜禽，保险人根据投保人选定的档次定额赔付，不扣残值。如果投保人未将饲养的畜禽全部投保，保险人要按比例赔付。

在水产养殖保险中，保险人根据保险金额确定的方式不同，采取相应的赔偿方式：

（1）保成本方式。保成本方式是指保险人根据不同时期赔偿额占保额的比例进行赔偿的方式。如某县网箱养鱼保险条款规定：保险标的全损时，鱼苗费按保额全额赔付。人工费、药费、饲料费从起保日起按下列比例赔偿：饲养2个月以内的按保额的15%赔偿；饲养3个月以内的按保额的25%赔偿；……饲养8个月以内的按保额的100%赔偿。如果遭受部分损失，保单继续有效，有效保额等于原保额减去已赔款。

（2）保产值方式。采用保产值方式的，在发生保险责任范围内的损失时，保险人应该根据保险标的的实际损失情况，在保险金额内扣除残值赔付。

对于第三者原因造成的保险标的的损失，保险人可以先将赔款支付给被保险人，被保险人再将追偿权转让给保险人，并协助保险人依法向第三者追偿。

三、养殖业保险的风险控制

养殖业保险的标的面临着疾病死亡风险、自然灾害、意外事故，以及社会风险与市场风险，这些风险有其自身的规律。养殖业保险还与种植业保险一样，道德风险较为严重，保险人必须高度重视风险控制。

（一）实行承保观察期

养殖业保险的标的因疾病死亡的概率较高，而疾病从感染到症状明显有一个潜伏期。不同的传染病，潜伏期的时长不同，即使是同一种传染病，因病原菌的毒力、数量、侵入途径和机体的抵抗能力等存在差异，潜伏期亦不同。如猪瘟的潜伏期最短为 3 天，最长为 21 天。为了防止投保人对带病的养殖对象投保，养殖业保险条款中凡是将疾病作为保险责任的，都应该规定一个承保观察期（又称保险检疫期）。在观察期内，保险标的因疾病死亡，保险人不负损失赔偿责任，退还保险费；观察期满，如果标的正常，保险责任从观察期满的次日开始履行至保险期满为止。观察期一般为 10~20 天。例如，人保财险奶牛养殖保险条款（2008 版）第九条规定："从保险期间开始之日起 20 日为保险奶牛的疾病观察期。保险奶牛在疾病观察期内因保险责任范围内的疾病而死亡的，保险人不负责赔偿。保险期间届满续保的奶牛，免除观察期。"实行承保观察期，可以使被保险人在新购进养殖标的时，尽量隔离观察，避免疾病传染造成更大损失，也可以防止养殖者对处于疾病潜伏期的养殖标的投保，避免不必要的赔付，稳定保险经营。

（二）实行差别费率和保费优待

养殖保险的标的的死亡率与标的的种类、用途、年龄和饲养管理状况等密切相关，因此，保险人应根据死亡概率制定费率，并根据标的的种类、用途、年龄和饲养管理状况实行差别费率。对死亡率低、饲养管理状况好的，保险人实行保费优待。

（三）实行绝对免赔率

养殖标的具有风险大、死亡率高的特点，除各种瘟疫会造成养殖标的死亡外，管理不善及养殖标的的自身生理特点、病变等，也会造成养殖标的一定数量的自然死亡。如禽舍温度、湿度不适，饲料中毒，寄生虫病以及家禽之间的互啄，维生素、微量元素的摄取不足等都会造成家禽的自然死亡。根据保险原理，保险人不能承担具有必然性的自然死亡风险。保险人可以根据实际情况制定绝对免赔率。对于免赔率以下的损失，保险人一律不赔，由被保险人自己承担。例如，四川省政策性育肥猪养殖保险条款（2008 版）第十一条规定："每次事故每头育肥猪绝对免赔额为人民币 100 元。"规定绝对免赔率，可以促进被保险人采取防疫措施、改善饲养管理状况、降低自然死亡率。

（四）严格可保条件

严格保险条款中的可保条件，是防范风险的重要举措，保险人对不符合条件的一律不予承保。例如，人保财险的能繁母猪养殖保险条款（2008 版）第二条明确规定："在本保险合同中列明并符合下列条件的能繁母猪，可以作为保险标的（以下称保险母猪）：（一）投保的能繁母猪品种必须在当地饲养1年以上（含）；（二）投保时能繁母猪在8月龄以上（含）4周岁以下（不含）；（三）能繁母猪存栏量30头以上（含）；（四）管理制度健全、饲养圈舍卫生、能够保证饲养质量；（五）饲养场所在当地洪水水位线以上的非蓄洪、行洪区；（六）猪只经畜牧兽医部门验明无伤残，无本保险责任范围内的疾病，营养良好，饲养管理正常，能按所在地县级畜牧防疫部门审定的免疫程序接种并有记录，且猪只必须具有能识别身份的统一标识；（七）投保人应将被保险人符合投保条件的能繁母猪全部投保。"

（五）限额承保

养殖业保险中逆选择和道德风险也较为严重，保险人的经营风险较大。因此，世界各国对养殖业保险普遍限额承保，即低保额、不足额承保，保险人按保险标的价值的一定成数承保，留给被保险人一定的自保成数。如人保财险的能繁母猪养殖保险条款（2008版）第六条规定："每头保险母猪的保险金额1 000元，并且不超过其市场价格的7成。"这有利于减少逆选择和道德风险。

除了以上措施外，保险人还应该进一步严格保险条款，将风险控制贯穿于保险经营的各环节，采取各种有效措施控制养殖业保险的风险。如将被保险人及其关系人的故意行为造成的损失列为除外责任；规定被保险人必须履行防灾防疫及施救义务；并制定限制条款，规定最高赔偿限额，超限额部分的责任，保险人不予负责①等。

总之，在风险社会的背景下，无论是种植业保险，还是养殖业保险，作为为农业风险提供保障的农业保险，自身也面临着风险防范及控制问题。在新时代科技赋能下，农业保险也需要借助科技手段进行风险管理，如运用遥感卫星对农业保险的标的进行承保及查勘定损。

同时，为充分发挥农业保险在社会经济中的作用，提供更符合"三农"需求的风险保障，我国在农业保障上已从保成本、保收获量向保价格、保收入方向发展，因而，未来完全成本保险和收入保险将成为农业保险发展的方向。

本章小结

（1）农业保险有广义与狭义之分。广义的农业保险是指农村保险，包括农村的两业保险、农村的财产保险和农村的人身保险。狭义的农业保险仅指两业保险，即种植业保险和养殖业保险。根据农业保险承保的具体对象的不同，农业保险可进一步细分为农、林、牧、渔（水产养殖）业保险。

（2）狭义的农业保险属于财产保险的范畴，但其保险标的的特殊性及其所面临

---

① 例如，2008年四川省政策性农业保险实行"风险责任在当年试点市保费3倍以内封顶，并承担在此之内保险赔付责任的方案。试点市（州）赔款在当年保费的2倍以内，由保险经营机构承担全部赔付责任；赔款在当年保费2~3倍的部分，由保险经营机构与政府按1∶1的比例分担。政府承担的超赔责任由省与试点市（州）财政分担"。

风险的复杂性，使其具有了区别于其他财产保险的显著特点。农业保险具有以下特征：农业保险标的的特殊性，农业自然风险具有系统性特征，农业保险中存在着严重的信息不对称，农业保险通常以收支平衡为经营目标，农业保险离不开法律的完善和政府的扶持。

（3）世界各国的农业保险发展实践表明，政策、经济、法律以及市场等因素影响着农业保险的发展。

（4）种植业保险与养殖业保险，因标的不同而存在较大差异，但基于农业保险的性质及特征，种植业保险和养殖业保险都需要进行风险控制。

本章关键词

农业保险　种植业保险　养殖业保险　政策性　风险控制

本章思考题

1. 什么是农业保险？农业保险有何特征？
2. 影响农业保险发展的因素有哪些？你对发展我国农业保险有何看法？
3. 种植业保险金额确定的主要方式是什么？种植业保险一般怎样计算赔款？
4. 种植业保险怎样实施风险控制？
5. 养殖业保险的标的的主要特征是什么？
6. 养殖业保险的基本做法是什么？
7. 水产养殖保险的保险责任有何特点？
8. 怎样确定养殖业保险的保险金额？
9. 养殖业保险如何实施风险控制？
10. 我国农业保险的高质量发展需要具备哪些条件？农业保险应怎样充分发挥其作用？

第八章
责任保险（一）

章首语：

党的十九届四中全会首次突出强调“社会治理是国家治理的重要方面”。党的二十大报告提出，“完善社会治理体系，健全共建共治共享的社会治理制度，提升社会治理效能”。社会治理的公共性、多元性和共同性特征进一步凸显。保险是市场化的风险管理手段和机制。责任保险作为一种直接保障被保险人利益、间接维护受害人权益的双重保障机制，有利于降低社会摩擦成本，化解社会矛盾纠纷，协助构建良好的社会秩序，降低社会整体风险暴露水平，发挥风险减量管理的服务作用，减轻政府的社会管理压力，为创新社会治理方式提供重要支撑，是服务社会治理现代化的有力抓手。本章从民事责任的概念出发，分析了民事责任的法律特征，在深入剖析侵权责任的概念、构成要件、归责原则等的基础上，界定了责任保险的概念，分析了责任保险的特点，介绍了责任保险的分类和共同规定，并梳理了责任保险的发展历史。通过本章的学习，学生可以了解民事责任与责任保险的概念、特点及相互关系。

第一节 民事责任与责任保险

一、民事责任概述

《民法典》第一百七十六条规定：“民事主体依照法律规定或者按照当事人约定，履行民事义务，承担民事责任。”民事责任是指民事主体不履行或者不完全履行民事义务应当依法承担的不利后果。不履行或者不完全履行民事义务，就是违反民事义务，包括法定义务和约定义务、积极义务和消极义务、作为义务和不作为义务。一般来说，民事责任包括缔约过失责任、违约责任、侵权责任。《民法典》第一百七十九条规定：“承担民事责任的方式主要有：（一）停止侵害；（二）排除妨碍；（三）消除危险；（四）返还财产；（五）恢复原状；（六）修理、重作、更换；（七）继续履行；（八）赔偿损失；（九）支付违约金；（十）消除影响、恢复名誉；

（十一）赔礼道歉。法律规定惩罚性赔偿的，依照其规定。本条规定的承担民事责任的方式，可以单独适用，也可以合并适用。”

民事责任通常包括违约责任、侵权责任与缔约过失责任。

（一）民事责任的法律特征

民事责任的法律特征如下：

（1）民事责任以民事义务为基础，是违反民事义务的法律后果。民事责任是义务主体违反法律规定的或合同约定的民事义务而依民法规定应该承担的一种法律后果。所以如果没有民事义务，就不存在违反民事义务的问题，也就谈不上法律后果的承担。

（2）民事责任主要是一种财产责任。根据民事责任的内容有无财产性，民事责任可分为财产责任与非财产责任。财产责任是指直接以一定的财产为内容的责任，如返还财产、赔偿损失等，是一种等价赔偿。一般按照补偿原则确定财产责任的范围。非财产责任是指不直接具有财产内容的民事责任，如赔礼道歉、恢复名誉。民事责任的宗旨是恢复被侵害的权利，而不是惩罚不法行为人，故民事主体不能因其他民事主体的违法行为而获得超出自己损害范围的利益。民事责任的补偿性体现在返还财产、恢复原状、重作、修理、更换等财产性民事责任方式以及消除影响、恢复名誉、赔礼道歉等人身民事责任方式。尽管在民事制裁中有赔礼道歉、恢复名誉等非财产的救济方式，但总的来说，财产性责任民事方式占据重要地位，承担财产责任是民事责任的主要方式。

（3）民事责任是违法行为人对受害人承担的责任。作为法律责任的一种，民事责任具有强制性，但这种强制性较其他责任形式相对柔和。一方面，民事责任范畴的事项在一定程度上允许当事人进行处分，体现当事人的意思自治；另一方面，约定的民事责任，只有在违反民事义务的人不能承担民事责任的情形下，且在受到损害一方当事人主张的情形下，方可由国家机关借助公权力强制违反义务者承担民事责任。

（4）民事责任的范围与违法行为所造成的损害相适应。民事责任主要是平等主体之间发生的一方依照法律规定或合同约定向另一方承担的责任，其目的主要是给受害人补偿损失、恢复被侵害的权利。补偿性是民事责任的显著特征，故民事责任必须与损害后果相适应。

（二）违约行为与违约责任

违约行为是指当事人一方不履行合同义务或者履行合同义务不符合约定条件的行为。违约责任是违反合同的民事责任的简称，是指合同当事人一方不履行合同义务或履行合同义务不符合合同约定所应承担的民事责任。《民法典》第五百七十七条规定：“当事人一方不履行合同义务或者履行合同义务不符合约定的，应当承担继续履行、采取补救措施或者赔偿损失等违约责任。”

违约责任具有以下特征：

（1）违约责任是违约当事人一方对合同另一方承担的责任。合同关系的相对性决定了违约责任的相对性，即违约责任是合同当事人之间的民事责任，合同当事人以外的第三人对当事人之间的合同不承担违约责任。

(2) 违约责任是当事人不履行或不完全履行合同的责任。一是违约责任是违反有效合同的责任。合同有效是承担违约责任的前提和基础。二是违约责任以当事人不履行或不完全履行合同为条件。

(3) 违约责任具有补偿性和一定的任意性。一是违约责任以补偿守约方因违约行为所受损失为主要目的，以损害赔偿为主要责任形式，故具有补偿性质。二是违约责任可以由当事人在法律规定的范围内约定，具有一定的任意性。

承担违约责任的具体方式主要有：①实际履行（又称“继续履行”）；②采取补救措施（修理、更换、重作）；③支付违约金；④适用定金罚则；⑤赔偿损失；⑥请求减少价款或者报酬（适用于买卖合同等双务合同）；⑦支付费用或丧失利息请求权（《民法典》第五百八十九条规定的受领延迟的违约责任）。

违约责任的构成要件有一般构成要件和特殊构成要件。其中，一般构成要件包括：①具有违约行为；②不存在法定或约定的免责事由。特殊构成要件包括：①采用过错归责原则的，要求违约方具有过错；②实际履行要求继续履行可能或者可行；③损害赔偿要求有损失，且违约行为与损失之间具有因果关系。

(三) 侵权行为与侵权责任

侵权行为是指民事主体违反民事义务，侵害他人合法的民事权益，依法应承担法律责任的行为。

侵权行为的特征表现在：①侵权行为是违法行为；②侵权行为的损害对象是绝对权，即物权、人身权、知识产权；③侵权行为是行为人有意识的行为，即行为人主观上有过错。

侵权行为按不同的标准可分为一般侵权行为与特殊侵权行为、单独侵权行为与共同侵权行为、积极的侵权行为与消极的侵权行为。

1. 一般侵权责任构成要件

一般侵权责任是相对于特殊侵权责任而言的，凡属于特殊侵权责任以外的所有侵权类型，都属于一般侵权责任的适用范围。因此，一般侵权责任在类型上具有广泛性、开放性的特征。

特殊侵权责任是以法律有特别规定的特殊侵权类型为限，适用有别于一般侵权责任的无过错责任原则或者实行过错责任推定[①]。《民法典》第一千一百六十六条规定：“行为人造成他人民事权益损害，不论行为人有无过错，法律规定应当承担侵权责任的，依照其规定。”例如根据《民法典》的规定，按照《中华人民共和国民用航空法》第一百二十四条的规定：“因发生在民用航空器上或者旅客上、下民用航空器过程中的事件，造成旅客人身伤亡的，承运人应当承担责任；但是，旅客的人身伤亡完全是由于旅客本人的健康状况造成的，承运人不承担责任。”

① 最高人民法院民法典贯彻实施工作领导小组. 中国民法典适用大全：侵权责任卷（一）[M]. 北京：人民法院出版社，2022：23-24.

一般侵权责任的构成要件如下：

（1）行为的违法性。

行为人实施了违法行为是其承担侵权责任的前提要件。如果行为人的行为并不违法，即使产生了损害事实，也不承担赔偿责任。行为人的行为包括作为和不作为。所谓行为的违法性，是指行为人事实的行为违反了法律的禁止性规定或强制性规定或者与法律的秩序相对立。根据违法行为的表现形式的不同，又可分为作为的违法行为与不作为的违法行为。作为的违法行为，是指法律禁止实施某种行为，行为人违反规定实施了该行为。不作为的违法行为，是指法律要求人们在某种情况下实施某种行为，而负有此义务的人却未实施。

（2）有损害结果。

损害通常是指受害人在财产、权利或人身上所遭受的不利益①。作为侵权责任构成要件之一的"损害"，指的是民法理论上的"可救济损害"，可以分为财产损害和非财产损害；在我国审判实践中，又称为物质损害和精神损害。财产损害是指受害人因其财产或人身受到侵害而遭受的物质（经济）利益方面的损失。财产损害是可以用金钱的具体数额加以计算的实际物质财富的损失。非财产损害是指权利人遭受财产损害以外的其他一切损害，主要指精神损害，表现为权利人的生理和精神痛苦，还包括死亡、残疾、外部名誉的损害（社会评价降低）等②。

（3）侵权行为与损害结果具有因果关系。

侵权行为中的因果关系是指违法行为与损害结果之间的客观联系，即特定的损害事实是否是行为人的行为必然引起的结果。只有当二者之间存在因果关系时，行为人才应承担相应的民事责任。民事主体只能为自己实施行为的损害后果承担责任，没有因果关系的侵权责任是不成立的。

（4）行为人主观上有过错。

主观过错是一般侵权行为中确定行为人是否承担侵权责任的核心要件。主观过错包括故意和过失。

故意，是指行为人预见到自己的行为可能产生某种损害后果，仍希望或者放任该后果发生的一种主观心理状态。故意可以分为直接故意和间接故意。希望并积极追求损害后果的发生为直接故意；预见到损害后果的发生，而对其持放任态度，则为间接故意。

过失，是指行为人对其行为可能发生的损害后果应当预见、能够预见而因疏忽未预见，或虽已预见，但因过于自信，以为其不会发生，以致造成损害后果。前者为疏忽大意的过失，后者为过于自信的过失。

理论上，按照从重到轻的程度，过失可分为重大过失、一般过失和轻微过失。重大过失是指与普通人在相同情形下应当尽到的注意程度相比，行为人未尽到法律要求普通人所应尽到的注意义务，表明行为人以极不合理的方式未尽到必要的注意

---

① 最高人民法院民法典贯彻实施工作领导小组. 中国民法典适用大全：侵权责任卷（一）［M］. 北京：人民法院出版社，2022：29.

② 张新宝. 侵权责任构成要件研究［M］. 北京：法律出版社，2007：237

义务。一般过失又称抽象轻过失，是指与一个善良管理人或一个具有相当经验的合理人在相同情形下应尽的注意义务相比，若一个有相当经验的合理人处于当下情形下应当作为或不作为，而行为人当为不为或不当为而为，则行为人的过失属于一般过失。轻微过失又称具体轻微过失，是指与管理自己事务者应尽的注意程度相比，行为人当下行为未尽到与管理自己事务者相同程度的注意义务的行为。在侵权法领域，过失判断的统筹标准为一般过失，轻微过失一般不予斟酌[①]。

2. 侵权责任及其形式

侵权责任是指行为人不法侵害社会公共财产或者他人财产、人身权利而应承担的民事责任。《民法典》第一百七十九条规定："承担民事责任的方式主要有：（一）停止侵害；（二）排除妨碍；（三）消除危险；（四）返还财产；（五）恢复原状；（六）修理、重作、更换；（七）继续履行；（八）赔偿损失；（九）支付违约金；（十）消除影响、恢复名誉；（十一）赔礼道歉。"民事责任的承担方式既可以单独适用，也可以合并适用。

除了支付违约金与修理、重作、更换适用于违约责任外，其他方式均可适用于侵权责任。

此外，侵权行为侵害他人，造成人身损害的，应当赔偿医疗费、护理费、交通费等为治疗和康复支出的合理费用，以及因误工减少的收入。造成残疾的，还应当赔偿残疾生活辅助具费和残疾赔偿金。造成死亡的，还应当赔偿丧葬费和死亡赔偿金。

（四）侵权责任的归责原则

归责事由是指民事责任发生的具体原因或依据。它可以是当事人的主观过错、违约行为、侵权行为等，也可以是某种客观事实、活动的危险性、特殊关系等。归责事由涉及对行为主体的行为、状况、责任发生的原因等方面的判断和分析。通常来说，归责事由可分为主观的归责事由和客观的归责事由两种类型。前者是指依据行为人有无过错确定其是否应承担损害赔偿责任；后者是指依据危险持有（开启或者维持、运营危险状态，持有危险品等）、行为控制（基于法定职责或为自己利益控制、支配他人）、利益衡平（如从他人人身、财产牺牲的代价中受益等）等因素确定损害赔偿的责任归属[②]。

归责原则是指在民事责任的确定过程中，依据一定的原则和方法来确定具体的责任主体、责任范围和责任程度的规则或准则。它是民事责任法律制度的基础，用于界定和划定各方在民事纠纷中的权利和义务，以及责任的承担方式和范围。在违约责任中，归责原则一般为无过错原则，守约方基于合同约定及违约事实要求违约方承担责任，故通常不考虑主观过错。在侵权责任中，针对侵犯民事权利中的绝对权而非相对权（侵犯债权不在侵权责任范围内）的行为，《民法典》确定了以过错责任与无过错责任为主，公平责任为补充的归责原则体系。归责原则的应用需要综合考虑各种因素，如合同约定、法律规定、当事人的行为、过失程度、损害结果等，

① 最高人民法院民法典贯彻实施工作领导小组. 中国民法典适用大全：侵权责任卷（一）［M］. 北京：人民法院出版社，2022：39.

② 程啸. 侵权责任教程［M］. 北京：中国人民大学出版社，2020：89.

并根据案件具体情况进行判断和权衡。在实践中，法院和相关机构会依据归责原则对民事责任进行判定和裁决，以确保公平、公正和合法的民事责任的实现。

（1）过错责任原则。

过错是行为人决定其行动的一种故意或过失的主观心理状态。过错违反的是对他人的注意义务，标明了行为人主观上的应受非难性或应受谴责性，是对行为人的行为的否定评价。过错责任原则是指行为人只有在主观上存在过错（故意或过失）时，才会承担侵权责任。

由《民法典》第一千一百六十五条的规定可知，一般的侵权行为适用过错责任原则。因此，过错责任原则被确立为侵权法中的一般归责原则。除了《民法典》在第一千一百六十五条规定的一般情形下适用过错责任，《民法典》在其他多处条款中明确了适用过错责任的情形，包括：监护人侵害被监护人权益的责任，财产代管人造成失踪人财产损失的责任，死亡宣告中利害关系人的侵权责任，法人清算义务人未及时履行清算义务造成损害的责任，利用关联关系造成法人损失的责任，代理人与相对人恶意串通的侵权责任，违法代理的侵权责任，防卫过当的侵权责任，紧急避险措施不当或超过必要限度的侵权责任，不动产登记错误的赔偿责任，遗失物毁损、灭失的责任，占有物损害的赔偿责任等。

在举证方面，过错侵权责任中，一般由原告（受害人）承担举证责任，需要证明被告（侵害人）在主观上存在过错。这意味着如果原告无法证明被告存在主观过错，一般的侵权责任将无法成立。《民法典》第一千一百六十五条第二款规定："依照法律规定推定行为人有过错，其不能证明自己没有过错的，应当承担侵权责任。"可见，在某些法定情况下，当无法确定行为人是否存在过错或法律另有特别规定时，如果原告被要求承担举证责任，可能导致明显不公平的结果，法律特此规定了过错推定的适用方式。

过错推定是过错责任原则的一种特殊适用方式，根据损害事实的发生，推定行为人在主观上存在过错。行为人只有在能够证明自己没有过错时，才不需要承担责任。可以看出，与一般的过错责任适用规则不同，过错推定实际上是倒置了举证责任，由侵害人负责证明自己没有过错，如果无法证明，则被推定有过错并需要承担侵权责任。

鉴于过错推定责任仍以过错作为承担责任的基础，因而它不是一项独立的归责原则，是过错责任原则的一种特殊形式。过错推定的适用具有法定性，《民法典》明确了适用过错推定的情况包括共同危险行为责任、医疗技术过失的推定责任、高空抛物侵权中直接侵权人的责任、公共道路妨碍通行物致害责任、堆放物致害责任、林木致害责任、地面施工和地下设施致害责任等。

此外，无论是过错责任还是过错推定责任，根据《民法典》第一千一百七十三条的规定，被侵权人对同一损害的发生或者扩大有过错的，可以减轻侵权人的责任。因此，当满足"侵权人的行为与被侵权人的行为是导致损害发生或扩大的共同原因""被侵权人具有过错""被侵权人的过错与损害之间具有同一性""被侵权人的过错包括造成损害的发生和造成损害的扩大两种情形"四个条件时，过错归责原则同样适用于被侵权人，被侵权人应当承担自身过错范围内的责任，侵权人亦可以此为由免除部分责任。

（2）无过错责任原则。

无过错责任又称为严格责任、危险责任、风险责任，是指不以行为人的过错为要件，只要其活动或者所管理的人、物损害了他人的民事权益，除非有法定的免责事由，否则行为人就要承担民事责任①。因此无过错责任原则不是以侵权人的主观过错为构成要件，而是以该侵权行为是否具有“危险”或“风险”作为归责事由，当行为人所从事的活动或其持有的物品、设施等对周围环境存在危险（或风险），且当该危险（或风险）成为现实，损害了他人的权益时，当事人就应对所产生的损害负损害赔偿责任。《民法典》第一千一百六十六条规定：“行为人造成他人民事权益损害，不论行为人有无过错，法律规定应当承担侵权责任的，依照其规定。”

无过错责任的适用应注意三个方面。其一，无过错责任原则的适用必须是法律明确规定的特定侵权责任类型，如机动车交通事故责任、环境污染和生态破坏责任等，不能将其泛化。其二，适用无过错责任，受害人不须证明加害人的过错，加害人亦不能通过证明自己无过错而免责，但原告应证明损害事实及其因果关系。其三，无过错责任中包括绝对无过错责任（严格责任）和相对无过错责任。绝对无过错责任是指即使受害人具有故意、重大过失，侵害人也不得免责的无过错责任；相对无过错责任是指侵害人可以在符合法定情形下得以免责的无过错责任。绝大部分无过错责任均属于相对无过错责任。

（3）公平责任原则。

公平责任原则，是指损害双方的当事人对损害结果的发生都没有过错，在损害事实已经发生的情况下，由人民法院根据具体情况，以公平考虑为价值判断标准，要求双方当事人公平地分担损害结果的原则。《民法典》第一千一百八十六条规定：“受害人和行为人对损害的发生都没有过错的，依照法律的规定由双方分担损失。”公平补偿规则并非侵权法律关系中的一种归责原则，而是作为一项补充性法律规则存在，以弥补过错责任和无过错责任原则在某些利益关系无法公平调整时的不足。因此，在这种情况下，责任的性质并非赔偿，而是补偿。

公平责任原则的适用应当注意：第一，适用公平责任的前提必须是当事人既无过错，又不能推定其过错的存在，同时也不存在法定的承担无过错责任的情况，如果可以适用过错责任、无过错责任就不能适用公平责任；第二，当事人如何分担责任，由法官根据个案的具体情况，包括损害事实与各方当事人的经济能力进行综合衡量，力求公平。

二、责任风险与责任保险

（一）责任风险

责任风险是指企业、团体、家庭和个人在从事经济、贸易、生产和日常生活等

① 石宏．中华人民共和国民法典解释与适用（人格权编侵权责任编）［M］．北京：人民法院出版社，2020：126.

各项活动中，因疏忽、过失等造成第三者的人身伤害或财产损失，而依法应对受害人承担经济赔偿责任的可能性。责任风险可以涉及多个领域，包括但不限于职业责任、产品责任、公众责任、环境责任等。

在日常生活中，人们的行为和决策可能导致他人的损失或损害，如医疗事故、车祸、产品缺陷、建筑事故等。对于企业和组织而言，它们的经营活动也存在潜在的责任风险，如员工犯错误所导致的经济损失、产品质量问题引发的索赔、违反法律规定带来的法律责任等。责任风险的存在对个人和组织都可能带来经济和声誉上的损失。当责任行为发生时，受害人可能寻求赔偿，并要求责任方承担相应的法律责任。这可能导致损失的经济赔偿、法律诉讼、赔偿金支付等后果，对责任方造成财务困扰甚至破产的风险。

为了应对责任风险，个人和组织可以采取一系列措施，包括风险管理、合规监管、合理决策和购买责任保险等。责任保险可以为个人和组织提供一定的经济保障，以应对可能面临的赔偿责任。虽然责任保险并不能消除责任风险本身，只是提供了一种风险分担和经济保障的机制，但它是经济单位和个人对所面临的责任风险产生忧虑并寻求转嫁此类风险的途径，这是责任保险产生的自然基础。

（二）责任保险

责任保险是指个人或组织为了降低自身过错或违约行为所导致的损害赔偿责任而向保险公司购买的一种保险。它通过将潜在的经济风险转移给保险公司，为被保险人提供了一种经济保障，确保其能够履行可能产生的赔偿责任。责任保险的兴起与社会发展和法律制度的完善密切相关。随着社会关系的复杂化和法律责任的增加，个人和组织面临着越来越多的潜在赔偿责任。责任保险的出现为个人和组织提供了一种有效的风险管理工具，以应对可能发生的经济损失。

责任保险适用于许多领域和行业，如职业责任保险、产品责任保险、公众责任保险、雇主责任保险等。不同类型的责任保险针对不同的风险情景，为被保险人提供适当的保障。对个人而言，如医生、律师、建筑师等专业人士，他们的工作可能会对他人生命、财产或权益产生影响。职业责任保险可以为他们提供保障，以防止职业失误、疏忽或错误行为所导致的潜在索赔和赔偿责任。对企业和组织而言，责任保险也是重要的风险管理工具。例如，产品责任保险可以保护制造商或供应商，以应对产品缺陷所引起的索赔和赔偿责任。公众责任保险可以为公共机构、活动组织或场地提供保障，以应对可能发生的意外伤害或损失。

从效益来说，责任保险提供了一种经济保障，使被保险人在责任事故发生时能够支付赔偿金或法律费用。责任保险可以减轻个人和组织的财务负担，尤其是在涉及大额赔偿的情况下。此外，责任保险还可以提供专业的理赔处理和法律支持，帮助被保险人应对索赔过程和法律纠纷。然而，责任保险并不是万能的，它仍然有一些限制和除外条款。保险公司可能对某些高风险领域或特定行为施加限制，或者要求被保险人采取特定的风险管理措施。

责任保险可以根据其适用领域和覆盖范围进行分类。根据原中国保险监督管理委员会于 2016 年发布的《责任保险统计制度（试行）》，责任保险分为公众责任保险、雇主责任保险、职业责任保险、产品责任保险和其他责任保险（比如诉责险），每一类又细分为众多责任险险种。

责任保险作为一种保险形式，在法律和商业领域发挥着重要的作用。以下是责任保险的主要作用：

（1）赔偿保障。

责任保险为被保险人提供了赔偿保障，以应对其行为或疏忽所导致的损害赔偿责任。当被保险人对第三方造成人身伤害、财产损失或其他损害时，保险公司会根据保险合同约定承担相应的赔偿责任，从而减轻被保险人个人或组织的财务压力。

（2）财务保护。

责任保险帮助被保险人保护其财务利益，尤其是在发生大额赔偿事故时。由于责任保险公司承担了赔偿责任，被保险人不需要自己承担巨额赔偿费用，避免了财务困境甚至是破产风险的发生。

（3）风险转移。

责任保险将潜在的风险转移给保险公司。被保险人将责任风险转移给保险公司，以换取保险保障。这种风险转移有助于被保险人专注于业务运营，而不必过多担心可能发生的损害赔偿责任。

（4）信誉保护。

责任保险有助于保护被保险人的声誉和商誉。在发生事故导致第三方损害时，保险公司承担赔偿责任，避免了被保险人因为赔偿问题而受到公众、客户或合作伙伴的质疑和不信任，有助于维护企业形象和信誉。

（5）合规要求。

在某些行业或法律规定中，责任保险是一种合规要求。例如，一些职业领域或特定行业可能要求从业者购买责任保险，以确保在工作过程中发生的潜在损害能够得到适当的赔偿，同时满足法律或行业规定。

第二节　责任保险的保险标的和责任保险的特点

一、责任保险的保险标的

责任保险是指以被保险人对第三者依法应负的赔偿责任为保险标的的保险。责任保险属于广义的财产保险范畴，适用于广义的财产保险的一般经营理论和原则，但又具有独特的内容和经营特点，其特点主要表现在以下几个方面：

（1）责任保险以被保险人在保险期内可能造成他人人身伤害或财产损失的风险为承保基础。一般财产保险承保的是被保险人拥有、使用或保管的财产及其有关利益因自然灾害或意外事故造成的损失，而责任保险承保的是被保险人在保险期内因疏忽、过失等行为造成他人的人身伤害或财产损失，依法律、法规或经合同特别约定由被保险人承担的赔偿责任。

（2）责任保险合同承保的责任大体分为两类：一类是侵权责任，一类是违约责任。非民事责任不得作为责任保险的保险标的。例如，被保险人致人损害而应承担的刑事责任或应被追究的行政责任，不得作为责任保险的保险标的。侵权责任是以被保险人因过失或疏忽造成第三者人身伤害或财产损失依法必须承担的赔偿责任。违约责任是指被保险人因违法合同约定而应承担的赔偿责任。一般情况下，保险人以法律规定的赔偿责任为承保风险，但也可以根据保险客户的要求并经过特别约定后，承保其合同责任风险。

并不是所有的民事责任都可以成为责任保险的标的。例如，消除影响、恢复名誉和赔礼道歉不是民事责任；停止侵害、排除妨碍、消除危险、返还财产、恢复原状，即修理、重作、更换，如不涉及财产利益，也不能认为是赔偿责任。而赔偿损失和支付违约金属于损害赔偿责任。继续履行不是赔偿责任，但可以转换为赔偿责任。被保险人对第三者承担的民事责任不以损害赔偿为直接内容，而责任的履行得以转化为损害赔偿或得以用金钱计算的，可以作为责任保险的标的。责任保险的保险标的的特殊性，导致责任保险的法律关系比其他财产保险的法律关系更为复杂。

（3）责任保险合同主要承保过失责任，同时承保一些无过失责任以及经特别约定的其他责任。民事法律上的赔偿责任，既可能因为故意甚至犯罪行为产生，也可能因为过失行为产生，甚至还可能因为法律规定的无过失责任而产生。由于可保风险具有偶然性、意外性的特点，因此故意甚至犯罪而产生的赔偿责任，不在保险人承保的范围之内。责任保险主要承保的是因被保险人的过失行为而依法承担的赔偿责任。此外，某些无过失责任以及经合同特别约定的其他责任也可以成为责任保险合同的保险标的。

二、责任保险的特点

责任保险属于广义的财产保险范畴，以大数法则为数理基础，遵循财产保险合同的基本原则。然而，由于责任保险合同承保对象的特殊性，作为一类独特的保险业务，它在产生与发展的基础、保障对象、保险人赔偿范围、赔偿处理方式等方面有明显的特点。

（一）产生与发展的基础——民事法律制度的建立与完善

一般财产保险产生的基础既有自然基础又有经济基础，其产生的自然基础是风险的客观存在，经济基础是剩余产品的存在与商品经济的发展。责任保险产生与发展的基础不仅是风险的客观存在和社会生产力达到了一定阶段，还包括人类社会的进步带来了法律制度的不断完善。其中，法治的健全和完善是责任保险产生与发展的最直接的基础。

正是因为人们在社会经济活动中的行为都在法律制度的一定规范之内，才有可能因违反法律而造成他人的财产损失或人身伤害而依法必须承担经济赔偿责任，有关单位或个人才有转嫁责任风险的必要，责任保险才会被人们接受。所以，民事法律制度的建立与完善是责任保险产生与发展的基础。事实上，当今世界责任保险最发达的国家和地区，必然是民事法律制度较完善的国家和地区。

（二）责任保险的保障对象——致害人（被保险人）和受害人

一般财产保险合同中，被保险人因保险事故发生而产生经济损失时，保险人要对被保险人的经济损失进行补偿，将保险金直接支付给被保险人。而在责任保险合同中，保险人承保的是被保险人依法对第三者应承担的民事损害赔偿责任。当保险事故发生时，按照损失补偿原则，如果被保险人未向受害人赔偿的，保险人不得向被保险人赔偿保险金；如果被保险人对第三者应负的赔偿责任确定，根据被保险人的请求，保险人应当直接向该第三者赔偿保险金。被保险人怠于请求的，第三者有权就其应获赔偿部分直接向保险人请求赔偿保险金。这样，不仅使被保险人避免了经济损失，也使受害人获得补偿。因此，责任保险直接补偿的对象是与保险人签订责任保险合同的被保险人，间接补偿的对象是不特定的第三者。责任保险合同是在直接保障被保险人利益的同时，间接保障了受害人利益的一种双重保障机制。

《最高人民法院关于适用〈中华人民共和国保险法〉若干问题的解释（四）》第十四条规定："具有下列情形的之一的，被保险人可以依照保险法第六十五条第二款的规定请求保险人直接向第三者赔偿保险金：（一）被保险人对第三者所负的赔偿责任经人民法院生效裁判、仲裁裁决确认；（二）被保险人对第三者所负的赔偿责任经被保险人与第三者协商一致；（三）被保险人对第三者应负的赔偿责任能够确定的其他情形。前款规定的情形下，保险人主张按照保险合同确定保险赔偿责任的，人民法院应予支持。"

（三）保险人赔偿范围的确定——赔偿限额

一般的财产保险的标的是各种物质财产及其有关利益，该类保险标的具有可估价性。保险人在对保险标的估价的基础上确定保险金额，并将其作为保险人赔偿的最高限额和计算保险费的依据。在责任保险合同中，保险人承保的是各种民事法律风险，这种特殊的无形标的，由于无客观价值而无法估价，所以合同中无法确定保险金额。但为了限制保险人承担赔偿责任的范围，避免赔偿时合同双方发生争议，保险人在承保责任保险时，通常对每一种责任保险业务规定若干等级的赔偿限额，由被保险人自己选择。被保险人选定的赔偿限额即保险人承担赔偿责任的最高限额。同一险种赔偿限额越高，投保人交纳的保险费越多。

保险人承担的是保险合同责任限额内的赔偿责任。保险人在保险单项下承担的赔偿责任一般包括两项：

（1）被保险人依法应对第三者的人身伤亡或财产损失（雇主责任保险仅对雇员的人身伤亡）承担的经济赔偿责任，以及被保险人按照合同规定应承担的违约责任。此项责任是基本责任，它是以受害人的损害程度及索赔金额为依据，以保单所载明的赔偿限额为最高赔付额，由保险人予以赔偿。

（2）因赔偿纠纷引起的诉讼、律师费用及其他事先经保险人同意支付的费用。《保险法》第六十六条规定："责任保险的被保险人因给第三者造成损害的保险事故而被提起仲裁或者诉讼的，被保险人支付的仲裁或者诉讼费用以及其他必要的、合理的费用，除合同另有约定外，由保险人承担。"

（四）赔偿处理方式的特殊性

与其他财产保险合同相比，责任保险合同的赔偿处理涉及的关系方复杂，其受制因素较多。

1. 责任保险理赔案件的处理涉及第三者（受害人）

责任保险理赔案件的发生，以被保险人对第三者造成损害并依法应承担的经济赔偿责任为前提，因此责任保险的赔偿必然涉及第三者受害人，责任保险的赔偿处理并非像一般的财产保险那样只是保险双方的事情，也并非只有被保险人才能向保险公司提出索赔请求。《保险法》第六十五条第二款规定："责任保险的被保险人给第三者造成损害，被保险人对第三者应负的赔偿责任确定的，根据被保险人的请求，保险人应当直接向该第三者赔偿保险金。被保险人怠于请求的，第三者有权就其应获赔偿部分直接向保险人请求赔偿保险金。"该规定明确赋予了责任保险中的第三者在一定条件下具有直接向保险公司请求赔偿保险金的权利。

2. 责任保险的赔偿受制因素复杂

一般的财产保险合同的理赔案件的处理仅涉及保险人与被保险人。保险事故发生后，保险人根据保险标的的损失状况，按保险单规定的计算方式计算赔款。如果保险事故由第三者责任方造成，保险人在向被保险人赔偿后，依法或按合同约定在赔偿金额范围内取得向第三者责任方进行追偿的权利。

由于责任保险承保的保险标的是被保险人依法对第三者应承担的民事损害赔偿责任，理赔案件的处理往往要以法院的判决或执法部门的裁决为依据，保险人在此基础上根据保险合同的规定计算赔款。因此，责任保险的赔偿受制因素复杂，除了保险合同的规定外，一个国家的立法、司法制度也会对其产生影响。保险人经营该险种所面临的风险较大。

（五）责任保险的承保基础

责任保险的承保基础有期内发生式（又称事故发生式）和期内索赔式（又称索赔提出式）。目前，国内外保险市场上的责任险产品，大多采用期内索赔式作为承保基础。

1. 期内发生式

期内发生式是指以保险事故发生的时间为承保基础，保险公司只对保险期限内发生的保险责任事故负赔偿责任，而不考虑受损害的第三者或被保险人发现责任事故的时间或提出索赔的时间，即保险公司是否应履行保险赔偿责任，取决于保险事故本身发生的时间是否处于有效的保险期限内。如机动车交通事故第三者责任险采用期内发生式。

对于此类保单，保险人必须随时准备处理那些保险期限早已到期却新来报案的索赔申请，并对已经失效多年的保单进行赔偿（长尾索赔，即保单签发多年后提出索赔），这使得精算师很难准确估算应收取的保费和为已发生未报告（IBNR）的索赔建立损失准备金，极易令保险人因保险事故发生时间过久而产生更大的不可预料的理赔风险。为避免出现不必要的纠纷，保险人在实务中通常会根据保险期限规定一个索赔的截止日期，以将长尾风险控制在保险人可控且认可的范围之内。

2. 期内索赔式

期内索赔式是指以第三者提出索赔的时间为承保基础，保险公司仅对保单有效期内提出的索赔负责，而不管导致索赔的事故是否发生在该保险有效期内，即保险公司是否履行保险赔偿责任，取决于保险事故中受到侵害的第三者向被保险人提出索赔的时间是否处于有效的保险期限内。保险人对保单到期后提出的索赔不承担赔偿责任，从而避免出现长尾索赔。如果被保险人想继续获得保险保障，就必须每年向同一保险人办理续保。如董责险保单采用期内索赔式。

该类保单可以为在保单生效日之前发生的损失提供保障，即保险人的保险赔偿责任可以向前追溯，保险人通常在保险合同中设置一个“追溯期”，即使保险事故不是发生在保险期限内，但处于保险“追溯期”内，保险人依然要承担赔偿责任。“追溯期”是指保险合同当事人在保险合同中约定的从保险责任起始日向前追溯的一段时间，保险人对此期间发生且在保险期限内首次提出索赔的保险事故承担保险责任。保险合同中通常规定追溯期为1~5年，但对于第一年投保的新保单不给予追溯期，只在续保的情况下提供从续保前开始计算的追溯期。

综上所述，期内发生式和期内索赔式两种承保方式各有特点：期内发生式的优点在于承保任何发生在保单期限内的承保范围内的事故，而不论事故的发现及索赔的提出是在什么时候，适宜风险因素较为隐性、复杂，事故理赔判定时间较长的风险业务；期内索赔式的优点在于事故赔偿责任标准增加了追溯期，且保费较低，若选择在同一家保险公司连续投保，追溯期更长，甚至可以达到与期内发生式一样的保障效果。

第三节　责任保险的种类和责任保险合同的共同规定

一、责任保险的种类

责任保险属于广义的财产保险范畴，是一类独立的、自成体系的保险业务，有两种承保方式：

（1）作为独立险种，单独由保险人承保。在该种承保方式下，投保人单独购买责任险即可获得相应责任风险的保障。

（2）以财产损失保险的组成部分或附加险方式承保。在该种承保方式下，投保人必须投保财产损失主险，才能获得责任风险的保障。例如，在船舶保险中，碰撞责任被列为保单的保险责任范围，只要投保了船舶保险，就自动获得责任风险的保障。又如，建筑、安装工程保险的第三者责任保险，一般作为附加险来承保，投保人只有在投保了建筑工程和安装工程基本险的基础上才能附加投保建筑、安装工程第三者责任保险。

单独承保的责任保险通常分为以下五类：

（1）公众责任保险。公众责任保险承保企事业单位、社会团体、个体工商户、其他经济组织及自然人在保险单明细表中列明的地点范围内依法从事生产经营活动或其他活动因意外事故发生造成他人（第三者）人身伤亡或财产损失，依法应由被保险人承担的民事赔偿责任。

（2）产品责任保险。产品责任保险承保产品的制造商、销售商、维修者因产品缺陷，造成消费者、用户或第三者发生人身伤害或财产损失，依法应承担的经济赔偿责任。产品责任保险可以保护制造商或供应商免受因产品缺陷而引发的法律索赔和赔偿。

（3）雇主责任保险。雇主责任保险是以雇主（被保险人）对雇员源于并在雇用过程中发生的伤害，依法应承担的赔偿责任作为保险标的的保险。雇主责任保险通常覆盖雇员工伤、职业疾病、职业责任等方面的风险。

（4）职业责任保险。职业责任保险，也称职业赔偿保险，承保各种专业技术人员因工作上的疏忽或过失造成合同对方或其他人的人身伤害或财产损失的经济赔偿责任。它主要针对专业人士，如医生、律师、建筑师、会计师等，以及其他特定职业的从业者。职业责任保险通常覆盖因专业失误、疏忽、错误或违规行为引起的赔偿责任。

（5）其他责任保险。它包括第三者责任保险、机动车辆延长保修责任保险、诉讼财产保全责任保险、侵犯专利权责任保险等。

以上五类责任保险将在第九章做较为详细的介绍。

责任保险具有保险人代替致害人向受害人承担经济赔偿责任的特征，是为无辜受害者提供经济保障的一种手段。为了保障社会公众利益，对某些涉及面广的损害赔偿责任，如汽车第三者责任保险、雇主责任保险等，许多国家实行了强制保险。

二、责任保险合同的共同规定

以上各种责任保险合同，一般有以下几个方面的共同规定：

（一）保险责任范围

责任保险合同承担的保险责任一般有两项：

（1）被保险人依法应对第三者的人身伤亡或财产损失（雇主责任保险仅对雇员的人身伤亡）承担的经济赔偿责任，以及被保险人按照合同规定应承担的违约责任。

（2）因赔偿纠纷引起的诉讼、律师费用及其他事先经保险人同意支付的费用。

（二）除外责任

除外责任又称责任免除，是指保险人按照法律规定或者合同约定，不承担保险责任的范围。因此，除外责任也是界定保险合同责任范围的重要依据。

在除外责任条款中，有的是基于法律的禁止性规定或者公共秩序、社会道德等原因，不能由保险公司承保的事项，这些事项是绝对除外的事项；而有些事项经特别约定，可以加保，可以剔除，这些事项是相对除外事项。

责任保险合同中，常见的绝对除外责任包括：

（1）战争、叛乱、暴动、骚乱、罢工或封闭工厂引起的任何损害事故。

（2）被保险人的故意行为。

（3）不可抗力的原因引起的损害事故，如地震、洪水等自然灾害引起的损害事故。

此外，对于一些相对除外责任，投保人可以通过投保附加险或者其他的险种等方式，将除外责任变成可保责任。如对于由核污染引起的损害事故，在一般的责任保险中是被列为除外责任的，但投保人可以通过投保核责任保险来获取相应的保障。

（三）赔偿限额与免赔

由于责任保险的标的是被保险人依法应承担的民事赔偿责任，这种责任是无形的，无法用价值衡量，因此普通的财产保险根据保险标的的价值来确定保险金额的方式在责任保险中并不适用。责任保险无保险价值的概念，也不存在一般财产保险可能出现的超额保险问题。保险人在承保责任保险时，往往无法事先预料所承担的赔偿责任的大小，因此通常要事先约定赔偿的最高限额。超过限额部分仍需由被保险人自己承担。保险人与被保险人事先约定每次保险事故的赔偿限额或保险期间内的累计赔偿限额，并以此作为责任限额，保险人赔付保险金均以约定的最高赔偿限额为限。该限额是保险费率厘定的重要因素。

保险人之所以以设定赔偿限额的方式来明确自己的保险责任，并能够将赔偿限额划分为若干等级，主要是以下几个方面的原因：

（1）从保险人的角度来看，其承担的赔偿责任的大小事先是无法预料的，可能无限大，这将使保险公司陷入无限的经营风险之中，因此有必要设定一个责任限额，以限定保险公司所承担责任的大小。

（2）责任保险的保险标的是保险人对第三者应负的赔偿责任，且责任保险承保的只是在实际履行时能够转化为以金钱计算的赔付责任，即金钱债权，实务中致害人对受害人的赔偿责任会受到法律的限制。《民法典》第一千一百七十九条规定："侵害他人造成人身损害的，应当赔偿医疗费、护理费、交通费、营养费、住院伙食补助费等为治疗和康复支出的合理费用，以及因误工减少的收入。造成残疾的，还应当赔偿辅助器具费和残疾赔偿金；造成死亡的，还应当赔偿丧葬费和死亡赔偿金。"

（3）尽管在不同的理赔案件中，保险人的赔偿金额会有差异。然而，在某类理赔案件中，整个社会的赔偿平均值总是在一定的数额内浮动的。因此，保险人能够参考社会平均赔偿标准，根据不同的情况，将风险划分为若干等级，并据此确定不同风险等级下的费率标准。

责任保险中，保单规定的赔偿限额通常有两种：

（1）针对每次责任事故或同一原因引起的一系列事故规定一个赔偿限额。

在这种情况下，保险人针对每次事故的赔偿受单次事故赔偿限额的限制。如果保险期间发生多次事故，保险人需要进行多次赔付，直到保险期间结束。

（2）针对整个保险期间，规定一个累计的赔偿限额。

在这种情况下，保险期间终止前，保险人经过一次或多次赔付后，累计支付的赔偿金额等于累计赔偿限额时，该保险合同终止。

对于这两种赔偿限额，保险单上可以只规定一种，也可以同时规定。具体采用哪一种方式可以根据具体情况由保险公司和投保人协商确定。

此外，赔偿限额还可以进一步分为人身伤亡和财产损失两个赔偿限额。如果同时发生人身伤亡和财产损失，保险人需按各自的限额进行赔偿。例如，交通事故责任强制保险里在有责赔付和无责赔付下，均进一步规定了人身伤亡（包括医疗费用和死亡伤残）和财产损失的赔偿限额。

为了防止事故发生和减少小额零星赔偿，除赔偿限额外，保险单上一般还有免赔的规定，责任保险的免赔通常为绝对免赔。

第四节 责任保险的发展概况

一、国外责任保险的发展概况

西方保险界认为，保险业的发展可以划分为三个阶段：第一阶段是传统的海上保险和火灾保险（后来扩展到一切财产保险），第二阶段发展了人寿保险，第三阶段则是扩展了责任保险。可见，保险业的发展由最初只承保物质利益风险，发展到承保人身风险，并进一步扩展到承保各种法律风险。责任保险是市场经济发展到一定阶段的必然产物，它的产生和发展与国家法律制度、国民法律意识息息相关。然而，责任保险在开办之初，被一些人认为代替致害人承担赔偿责任，不符合社会公共道德准则，有害无利，颇受争议。

（一）国外责任保险的发展历史

19 世纪末，随着欧美等国家的法治环境逐渐成熟，人们的权利意识不断增强，司法体制逐渐完善，人们意识到自身所面临的法律责任危险大幅度增加，因而对责任保险的需求也逐渐增大。顺应社会经济发展的需求，保险公司开发了一系列责任保险产品，进一步推动了责任保险的发展。责任保险产生于 19 世纪末的欧美国家，于 20 世纪 70 年代以后在工业化国家得到迅猛发展。

初期，责任保险的创新和发展与雇主责任保险有着紧密的联系。19 世纪中叶，处于工业化革命进程的英国，其工业从业人员迅速增加，然而当时的恶劣工作环境致使工伤事件频频发生，工人从雇主那里得不到任何赔偿。工人阶级为获得人身和经济保障同英国政府进行了坚决斗争，迫使英国政府先后制定了劳工法律。1846 年英国议会通过《致命事故法令》，该法令规定，如因一方的疏忽大意造成另一方死亡，死亡者赡养的人有权要求对方承担一定的经济责任，以弥补损失。法令颁布后，公众仍然要求对法律进行重大修改。英国议会于 1880 年又通过了《雇主责任法令》，其中规定雇主经营业务中因过错致使雇员受到伤害时须负法律赔偿责任。但该法令仍规定受害人必须证明对方犯有过失，方能提出赔偿要求。1880 年，英国就成立了专业的雇主责任保险公司，并开发了雇主责任保险产品。因此，雇主责任保险成为工人阶级保护自身权益的一种有效的手段。随后，英国于 1886 年在美国开设雇主责任保险分公司，而美国也于 1889 年在本土设立自己的承保雇主责任业务的保险公司。随着英美两国法律的不断修订和完善，雇主对雇员应承担的法律责任逐渐增大，雇主责任保险发展迅速。20 世纪初，英美两国将雇主责任保险纳入法定保险之列，随即为众多国家所效仿。

其他种类的责任保险，起初都以附加责任的方式承保，随后才逐渐以新险种的方式出现。

（1）在机动车第三者责任方面。1875年，英国出现了马车第三者责任保险，专门承保因使用马车而引起的责任。在汽车问世不久，1898年英国法定事故意外保险公司推出了第一张汽车保险单。该保单严格地遵循了用于承保使用马匹所产生责任的保单格式。到了20世纪40年代，很多国家将机动车第三者责任保险规定为法定的强制保险。目前，机动车第三者责任保险已经成为业务量最大的责任保险险种。

（2）在公众责任方面。公众责任保险始于19世纪80年代，最早开办的一批险种主要有承包人责任保险（始于1886年）、升降梯责任保险（始于1888年）、业主房东住户责任保险（始于1894年）等。到了20世纪40年代，随着西方工业化的发展，公众责任保险进入成熟阶段。随着社会公众法律意识的增强，公共场所损害赔偿额的急剧上升，公众责任保险已经成为公众活动场所、企业、其他团体的重要保障机制。

（3）在职业责任方面。1885年第一张职业责任保单问世，承保药剂师过失责任。19世纪末期，医生职业责任保险产生。1923年，会计师职业责任保险产生。目前，在发达国家的保险市场上，职业责任保险已经涵盖了医生、护士、药剂师、美容师、律师、会计师、公证人、建筑师、工程师、房地产经纪人、保险经纪人和代理人、公司董事和高级职员、教育工作者、情报处理者等数十种不同的行业。职业责任保险在发达国家的保险市场占据了十分重要的地位。

（4）在产品责任方面。该险种起始于1910年的有毒物品责任保险，主要承保的是与人身体健康有直接关系的产品，如食品、药品等。随着科学技术的快速发展，产品开发和使用过程中的风险也在不断增加，产品缺陷等不安全因素不断增加。产品责任险的承保范围也逐渐扩大到轻纺、机械、石油、化工、电子等行业。20世纪60年代以来，产品责任保险开始迅速发展起来。

（5）在环境责任方面。随着社会经济的发展，环境污染重大事故也不断出现，环境责任保险应运而生。环境污染的后果往往极为严重，给人身、财产、环境和自然资源造成重大损害。环境污染的受害人数众多、赔偿数额巨大。在这种情况下，环境污染责任保险成为各国通过社会化途径解决环境损害赔偿问题的主要方式之一。1988年，美国成立了专门的环境功能保护保险公司，承保被保险人因渐发、突发、意外的污染事故而造成的损失。目前，环境责任保险在西方发达国家已经有了较为成熟的发展，美国、德国、瑞典甚至将其纳入强制责任保险的范畴。

20世纪70年代以后，责任保险在工业化国家进入了黄金发展期。在这个时期，首先是各种运输工具的第三者责任保险得到了迅速发展，其次是雇主责任保险成了普及化的责任保险险种。责任保险承保的领域不断扩展，形成了门类齐全、险种多样、专业性强的责任保险体系。美国的责任保险市场份额在20世纪80年代前后就占整个非寿险业务的45%左右；在英、德等欧洲保险发达国家，这个比例大概在30%左右。

从总体来看，责任保险是在挫折中不断发展和完善的。在英美法系国家，责任保险更经历了若干次发展危机。

（二）国外责任保险危机的发生

20 世纪 70 年代以后，在一些国家，特别是英美法系国家，多次发生责任保险危机，严重阻碍了责任保险的发展。责任保险危机主要表现为：责任人的民事责任不断增加，法院裁判的赔偿金额大幅上涨，保险赔款惊人地增长，保险公司不得不大幅提高责任保险费率，甚至退出个别责任保险市场，进而导致投保人难以获得赔偿或者需要极高的代价才能获得赔偿。责任保险危机在产品责任保险、医疗责任保险及董事责任保险等方面表现尤为突出。

1. 产品责任保险危机

20 世纪七八十年代，美国产品责任逐步向绝对责任发展，产品生产商、销售商对因产品缺陷对消费者所造成的损害负有绝对的赔偿责任，产品责任诉讼数量有了很大的增长，原告胜诉率逐渐增加，赔偿数额也发生了爆炸性的扩张。20 世纪 70 年代中期，许多制造商的保险费增加了 2 倍或 3 倍，有的甚至增加了 10 倍。此后，在 1984—1986 年，保险费又连续上涨了 3 倍，加上保险人大幅度缩小了可保范围，制造商怨声载道，产品责任保险曾一度面临毁灭性灾难。

2. 医疗责任保险危机

在美国，1976—2000 年，由于法院对医疗事故受害人的过分保护，医疗赔偿费用大幅上升，保险赔款支出不断增长，因此保险公司不断提高费率水平，或者退出医疗责任保险市场。据统计，这段时期全美医疗责任保险的平均费率上升 505%。

3. 董事责任保险危机

20 世纪 80 年代中期，美国出现了董事责任和高级职员责任保险危机，由于法院判决了众多的高额赔偿案件，保险公司为了弥补亏损，不得不大幅提高费率，保险市场发生了剧烈的变化。21 世纪以后，美国的安然、世界通信等公司在证券市场上有严重的虚假陈述、欺诈等行为，引发证券投资者对企业及其董事、高级职员的新一轮诉讼，董事和高级职员责任保险再一次陷入危机。

英美法系国家责任保险危机的发生的内在原因主要包括以下几个方面：

第一，英美法系国家独有的诉讼文化。诉讼对于他们来讲并不只是利益之争，还包括对价值观的维护及对权利的追求，这种观念深入人心。20 世纪后半叶以来，英美法系国家司法的社会功能不断增强，通过审判确认的权利和损害赔偿责任的无限扩大刺激了诉讼的进一步增长，出现了所谓的“诉讼爆炸”，即诉讼数量多、赔偿额大。保险公司的赔付额越来越高，导致了责任保险危机的发生。

第二，民事责任无限扩大化。无过错责任制度的泛化和高额的惩罚性赔偿金制度是责任保险危机发生的根本原因。无过错责任制度与惩罚性赔偿金制度的存在，往往使法院倾向于支持受害者高额的赔偿请求。在裁判过程中，法官和陪审团更多地考虑保险因素，如果加害人购买了保险，则所判决的赔偿金额也高，这样虽然能够更好地保护受害人的利益，却过分加重了责任人的负担，进而加重了保险人的负担，造成了责任保险危机的发生。

第三，保险公司经营管理不善。由于责任保险经营所具有的特点，从保险人承保开始到事故发生，往往间隔数年之久，这就对保险公司的经营管理提出了相当高的要求。很多保险公司在经营责任保险的过程中，存在对风险估计不充分，对承保和理赔控制不严、投资不善、再保险安排不当、准备金提取不足等问题。这也是造成责任保险危机的重要因素。

相比较而言，大陆法系国家的无过错责任和惩罚性赔偿金制度适用范围有限，法律责任风险也相对有限，缺乏大范围责任保险危机发生的社会和法律环境。因此，英美法系国家的大规模责任保险危机，很少在大陆法系国家发生。

二、我国责任保险的发展概况

（一）我国责任保险的发展历史

在我国，20 世纪 50 年代初期，中国人民保险公司曾经举办过汽车、飞机附加第三者责任保险和船舶碰撞责任保险，但由于人们对责任保险存在认识上的误区，认为责任保险“弊多利少，副作用大”，责任保险不得不停办。

20 世纪 70 年代初，为满足外国驻华机构、人员的需要，我国恢复了涉外保险业务，承保各国驻华使馆工作人员等外国人拥有的汽车及其相关责任风险。20 世纪 70 年代末，为了适应出口产品的需要，我国配套设置了产品责任保险。可以说，在 1979 年以前，责任保险并未作为一项专门的业务展开，附加责任保险的业务量也相当少。

1980 年，恢复开办国内保险业务以后，首先开展的责任保险业务是机动车辆第三者责任保险。由于社会环境等种种因素，其他责任保险业务仍然只在涉外经济领域发展。

据统计，1981 年我国已经开办的以附加条款承保的责任保险有机动车辆第三者责任保险、承运货物运输责任保险、公众责任保险、雇主责任保险、产品责任保险、展览会责任保险、修船责任保险、海上石油开发第三者责任保险等。1984 年，人保武汉市分公司出具了国内第一张责任保险保单——承保“荷花”牌洗衣机产品责任保险和产品质量保证保险，这标志着我国独立承保的责任保险险种诞生。20 世纪 80 年代末期，责任保险才开始进入国内市场非涉外经济领域，中国人民保险公司开始试办国内独立的责任保险业务，如产品责任保险、医疗责任保险等，责任保险作为一类独立的责任保险业务渐成雏形，并从此进入前所未有的发展时期。

责任保险在我国开办的历史虽然不长，但已有长足的发展。从责任保险的供给主体来看，不仅有中资还有外资财产保险公司经营责任险业务，2007 年成立了一家专门经营责任保险业务的公司——长安责任险公司，经营主体多元改变了恢复国内保险业务之初只有中国人民保险公司一个供给主体提供责任保险的局面。从责任保险的险种来看，各保险公司开办了公众责任保险、雇主责任保险、产品责任保险、职业责任保险等责任保险险种，并且在每个大的险种之下，推出了一些适应当前人们生产和生活需要的新的险别或附加险，如公众责任保险从最初的展览会责任保险、旅馆责任保险等几个有限的险别，发展到目前的校方责任保险、物业管理责任保险、环境污染责任保险、火灾公众责任保险、机动车辆停车场责任保险、个人职业责任保险等多个险别，附加险也从随之增加。从法治环境的完善上看，《中华人民共和国产品质量法》《中华人民共和国消费者权益保护法》《医疗事故处理条例》《中华人民共和国道路交通安全法》《最高人民法院关于审理人身损害赔偿案件适用法律若干问题的解释》《中华人民共和国海洋环境保护法》《中华人民共和国煤炭法》《中华人民共和国建筑法》《机动车交通事故责任强制保险条例》《中华人民共和国内河交通安全管理条例》《中华人民共和国海洋石油勘探开发环境保护管理条例》《中华人民共和国道路运输条例》《中华人民共和国劳动法》《中华人民共和国民法典》等几十部关于损害赔偿的法律法规、条例大大促进了我国责任保险的发展。可以看出，责任保险已经逐步渗透到经济生活的各个领域，促进了社会的进步和发展，发挥了维护社会稳定的作用。因此，我国责任保险市场发展潜力很大，是保险业中的“朝阳产业”。

（二）我国责任保险市场发展的特点

我国责任保险市场的发展过程中，主要呈现如下特点：

（1）责任保险业务的发展规律和轨迹大体上与其他国家相同。首先是从运输工具第三者责任保险和公众责任保险开始，然后是雇主责任保险和产品责任保险，逐步向职业责任保险等其他责任保险领域延伸。

（2）责任保险业务与法治化建设程度密切相关。国家法律法规的颁布实施对责任保险的发展影响极大。例如，《医疗事故处理条例》的颁布极大促进了医疗责任保险的发展。

（3）责任保险整体表现为供给不足、发展略显滞后。纵观我国保险市场，竞争日趋白热化，但是与其他险种相比，责任保险的市场竞争激烈程度要低得多。到目前为止，责任保险尚未成为一个独立的市场体系，绝大多数的业务是从属于传统业务的。

（4）责任保险发展速度快，发展潜力大。随着大众风险和责任意识的增强，责任保险市场的需求进一步被激发，责任保险业务的产品越来越丰富，占财险市场保费规模的比重也逐年上升，从 2012 年的 3.32%上升到 2022 年的 7.45%，成为财险市场的第四大险种。

（三）制约我国责任保险市场发展的成因及发展对策

我国责任保险发展滞后的主要原因如下：

（1）法治化程度有待提升。责任险的发展与一国法律的发展密切相关。法治环境是制约责任保险发展的主要因素之一。目前，我国相关法律法规不够细化，这造成实际生活中部分损害责任认定不清，导致部分责任保险的开展不具备必要的法治条件。

（2）责任保险经营技术落后，缺乏专业技术人才。国内的各主要保险业务的费率都不是运用数理统计方法测算出来的，而是根据经验和市场竞争情况确定的。这样的费率无法反映标的的风险状况，保险公司也无法有效地控制风险。由于没有科学的风险评估手段，对风险较小的标的，本来可以以较低费率承保，却因为与标准费率相差太大而不敢承保；而对于风险较高的标的，却因为无法评估或竞争需要，而盲目以低费率承保，造成亏损。

（3）各保险从业主体对业务发展模式存在困惑。责任保险从总体上属于高风险、高技术性业务，需要保险从业主体努力发展风险管理技术、完善风险选择和控制手段。但是，近年来，不成熟的保险中介市场迅速发展，尤其是保险经纪人的出现给保险公司带来了压力。一方面，经纪人代表被保险人的利益和保险人讨价还价，降低了保险人的利润空间；另一方面，经纪人和代理人共同活跃了市场，为保险公司的经营提供了更广泛的业务来源，但弱化了保险公司采取风险管理措施的手段。是借助中介市场发展，还是坚持走自己的路，这是责任保险发展面临抉择的问题。但是几乎所有保险公司在这方面存在两难的选择，如果借助中介发展业务，则容易丧失业务主动权，不利于履行风险管理职能，更谈不上什么社会管理目标了；如果坚持自主经营，由于责任保险大多属于分散性业务，通过业务人员直销，则经营成本过高。

（4）再保险等风险分散渠道成本过高。保险公司在承保了高风险的责任保险业务以后，根据自身承保能力需要办理再保险。但是国内的再保险公司对责任保险的高风险性存在顾虑，且其再保险业务技术支持的发展也不充分。因此，国内的保险公司通常选择国际市场上知名的再保险公司，办理责任保险等高风险业务的再保险。“安然事件”以后，国际再保险市场受到较大冲击，呈现出紧缩高风险业务承保能力的趋势。这种情况直接体现为分保费率的上涨和分保条件的严格化，进而使国内的保险公司只能相应提高承保费率和承保条件，否则高风险业务就无法分散风险。这种情况直接导致国内市场对责任保险的供给进一步压缩，需求受到抑制。

虽然，当前我国的责任保险市场发展相当滞后，但随着人们的法律意识的增强，司法体制的完善，责任保险市场的发展潜力也十分巨大。根据我国责任保险发展的特点以及制约我国责任保险发展的因素，结合我国的实际情况，可以从宏观和微观层面着手，促进我国责任保险的快速发展。具体来说，从宏观层面来看，政府通过立法和行政手段，细化法规，为责任保险的发展营造一个良好的法治环境；行业监管部门和行业协会，应积极参与法治建设，注重引导市场需求，为责任保险的发展创造一个良好的市场环境。从微观层面来看，一方面，保险公司要充分认识到责任保险市场的发展潜力，在公司内部加强有关责任保险的研究和开发，积极借鉴国外的成功经验，引进比较成熟的险种和经营方式，根据客户的不同需求进行改造，分类别、分步骤开发责任保险；另一方面，有关机构应多渠道进行法治宣传，增强公民的法律意识和维权意识。

本章小结

（1）民事责任是指民事主体不履行或者不完全履行民事义务应当依法承担的不利后果。一般来说，民事责任包括缔约过失责任、违约责任、侵权责任。

（2）侵权行为是民事主体违反民事义务，侵害他人合法的民事权益，依法应承担法律责任的行为。

（3）一般侵权责任构成要件有四个：①行为的违法性；②有损害结果；③侵权行为与损害结果具有因果关系；④行为人主观上有过错。

（4）侵权责任的归责原则有过错责任原则、无过错责任原则、公平责任原则。

（5）责任保险是指以被保险人对第三者依法应负的赔偿责任为保险标的的保险，通常分为公众责任保险、产品责任保险、雇主责任保险、职业责任保险和其他责任保险。

（6）责任保险具有以下特点：以民事法律制度建立与完善作为其产生与发展的基础，直接保障被保险人、间接保障受害人，以赔偿限额确定保险责任，赔偿处理方式的特殊性，以期内发生式和期内索赔式作为承保基础等。

本章关键词

民事责任　违约责任　侵权责任　责任保险　赔偿限额　期内发生式
期内索赔式

本章思考题

1. 请分析比较合同责任、侵权责任、违约责任的异同。
2. 侵权行为的特征是什么？
3. 侵权行为的归责原则有哪些？
4. 一般侵权责任的构成要件有哪些？
5. 责任保险的标的是什么？该险种有哪些特征？
6. 请分析期内发生式和期内索赔式的优缺点及适用的险种。

第九章
责任保险（二）

章首语：

根据《责任保险统计制度（试行）》（2016）的规定，责任保险分为公众责任保险、雇主责任保险、职业责任保险、产品责任保险和其他责任保险五类，每一类又分为众多责任险险种。本章介绍了五类责任保险的含义、特征、主要险种、保险责任等内容。通过本章的学习，学生能更直观、具体、深入地了解每类险种。

第一节　公众责任保险

一、公众责任

公众责任又称公共责任或综合责任，是指公民或法人因自身的疏忽或过失而发生意外，造成他人人身伤害或财产损失而依法应当承担的经济赔偿责任。公众责任有两个特征：第一，致害人所损害的对象不是事先特定的群体或个人；第二，损害行为是对社会大众利益的侵犯。由于责任人的行为损害了公众利益，因此这种责任被称为公众责任。

公众责任损失风险是指致害方对受害方的财产损失或人身伤害负有法律责任的可能性，这种风险普遍存在。无论是在商场、旅馆、展览馆、动物园、影剧院、运动场所、医院、宾馆、娱乐场所等各种公众活动场所营业期间，或者在企业厂区、办公楼等一些非公众活动场所工作期间，或者在建筑、安装工程施工期间，或者在承运人运输承运货物期间，甚至在个人住宅和个人日常活动中都会面临公众责任损失风险。这些场所的所有者、经营管理者等均有可能因意外事故的发生，造成他人的人身伤害或财产损失，而必须依法承担相应的民事损害赔偿责任。

公众责任的构成以在法律上负有的经济赔偿责任为前提，其法律依据是各国的民法及各种有关的单行法规制度。我国《民法典》第一千一百七十九条和第一千一百八十二条分别对侵害他人造成人身损害和侵害他人人身权益造成财产损失的损害赔偿进行了详细的规定。

随着经济的快速发展，法治的逐步健全和完善，公众索赔意识的增强，各企事业单位、机关团体和个人在生产经营活动和日常活动中所面临的公众责任损失风险不断加大，赔偿金额不断上升，客观上需要一种风险分散和转嫁机制，使风险和损失最小化，这为公众责任保险的产生和发展奠定了基础。

二、公众责任保险概述

（一）公众责任保险的含义

公众责任保险（public liability insurance）一词来源于英国，在美国一般被称为一般责任保险（general liability insurance）。在我国，公众责任保险又称为普通责任保险或综合责任保险，它是责任保险中一项独立的、适用范围较广的险种。

公众责任保险的界定有广义和狭义之分。广义的公众责任保险几乎承保所有的损害赔偿责任，如英美保险市场的公众责任保险承保了除雇主对雇员的责任以及因拥有或使用汽车、飞机或船舶而产生的责任之外，个人或企业所面临的全部责任风险。狭义的公众责任保险以被保险人的公众责任为承保对象，主要承保企事业单位、社会团体、个体工商户、其他经济组织及自然人在保险单明细表中列明的地点范围内依法从事生产经营活动或其他活动因意外事故发生造成他人（第三者）人身伤亡或财产损失，依法应由被保险人承担的民事赔偿责任。在我国，公众责任保险通常是指狭义的公众责任保险。本节主要介绍狭义的公众责任保险。

（二）公众责任保险的特点

公众责任保险的特点如下：

（1）公众责任保险的保险人只承担被保险人在保险单明细表中列明的地点范围所发生的损害事故依法应该承担的经济赔偿责任。对超出固定场所范围所造成的被保险人的经济和赔偿责任，保险人一般将其作为除外责任。

（2）由于限定了损害事故发生的场所，所以公众责任保险的受害人不是特定的群体，而是进入固定场所的任何人。因此，从这个意义上说，其受害人的范围比产品责任保险（受害人大多是产品的直接消费者或用户）、雇主责任保险（受害人仅限于与雇主有雇佣关系的雇员）以及职业责任保险（受害人一般是接受职业技术服务的特定对象）的受害人的范围更加广泛。

（3）产生这种法律赔偿责任的原因可以是侵权责任造成的，也可以是合同（契约）责任造成的。通常，公众责任承保的合同责任需要进行特别的约定。

在公众责任保险中，保险人主要承担三部分责任：①被保险人造成第三者人身伤亡或财产损失时，依法应该承担的经济赔偿责任；②被保险人因保险事故而被提起仲裁或者诉讼时，事先经保险人书面同意的诉讼或仲裁费用；③发生保险事故后，被保险人为防止或减少对第三者人身伤亡或财产损失的赔偿责任所支付的必要的、合理的费用。

公众责任险以被保险人的公众责任为承保对象，适用于工厂、办公楼、旅馆、住宅、商店、医院、学校、影剧院、展览馆等各种固定的场所。

三、公众责任保险主要的险种

由于意外事故造成的公众损害日趋严重以及公众索赔意识的增强，公众责任保险得到了迅猛发展，种类不断增加，成为责任保险中适用范围最广的一个险种。通常情况下，公众责任保险主要的险种包括：商业综合责任保险、场所责任保险、承包人责任保险、承运人责任保险、个人责任保险等。除上述几种主要险种外，公众责任保险还包括油污责任保险、核责任保险、飞机表演责任保险、马戏表演责任保险、野外作业责任保险以及房屋主责任保险等。这些险种一般是在公众责任保险的基础上按被保险人的具体需要适当加贴补充条款的方式承保。以下是几种主要的公众责任保险种类。

（一）商业综合责任保险

商业综合责任保险是一种综合性责任保险，它承保被保险人在民事活动行为中因疏忽而造成第三方人身伤害或财务损失，依法应承担的经济赔偿责任。从欧美保险市场的经营实践来看，保险人在经营该种保险中除承担一般公众责任保险所面临的风险外，还承担着包括合同责任、产品责任、业主及工程承包人的预防责任、完工责任及个人伤害责任等风险。因此，它是一种以公众责任为主要保险风险的综合性责任保险。

（二）场所责任保险

1. 场所责任保险的概念

场所责任保险承保固定场所（包括房屋、建筑物及其设备、装置等）因存在结构上的缺陷或管理不善，或被保险人在保险场所内进行生产经营活动时因疏忽发生意外事故，造成他人的人身伤亡或财产损失而应承担的经济赔偿责任。

场所责任保险是公众责任保险的主要业务来源，也是我国公众责任保险的主要险种，广泛适用于学校、办公楼、工厂、商场、酒店、展览馆、游乐场、影剧院、公园、动物园等各种公共场所以及生产经营场所，但对于私人住宅内引起的第三者损害的经济赔偿责任则不适用，因为该项责任属于个人责任，应该在个人责任保险单中承保。

在保险实务中，场所责任保险可以根据场所不同划分为若干个具体的险种，如展览会责任保险、电梯责任保险、校方责任保险、旅行社责任保险、机动车辆停车场责任保险、物业管理责任保险等。场所责任保险的承保方式多元，可以以独立的场所责任保险承保，也可以在公众责任保险的基础上以附加险形式承保，甚至可以通过公众责任保险的条款来承保。

2. 场所责任保险的责任范围

场所责任保险的保险责任除特定业务以外，均适用公众责任保险中的保险责任的规定，但在除外责任方面，除公众责任保险的一般除外责任外，基于自身性质有一些特殊规定的除外责任：

（1）承包人在被保险场所内进行修理、重建或拆毁作业时造成他人的损害。因为该项责任属于承包人责任，承包人可以通过投保承包人责任保险获得保障。

（2）被保险人所有、使用、操作或维修的飞机、机动车辆、船舶造成对他人的损害。因为该项责任属运输工具第三者责任，只能在运输工具第三者责任保险项下承保，但娱乐场所内的船舶、单轨车辆等造成的损害事故，仍属场所责任保险的范围。

（3）被保险人饲养的动物造成的损害事故，但动物园的动物例外。

（4）任何工业或家用水管、排水管、空调、消火栓等装置漏气、漏水引起的损害事故，但经特别约定，此项责任可以在场所责任保险内扩展承保。

（5）通过屋顶、门窗或通风装置进入房屋、建筑物内的雨、雪所造成的损害事故。

（6）售出的商品、食物、饮料造成的损害事故。因为该责任属于产品责任事故，应在产品责任保险项下承保。

在上述除外责任中，很多是从承保风险的角度进行剔除的（如承包人责任、产品责任等），因为这些风险已经被其他保单承保了。当然，这些风险也可以通过支付附加保费的形式通过增加附加保单来承保。

3. 场所责任保险的主要险种

（1）展览会责任保险。

展览会责任保险承保被保险人或其雇请人员在保单载明的展览场所进行展出工作、装卸展品、运转机器以及其他与展览相关的活动中，因过失、疏忽行为所引起财产损失或人身伤害，依法应由被保险人承担的经济赔偿责任。依法或依规取得承办展览会资格的机构、团体、个人均可作为展览会责任保险的投保人、被保险人。

展览会责任保险的责任限额可以根据被保险人的要求和展览会的性质、内容、展品、展出方式，以及展览场所的结构、价值、可能参观的人数、对象等综合考虑分项（如展览场所、第三者人身伤害、第三者财产损失）确定，并须在保险单上注明。保险责任期限一般为整个展览期间。

展览会责任保险的保险费率除依其责任限额确定以外，还要考虑展览会的内容、展品的性质、展出单位的组织管理水平和同类业务的经营经验等因素。待确定适当保险费率后，保险人即按下列情况分别计算：

①对展览场所造成损坏的赔偿责任，按展览场所（如展览馆）的价值及规定的适用费率计算，收取保险费。

②对第三者造成损害（包括人身伤害和财产损失）的赔偿责任，按保险双方商定的责任赔偿限额及适用费率计算，收取保险费。

③上述两项保险费之和，即展览会责任保险的应收保险费。如果被保险人是用自己所有的场所进行展览或仅投保对公众的损害责任，则仅收第二项保险费。无论采用哪种方式，均应一次性计收全部保险费。

（2）电梯责任保险。

2018 年 2 月 1 日，国务院办公厅印发《关于加强电梯质量安全工作的意见》，要求积极发展电梯责任保险。电梯责任保险承保在保险期间及保单列明地址的电梯或升降机由于被保险人的疏忽过失、管理不善等发生意外事故造成第三者的人身伤亡或财产损失，经国家有关行政部门组成的电梯事故调查组认定，该事故属于电梯安全责任事故，依法应由被保险人承担的经济赔偿责任。电梯的所有权人、使用权人、使用管理单位、运营使用单位、维修保养单位或其他对被保险电梯具有保险利益的个人、企事业单位、国家机关、社会团体及其他组织，均可作为电梯责任保险的投保人、被保险人。经国家特种设备安全监督管理部门核准的特种设备检验检测机构检验，依法取得使用登记标志、定期检验标志并在检验有效期内的电梯或升降机属于该险种保障的电梯范围。

电梯责任的保险费除按赔偿限额确定以外，还要考虑电梯的坐落地址、使用性质、投入使用的时间、运行速度、乘客人数、楼房层数、电梯中是否安装有应急装置、电梯是否有专人驾驶，以及是否定期对电梯进行检查、保养、维修等因素。

（3）校方责任保险。

校方责任保险承保在保险期间，在被保险人组织实施的教育教学活动或由被保险人组织实施的校外活动中，以及在被保险人负有管理责任的校舍、场地、其他教育教学设施和生活设施等管理范围内发生的，造成在册学生人身伤害，依法应由被保险人承担的经济赔偿责任。凡取得合法资格的教育机构，均可作为校方责任保险的投保人、被保险人。教育机构是指由国家或社会力量举办的全日制普通中小学校（含特殊教育学校）、中等职业学校、高等学校和幼儿园。

校方责任险的保险期间为一学年，从每年的9月1日零时起至次年的8月31日24时止。投保人和被保险人需要在约定的开学后日期内向保险人提交全部在册学生名单。若在保险期间，被保险人的信息及在册学生发生变动时，投保人和被保险人应及时通知保险人并办理有关批改手续。

赔偿限额包括每次事故赔偿限额、每人人身伤亡赔偿限额、每次事故抢险救援费用赔偿限额、每次事故调查勘验费用赔偿限额、累计赔偿限额，由投保人与保险人协商确定，并在保险合同中载明。

保险人的赔偿以下列方式之一确定的被保险人的赔偿责任为基础：①被保险人和向其提出损害赔偿请求的受害学生或其监护人协商并经保险人确认；②人民调解委员会调解；③仲裁机构裁决；④人民法院判决；⑤保险人认可的其他方式。

（4）旅行社责任保险。

旅行社责任保险承保在保险期间，被保险人在接待境内外旅游者时，因疏忽或过失造成旅游者的人身伤亡或财产损失，依法应由被保险人承担的经济赔偿责任。凡依法设立并登记注册、合法经营的旅行社，均可作为旅行社责任保险的被保险人。

《中华人民共和国旅游法》第五十六条规定：“国家根据旅游活动的风险程度，对旅行社、住宿、旅游交通以及本法第四十七条规定的高风险旅游项目等经营者实施责任保险制度。”

旅行社责任保险的赔偿限额包括每次事故赔偿限额、每次事故每人赔偿限额、每人人身伤亡赔偿限额、每人医疗费用赔偿限额、每人财产损失赔偿限额和累计赔偿限额，由投保人与保险人协商确定，并在保险合同中载明。

（5）机动车辆停车场责任保险。

机动车辆停车场责任保险承保在保险单明细表中列明的、由被保险人所有或经营的机动车辆停车场内行驶或停放的汽车，在保险期间，因被保险人或其雇员的过失造成损失，依据中华人民共和国法律应由被保险人承担的经济赔偿责任。

（6）物业管理责任保险。

物业管理责任保险承保在保险期间，被保险人在保单列明的物业管理区域内从事物业管理工作过程中，因过失造成第三者财产损失或人身伤害，依法应由被保险人承担的经济赔偿责任。凡取得物业管理资质证书并依法在工商行政管理部门登记注册的物业管理者，均可作为物业管理责任保险的投保人、被保险人。

（7）食品安全责任保险。

《中华人民共和国食品安全法》第四十三条规定："地方各级人民政府应当采取措施鼓励食品规模化生产和连锁经营、配送。国家鼓励食品生产经营企业参加食品安全责任保险。"

2019 年 5 月，《中共中央 国务院关于深化改革加强食品安全工作的意见》发布，其中明确提出："因食品安全问题造成损害的，食品生产经营者要依法承担赔偿责任。推进肉蛋奶和白酒生产企业、集体用餐单位、农村集体聚餐、大宗食品配送单位、中央厨房和配餐单位主动购买食品安全责任保险，有条件的中小企业要积极投保食品安全责任保险，发挥保险的他律作用和风险分担机制。"

食品安全责任保险是承担食品生产经营者民事赔偿责任的一种保险，在发生食品安全事故时，可以为食品生产经营者承担风险，保护消费者权益。食品安全责任保险承保在保险期间或保险合同载明的追溯期内，被保险人在保险合同里列明的经营场所内生产、销售食品，或者现场提供与其营业性质相符的食品时，因疏忽或过失致使消费者食物中毒或其他食源性疾患，或因食物中掺有异物造成消费者人身伤亡或财产损失，受害人或其代理人在保险期间首次向被保险人提出损害赔偿请求，依法应由被保险人承担的经济赔偿责任。食品生产企业、食品销售企业、食品加工企业、食品运输企业等均可作为该险种的被保险人。

（8）养老机构责任保险。

养老机构责任保险是为保障老年人入住养老机构发生风险时的合法权益，降低养老机构运营风险，强化养老机构风险管理，构建养老服务业风险分担机制，而设计开发的专属保险产品。《中华人民共和国老年人权益保障法》第四十九条规定："国家鼓励养老机构投保责任保险，鼓励保险公司承保责任保险。"

养老机构责任险承保在保险期间或保险合同载明的追溯期内，被保险人在保单中列明的区域范围内依法从事养老服务活动时，因疏忽或过失造成服务对象遭受人身伤害，由受害人或其代理人在保险期间首次向被保险人提出损害赔偿请求，依法应由被保险人承担的经济赔偿责任。凡取得合法资格的养老机构均可作为被保险人。

（9）学生实习责任保险。

实习教学是加强专业知识教育，增加学生的感性认识，培养学生实践能力、创新能力的重要综合性训练环节，是整个教学过程的重要组成部分，并且有一定的学分要求。如何保障实习生安全是高校和实习单位共同关心的一个问题。实习责任保险有利于转嫁高校赔偿责任，降低用人单位负担，保障实习学生权益，从而解决学生实习过程中的后顾之忧，促进实习教学活动的顺利开展。

2017 年 4 月，国务院办公厅发布《关于加强中小学幼儿园安全风险防控体系建设的意见》，提出："有条件的地方，可以积极探索与学生利益密切相关的食品安全、校外实习、体育运动伤害等领域的责任保险，充分发挥保险在化解学校安全风险方面的功能作用。"2017 年 12 月，国务院办公厅发布《关于深化产教融合的若干意见》，提出："加快发展学生实习责任保险和人身意外伤害保险，鼓励保险公司对现代学徒制、企业新型学徒制保险专门确定费率。"2018 年 2 月，教育部等六部门印发《职业学校校企合作促进办法》，其中第二十七条提出："推动建立学生实习强制保险制度。职业学校和实习单位应根据有关规定，为实习学生投保实习责任保险。职业学校、企业应当在协议中约定为实习学生投保实习责任保险的义务与责任，健全学生权益保障和风险分担机制。"

学生实习责任保险承保在保险期间，被保险人的注册学生在实习期间，因实习工作发生意外事故造成伤残或死亡，依法应由被保险人承担的经济赔偿责任。凡经相关政府部门依法批准设立的初等、中等、高等学校、有关教育培训机构、学生实习管理机构等，均可成为该险种的被保险人。

（10）物流责任保险。

根据由国家市场监督管理总局、国家标准化管理委员会联合发布的《物流术语》（GB/T 18354—2021）中的定义，物流是指根据实际需要，将运输、储存、装卸、搬运、包装、流通加工、配送、信息处理等基本功能实施有机结合，使物品从供应地向接收地进行实体流动的过程。物流企业是指从事物流基本功能范围内的物流业务设计及系统运作，具有与自身业务相适应的信息管理系统，实行独立核算、独立承担民事责任的经济组织。物流企业在经营过程中涉及运输、储存、装卸、配送等众多环节，货物损失的原因颇多。当货物发生损失时，物流企业作为受托人对委托人依法承担赔偿责任。在物流服务中，货物发生损失导致第三者损害时，物流企业作为侵权人依法应对第三者承担相应的赔偿责任。

物流责任保险是以物流企业对外应承担的赔偿责任作为保险标的，承保物流企业在经营物流业务过程中造成物流货物的损失，依法应承担赔偿责任的一种责任保险。保险人一般采用期内发生式承保。物流责任保险有利于解决物流企业投保仓储货物困难、投保货物运输保险不能转移承运人责任、承运人责任保险保障的业务环节单一等问题。

（三）特定责任产品

特定责任产品仅保障特定原因造成的被保险人应承担的公众责任，比如环境污染责任保险、火灾公众责任保险等。

1. 环境污染责任保险

《中华人民共和国环境保护法》第二条规定："本法所称环境，是指影响人类生存和发展的各种天然的和经过人工改造的自然因素的总体，包括大气、水、海洋、土地、矿藏、森林、草原、湿地、野生生物、自然遗迹、人文遗迹、自然保护区、风景名胜区、城市和乡村等。"因污染环境和破坏生态造成损害的，应当依照《中华人民共和国侵权责任法》的有关规定承担侵权责任。

环境污染责任保险承保在保险期间或保险单载明的追溯期内，被保险人在保险单载明的生产经营场所内依法从事生产经营活动时，突发意外事故导致污染物释放、散布、泄漏、溢出或逸出，经发生地县级以上环境保护主管部门或其授权的机构依法认定为环境污染事故，造成保险单载明的承保区内的第三者人身伤亡或直接财产损失，由第三者在保险期间首次向被保险人提出损害赔偿请求，依应由被保险人承担的经济赔偿责任。

环境污染责任保险在各个国家的具体名称有所不同：英国称之为环境损害责任保险和属地清楚责任保险，美国称之为污染法律责任保险。

当前，我国一些地方的工业企业污染事故频发，严重污染环境，危害人民群众身体健康和社会稳定，特别是一些污染事故受害者得不到及时赔偿和有效保护，引发了很多社会矛盾。有关部门、机构运用保险工具，以社会化、市场化途径解决环境污染损害，运用市场机制和经济手段来转移环境污染风险，有利于促使企业加强环境风险管理，减少污染事故发生；有利于迅速应对污染事故，及时补偿、有效保护污染受害者权益；有利于借助保险“大数法则”，分散企业对污染事故的赔付压力。

2. 火灾公众责任保险

火灾公众责任保险承保在保险期间，被保险人在保险单载明的营业场所内合法从事生产、经营活动时，因该场所内发生火灾、爆炸造成第三者人身伤亡，依法应由被保险人承担的经济赔偿责任。凡依法设有合法经营场所的企事业单位、社会团体、个体工商户及其他经济组织，均可作为火灾公众责任保险的被保险人。

《国务院办公厅关于印发消防安全责任制实施办法的通知》中提出：“容易造成群死群伤火灾的人员密集场所、易燃易爆单位和高层、地下公共建筑等火灾高危单位，应参加火灾公众责任保险。”

（四）承包人责任保险

1. 承包人责任保险的概念

承包人责任保险承保承包人在进行承包（揽）合同项目下的工程或其他作业时，造成他人的人身伤亡或财产损失，依法或按照合同的约定应承担的经济赔偿责任。其中，承包人是指承揽各种建筑工程、安装工程、装卸作业，以及从事加工、定做、印刷、测试、修缮、设计、测绘、广告等业务的法人或自然人，如建筑公司、安装公司、装卸队、修缮公司等。

承包人责任保险主要包括建筑安装工程承包人责任保险和修船责任保险。

2. 承包人责任保险的特点

承包人的责任产生于承包人所从事的受托工作过程中。虽然行为人是承包人，但与之联系的是发包人或委托人的工程项目或加工作业等活动。

若一个工程项目由多个承包人承包，保险人仅承担被保险人应负责的赔偿份额；若承包人之下有分承包人，被保险人可以扩展至分承包人，并受交叉责任条款制约。

3. 承包人责任保险的保险费

承包人责任保险的保险费率，主要以不同性质的承包作业和承包价格来分别确定，如分为建筑工程承包人、安装工程承包人、装卸或搬运作业承包人、修理（缮）作业承包人、加工承揽作业承包人等或分为法人单位与个体经营者等。然后，保险人根据承包作业的具体对象调查、评估风险责任，再参照承保这种业务的财产保险（如机器损坏保险、建筑工程保险、安装工程保险、普通财产保险等）的费率，科学计算出承包人责任保险的费率。

一般来说，保险人对于下列情况往往采取较优惠的费率予以承保：

（1）巨额承包或加工承揽合同；

（2）信誉好的承包人或加工承揽人；

（3）有防护措施的地下工程；

（4）对地下财产，如水、气管道的损失不负责的地下工程；

（5）经验丰富、技术优良、安全管理到位的承包人或加工承揽人。

4. 承包人责任保险的保险期限

承包人责任保险一般采用工期保险单，保险期限为从承包作业的开工之日起，至完工之日止。加工及其他承揽作业也采用定期保险单，具体规定应根据承包作业规模及其连续性等确定。

（五）承运人责任保险

1. 承运人责任保险的概念

承运人责任保险承保承运人（被保险人）对承运对象（包括旅客或货物）在运输过程中因疏忽或过失造成的人身伤亡或财产损失，依法应承担的经济赔偿责任。其中，承运人是指根据运输合同、规章或提货单的条款等与发货人或乘客建立承运关系，并承担客户、货物运输义务的单位或个人，如民用航空公司、出租车公司、铁路局、汽车运输公司等。

承运人责任保险合同承保的标的是合同责任，这是其与货物运输保险合同和财产保险合同根本区别之处。

由于运输对象有客、货之分，运输方式又分为直达和联运，运输工具有飞机、火车、汽车、船舶等，因此承运人责任保险需要根据不同的运输工具、运输对象设计不同的险种，常见的险种有旅客责任保险、承运货物责任保险、运送人员意外责任保险等。

2. 承运人责任保险的几个主要的险种

（1）旅客责任保险。

旅客责任保险承保在保险期间，旅客在乘坐被保险人提供的交通工具的途中遭受人身伤亡或财产损失，依法应由被保险人承担的赔偿责任。其中，交通工具是指客运飞机、客运列车、客船、客运汽车（不包括出租车、城区公共汽车）。财产损失是指旅客托运行李及随身携带物品的损失。旅客是指持有效运输凭证乘坐交通工具的人员、按照运输主管部门有关规定免费乘坐交通工具的儿童，以及按照承运人规定享受免票待遇的人员。

旅客责任保险的保险费的确定除了要考虑赔偿限额外，还要考虑运输工具、运输区域、运输中的风险，以及运输工具的座位数等因素。

（2）承运货物责任保险。

承运货物责任保险承保承运人对其所运货物的损害赔偿责任，它一般分为航空货物责任保险和水陆货物责任保险两类。

航空货物责任保险承保航空公司在受托运送货物时可能发生的损害赔偿责任，该项责任贯穿于从货物交由航空公司承运时开始至到达目的地交付收货或办妥转运手续时为止的整个运输过程。

水陆货物责任保险，适用于各种运用船舶、火车、汽车及其他各种水陆交通运输工具承运的货物。参加这项保险后，如其所运的货物因承运车、船等遭遇火灾、爆炸倾覆，以及船舶的触礁搁浅、沉没等意外事故所造成的货物损失，在法律或合同中规定应由承运人负责赔偿时，保险人予以负责。但对于承运货物的损耗，货物本质上的缺陷、霉烂、变质，装卸所致的损失，运输过程中的丢失、短量，以及被保险人或其代理人及其驾驶人员的违章装卸和其他故意行为所致的损失，保险人不负责赔偿。

（3）运送人员意外责任保险。

运送人员意外责任保险，是承运人责任保险的专用险种之一，它以已投保车辆保险意外责任保险的运输公司为被保险人，承保被保险人承运的合法货物在装、卸及运送过程中因发生意外事故而受损，依法应由被保险人承担的损害赔偿责任。

（六）个人责任保险

1. 个人责任保险的概念

早在20世纪30年代，欧美国家就开办了个人责任保险，少数国家的个人责任保险业务成为保险人责任险业务的主要来源之一。然而，在我国，虽然个人责任风险客观存在，但个人责任保险起步较晚，部分保险公司将该险种作为家财险或意外险的附加险进行销售。近年来，随着个人风险意识和保险意识不断增强，保险市场供给增加，部分保险公司相继推出独立的个人责任保险产品。

个人责任是指自然人或其家庭成员因其作为或不作为造成他人的人身伤亡或财产损失而依法应承担的经济赔偿责任，一般可以分为个人法律责任和个人合同责任。个人法律责任是指依法应由行为人承担对他人的损害赔偿责任，其受害方是不确定的第三者；个人合同责任是指行为人依据合同的规定对造成合同另一方的损害应该承担的经济赔偿责任，其受害方是确定的合同相对方，即与致害人签订合同的另一方。

个人责任保险承保在保险期间，被保险人在保单载明的区域范围内，因过失造成第三者的人身伤亡或财产损失，依法应由被保险人承担的赔偿责任。具有完全民事行为能力的自然人可以作为个人责任保险的被保险人。

2. 个人责任保险的特点

个人责任保险除了具有其他责任保险的共同特征外，它作为独立的保险业务，还有如下特点：

（1）个人责任保险的投保人仅限于自然人及其家庭，其被保险人可以是被保险人或被保险人的配偶、子女及与他们共同居住一起生活的亲属和其他人。

（2）个人责任保险的承保区域范围比其他公众责任保险广，它包括个人在单位工作时间之外的个人活动范围，如被保险人的住宅内、住宅外活动和各种个人娱乐、职业活动等。

（3）个人责任保险承保的一般是被保险人工作时间之外的活动引起的损害赔偿责任，经过特别约定，也可以承保其在工作中的损害赔偿责任。

此外，个人责任保险在厘订费率的具体依据及承保条件等方面与其他责任保险也有区别。

3. 个人责任保险的主要险种

（1）个人综合责任保险。

个人综合责任保险是普遍适用的综合性个人责任保险，承保个人或其家庭成员在居住、从事体育运动及其他一切日常生活活动中因过失造成他人人身伤害或财产损失，根据法律应由被保险人承担的经济赔偿责任。

（2）居家责任保险。

居家责任保险承保被保险人或其家庭成员在保险单中载明的被保险人住址内，因过失造成第三者的人身伤亡或财产损失，依法应由被保险人承担的赔偿责任。

（3）监护人责任保险。

监护人责任保险承保在保险期间，被保险人的监护对象（被监护人）造成第三者人身伤亡或财产损失，依法应由被保险人承担的赔偿责任。凡法律上认定的，年龄不满18周岁的无民事行为能力人或限制民事行为能力人都可以作为该保险的被保险人。

（4）家养宠物责任保险。

家养宠物责任保险承保被保险人合法拥有或照管的宠物造成第三者的人身伤亡或财产损失，依法应由被保险人承担的赔偿责任。

（5）动物饲养责任保险。

动物饲养责任保险承保被保险人饲养或管理的动物造成第三者的人身伤亡或财产损失，依法应由被保险人承担的赔偿责任。

（6）体育运动责任保险。

体育运动责任保险承保在保险期间，被保险人在居所外从事体育运动时，因过失行为造成第三者人身伤亡或财产损失，依法应由被保险人承担的经济赔偿责任。其中，体育运动是指锻炼身体增强体质的各种活动，包括田径、体操、球类、游泳、武术、登山、射击、滑冰、滑雪、举重、摔跤、击剑、自行车等各种项目。

（7）个人职业责任保险。

个人职业责任保险承保私人医生、律师、会计师及其他个体专业技术人员的职业风险责任。其特点是责任事故的发生及损害后果与被保险人的职业活动有关，且不包括被保险人日常生活中的个人责任。

第二节　产品责任保险

一、产品责任

（一）产品和产品缺陷

《中华人民共和国产品质量法》第二条第二款规定："本法所称产品是指经过加工、制作，用于销售的产品。"产品责任又称产品侵权责任，是指产品生产者、销售者因生产、销售缺陷产品致使他人人身伤害、财产损失或有致使他人遭受人身、财产损害之虞而应当承担的赔偿损失、消除危险、停止侵害等责任①。其中，销售者是指实施了产品销售行为的人，即除产品生产者以外的产品供应商，包括产品营销链条上的各个主体，如批发商、零售商和出租人等。由于产品责任的存在，产品生产者、销售者面临被用户、消费者或其他第三者就其遭受的人身伤害或财产损失索赔的风险，此为产品责任风险。

产品缺陷是确定产品责任的前提条件。产品没有缺陷，就没有产品责任。《中华人民共和国产品质量法》第四十六条规定："本法所称缺陷，是指产品存在危及人身、他人财产安全的不合理的危险；产品有保障人体健康和人身、财产安全的国家标准、行业标准的，是指不符合该标准。"学界通常认为产品缺陷的要件为产品存在危及人身、他人财产安全的不合理的危险，而产品符合相应的国家标准或行业标准是产品应当符合的最低标准，如果可以通过证明该标准不能保证产品不存在缺陷，那么仍然要承担产品责任。实务中，即使产品符合国家标准或行业标准，法院仍会结合产品用途、使用方式、产品标识等因素，综合判断产品是否存在"不合理危险"缺陷。

学理上，产品缺陷包括以下四种类型：

（1）设计缺陷。

设计缺陷是指产品设计方面的原因使产品在结构、配方等方面存在不合理的危险。需要注意的是，只有将产品用于其所设计的用途时存在不合理的危险的情况下，才能认定该产品具有设计缺陷；如果将产品用于其所设计的用途之外的情形，该产品即使存在不合理的危险，也不能认为存在设计缺陷②。

（2）制造缺陷。

制造缺陷是指产品在制造过程中产生的不合理危险，它可以发生在从原材料、零部件的选择到产品的制造、加工和装配工序等各个环节。制造缺陷产品的问题在于制造该产品的原材料以及配件的质量和总装工艺的质量与设计无关③。

---

① 杨立新．类型侵权行为法研究［M］．北京：人民法院出版社，2006：732.
② 张新宝．中国民法典释评·侵权责任编［M］．北京：中国人民大学出版社，2020：136.
③ 张新宝．中国民法典释评·侵权责任编［M］．北京：中国人民大学出版社，2020：136.

（3）警示说明缺陷。

警示说明缺陷是指产品提供者未对产品的危险性和正确使用做出必要的说明与警告而造成的不合理危险。警示、说明的判断标准应当根据产品的具体情况进行确定。一般而言，要正确说明产品存在的危险，以及正确使用该产品、避免发生产品存在的危险，达到使用的合理安全。如果消费者、使用者无视警示与说明，不按说明的用途、用法使用产品，即使受到损害也不认为产品为缺陷产品[①]。

（4）跟踪观察缺陷。

跟踪观察缺陷是指产品因为在投放市场以后未被及时跟踪观察而产生的不合理危险。它属于随着经济科技发展应当确定的新的产品缺陷类型。依当时的科学技术水平无法发现其是否存在缺陷，可以将产品投放市场流通，但生产者须承担跟踪观察义务，应当发现而没有发现产品存在的缺陷或者已经发现产品的缺陷而没有即时召回，致使消费者受到侵害的，应当认为为跟踪观察缺陷。

综上，产品缺陷的构成包含两个方面。一是产品自带危险性。但这并不意味着自带危险性的产品都有缺陷，如刀子、炸药等，它们安全性较低，往往是源于产品本身固有的特性。二是产品危及安全。如产品存在不符合财产安全、人体健康的国家标准、行业标准等情形，从而危及人身或财产安全。符合以上两个要求，即可构成产品缺陷。

需要注意的是，实务中经常将产品瑕疵与产品缺陷混为一谈。

产品瑕疵是指标的物不具备该种物品通常的价值、效用或契约预定效用或出卖人所保证的品质[②]。产品瑕疵仅意味着标的物本身存在物质性欠缺，原则上仅会造成其价值的贬损。但缺陷则意味着产品缺乏所应具备的安全性，存在危及人身、他人财产安全的不合理的危险，可能对人身、其他财产造成侵害。产品缺陷所导致的责任是产品责任，属于特殊侵权责任；产品瑕疵所导致的责任是违约责任。产品缺陷责任的主体为生产者和销售者，权利主体除了产品的买受者外，还有其他因为使用产品而受到损害的人；产品瑕疵的责任主体仅是产品的销售者，权利主体也仅限于产品的买受者。一般而言，缺陷的外延小于瑕疵，或者说缺陷只是瑕疵的一部分，即存在危及他人人身、财产安全的不合理危险的瑕疵方可成为缺陷。瑕疵不仅包括了缺陷，还包括了一些并不具有不合理危险的质量或者数量上的问题[③]。

（二）产品责任的构成要件

产品责任法律制度中，最重要的是确定承担责任的主体。通常而言，产品责任的构成必须具备以下三个要件：

（1）产品具有缺陷，即产品存在危及人身、财产安全的不合理危险。该产品属于缺陷产品，存在不合理的危险，危险现实化导致了损害发生。

（2）缺陷产品造成了受害人的损害，即缺陷产品造成了产品使用人或第三人的

① 张新宝. 侵权责任法［M］. 3版. 北京：中国人民大学出版社，2013：218.

② 梁慧星. 民商法论丛：第2卷［M］. 北京：法律出版社，1994：398.

③ 最高人民法院民法典贯彻实施工作领导小组. 中国民法典适用大全·侵权责任卷［M］. 北京：人民法院出版社，2022：410.

人身损害或财产损失、精神损害。其中，人身损害包括致人死亡和致人伤残等；财产损失，不是指缺陷产品本身的损失，而是指缺陷产品之外的其他财产的损失，包括直接损失和间接损失；精神损害，是指缺陷产品致人损害，给受害人造成的精神痛苦和感情创伤。受害人应对损失的存在及其范围负举证责任。

（3）产品缺陷与损害事实之间具有因果关系，即产品缺陷与受害人的损害事实之间存在引起与被引起的关系。产品责任中的因果关系具有特殊性，表现在它是产品缺陷与损害后果之间的相互关系，而不是某种具体行为与损害后果之间的关系[①]。

（三）产品责任的归责原则

（1）生产者与销售者外部责任的承担采用严格责任。

基于对产品缺陷所导致的被侵权人利益保护的需要，我国在生产者与销售者外部责任承担的归责上实行的是严格责任，即产品责任的构成不必考察过错因素。通常情况下，不论生产者或销售者是否具有主观过错，只要产品缺陷造成他人损害，均应当承担相应的侵权责任。因此产品责任的三个构成要件中，产品缺陷是认定产品侵权责任的最关键要素。此时销售者承担的责任和生产者承担的责任一样，都是严格责任。在满足产品责任构成要件的前提下，只要产品在离开经销链之时存在缺陷，受害人选择主张销售者承担责任的，销售者要承担全部责任；受害人选择主张生产者承担责任的，生产者就要承担全部责任。生产者与销售者对外承担全部责任，而具体由谁承担责任，则根据受害人的主张来确定。《民法典》第一千二百零三条第一款规定："因产品存在缺陷造成他人损害的，被侵权人可以向产品的生产者请求赔偿，也可以向产品的销售者请求赔偿。"

（2）生产者与销售者内部责任划分采用不同的归责原则。

产品侵权责任的最终承担者，是产品缺陷的造成者，即谁造成缺陷，就由谁最终承担责任。在生产者与销售者内部责任划分方面，我国产品责任立法采取了产品责任的二元归责原则，既适用无过错责任原则，也适用过错责任原则。不同责任主体适用不同的归责原则，承担不同种类的赔偿责任。

①生产者产品责任的归责原则。

生产者产品责任适用无过错责任原则。《民法典》第一千二百零二条规定："因产品存在缺陷造成他人损害的，生产者应当承担侵权责任。"基于收益与风险相一致原则以及产品的生产者更容易通过产品价格和购买保险来分散与缺陷产品相关的损失等理由，产品缺陷造成他人损害的，不论生产者是否具有主观过错，都应当承担相应的侵权责任。除非生产者能够证明有下列情形的，不承担赔偿责任：第一，未将产品投入流通的；第二，产品投入流通时，引起损害的缺陷尚不存在；第三，将产品投入流通时的科学技术水平尚不能发现缺陷存在的。

②销售者产品责任的归责原则。

销售者产品责任适用过错责任原则。《民法典》第一千二百零三条第二款规定："产品缺陷由生产者造成的，销售者赔偿后，有权向生产者追偿。因销售者的过错

---

① 最高人民法院民法典贯彻实施工作领导小组．中国民法典适用大全·侵权责任卷［M］．北京：人民法院出版社，2022：409.

使产品存在缺陷的，生产者赔偿后，有权向销售者追偿。”若缺陷由生产者造成，且销售者已经向被侵权人承担赔偿责任后，销售者可以向生产者进行追偿，根据“谁主张，谁举证”这一举证归责，销售者对缺陷由生产者造成负有举证义务。若产品缺陷是销售者的过错行为所致，且生产者已经向被侵权人承担赔偿责任，则生产者可以向销售者追偿，此时生产者对销售者的过错以及因果关系的成立承担举证责任。

《中华人民共和国产品质量法》第四十二条第二款规定：“销售者不能指明缺陷产品的生产者也不能指明缺陷产品的供货者的，销售者应当承担赔偿责任。”此时，销售者的责任承担由适用过错责任原则转化为适用无过错责任原则。

综上，生产者产品责任的构成要件是产品具有缺陷、缺陷产品造成了受害人的损害、产品缺陷与损害事实之间具有因果关系三个要件。生产者过错不是生产者产品责任构成的要件。

销售者产品责任的构成要件是产品具有缺陷、缺陷产品造成了受害人的损害、产品缺陷与损害事实之间具有因果关系、销售者过错使产品存在缺陷四个要件。

（3）运输者、仓储者等第三人承担责任的归责原则。

生产者或销售者在满足产品责任构成要件的前提下，已经向被侵权人承担了赔偿责任，但产品缺陷的产生是运输者、仓储者等第三人的过错行为所致，此时生产者或销售者在承担了无过错的赔偿责任之后，可向有过错的运输者、仓储者等第三人进行追偿。运输者、仓储者等第三人对这种最终责任的承担所适用的归责原则是过错责任原则。《民法典》第一千二百零四条规定：“因运输者、仓储者等第三人的过错使产品存在缺陷，造成他人损害的，产品的生产者、销售者赔偿后，有权向第三人追偿。”实践中，第三人应该包括产品从设计、制造到营销环节中与产品价值的形成具有密切联系或具有辅助作用的人①。

（4）产品责任的承担方式。

产品责任的承担方式包括赔偿损失、停止侵害、排除妨碍、消除危险、停止销售、警示、召回、惩罚性赔偿。

《民法典》第一千二百零六条规定：“产品投入流通后发现存在缺陷的，生产者、销售者应当及时采取停止销售、警示、召回等补救措施；未及时采取补救措施或补救措施不力造成损害扩大的，对扩大的损害也应当承担侵权责任。依据前款规定采取召回措施的，生产者、销售者应当负担被侵权人因此支出的必要费用。”

二、产品责任保险的定义和特点

产品责任保险承保产品的制造者、销售者、维修者因其制造、销售、维修的产品有缺陷而造成使用、消费、操作该产品的人员的人身伤亡或财产损失，依法应承担的经济赔偿责任。

产品责任保险的特点主要表现在以下几方面：

（1）产品责任保险强调以产品责任法为基础。因为受害者与致害者之间存在侵

① 最高人民法院民法典贯彻实施工作领导小组．中国民法典适用大全·侵权责任卷［M］．北京：人民法院出版社，2022：427.

权关系，致害者的责任和受害者提出的索赔必须根据有关法律规定来划分和确定。

（2）产品责任保险不承担产品本身的损失，只承担因使用或消费产品造成的人身伤害和除产品本身外的其他财产损失。

（3）产品责任保险要求保险合同双方有良好的协商和信息沟通。随着产品更新的加快，新技术、新工艺、新材料的采用，生产商和销售商在投保时要向保险人提供产品资料和数据，以便保险人准确评估风险。

（4）随着产品责任法律制度的不断完善，产品责任保险对于生产性企业的作用日益重要。由于产品责任法律制度日趋完善，消费者的自我保护意识和索赔意识越来越强，产品责任的索赔案件越来越多，索赔金额越来越高，产品的制造商和销售商投保产品责任保险的需求越来越大。

三、产品责任保险与产品质量保证保险的比较

产品质量保证保险是指承保因其制造、销售或修理的产品质量有内在缺陷而给消费者带来的经济损失的保险，包括：更换、修理有质量问题产品所引起的损失和费用；因产品无法使用而改用其他方式达到目的所引起的损失和费用；根据法院判决或政府有关部门命令收回、更换或修理已投入市场的产品所引起的损失和费用。产品质量保证保险只赔偿产品质量问题所导致的产品本身的损失。

产品责任保险与产品质量保证保险存在以下不同：

（1）保险人提供的业务性质不同。对产品责任保险，保险人提供的是代替责任方承担因产品责任事故造成的对受害方的经济赔偿责任，属于责任保险范畴；对产品质量保证保险，保险人提供的是带有担保性质的保证保险，仅承担不合格产品本身的损失，而不负责因为产品缺陷造成第三者的损害责任。

（2）保险标的不同。产品责任保险的保险标的是产品责任，而产品质量保证保险的保险标的是产品质量违约责任。

（3）承担责任的条件不同。产品责任保险赔偿的前提是产品缺陷导致消费者或使用者的损害发生；而产品质量保证保险不以消费者或使用者的损害为要件，只要产品不符合合同规定的质量要求即可提出索赔。

（4）责任范围不同。产品责任保险承保的是被保险人因产品缺陷造成消费者人身伤害或财产损失依法应负的经济赔偿责任。至于缺陷产品本身的损失，其不属于产品责任保险的赔偿范围。产品质量保证保险承保的是被保险人因制造或销售的产品质量有缺陷而对有缺陷的产品本身的赔偿责任。

综上，产品责任保险适合投保的企业非常宽泛，一切可能对产品事故造成损害、负有法律责任的关系方均可投保，包括但不限于生产商、制造商、加工方、销售商、出口商、进口商、零售商、批发商、设计方等。产品质量保证保险适用于承保的产品必须是经国家产品检验机构检测合格的产品，不包括服务型产品，所以保险公司承保也代表了对该产品质量的认可。

四、产品责任保险合同的基本内容

（一）投保人与被保险人

生产商、出口商、进口商、批发商、零售商及修理商等可能对产品事故所致损害负有赔偿责任的人，均可以投保产品责任保险。根据具体情况，可以由他们中间的任何一个人投保，也可以由他们中间的几个人或全体联名投保。产品责任保险的被保险人，除投保人外，经投保人申请，保险公司同意后，可以将其他有关方也作为被保险人，并规定对每个被保险人之间的责任互不追偿。

（二）保险责任与除外责任

1. 保险责任

产品责任保险的保险责任如下：

（1）在保险有效期内，被保险人所生产、出售、修理的产品在承保区域内发生事故，造成使用、消费或操作该产品的人的人身伤害或财产损失，依法应由被保险人负责时，保险公司在保险单规定的赔偿限额内负责赔偿。

保险人承担产品责任赔偿责任以产品有缺陷为前提，而该缺陷必须是在离开生产者、销售者、修理者控制以前已经存在。因产品存在缺陷造成他人的损害，保险人才负责赔偿。产品责任保险人承担缺陷产品损害赔偿责任是需要限制条件的。一般而言，保险人在产品责任保险项下承担的赔偿责任必须具备以下条件：

①必须有意外“事故”发生。

②产品责任事故必须具有“意外”和“偶然”的性质，不是被保险人事先能预料的。

③产品责任事故必须发生在被保险人制造或销售场所以外的地方，并且产品的所有权已经转移给产品使用者或消费者。也就是说，如果造成伤亡、损失的有缺陷产品仍在被保险人的生产场地内，不属于产品责任保险的承保责任。

（2）经保险公司事先同意的被保险人的诉讼费用及其他费用。

2. 除外责任

产品责任保险的除外责任如下：

（1）被保险人根据与他人的协议应承担的责任。保险人根据相关的产品责任法规定的法律责任来厘定费率、确定保险责任，然而被保险人与他人订立的合同或协议则可能和保险人所了解的产品责任法规有出入，往往增加了风险。比如，如果被保险人提供的产品在各方面都完好无缺，消费者因使用不当而受伤，但制造商根据其与消费者订立的赔偿合同，接受赔偿这种损失的条件，那么其所承担的这种合同责任就不在保险责任范围之内。

本条除外责任可以应被保险人的要求，有条件地加保，但被保险人应在投保时将所有的契约责任向保险公司申报并提供契约的副本。保险人可根据被保险人所承担的契约责任适当调整赔偿限额，加收保险费。

（2）根据劳动法或雇佣合同应由被保险人对雇员承担的责任。根据雇佣关系，雇主对雇员既可能承担法律规定的赔偿责任，又可能承担雇佣合同上规定的赔偿责任。这种风险，可以由被保险人投保雇主责任险来转嫁，所以在产品责任险中将此列为除外责任。但雇员作为消费者使用产品受到伤害则不在此限制范围内。

（3）保险产品本身的损失或退换回收的损失。这属于产品质量保证保险的承保范围。

（4）被保险人所有、保管或控制的财产的损失。被保险人可以投保财产保险来转嫁此类风险。

（5）被保险人故意违法生产、销售的产品造成任何人的人身伤害、疾病、死亡或财产损失。从法律角度看，保险合同不能保护违法利益。保险人不能接受被保险人以谋取非法利益为目的的产品责任风险转嫁。从风险角度看，保险人无论是从保单规定上，还是从公共准则方面均要求被保险人履行和遵守当局颁布的一切法规并应采取所有的合理预防措施，阻止有缺陷产品的生产或销售以防止发生人身伤害或财产损失。产品责任保险的责任范围中明确了保险人负责的产品责任事是“意外的”“偶然的”。如果被保险人故意违法生产、销售产品，那么这种行为对于制造商或销售商来说，造成产品责任事故就不是意外的和偶然的。所以，由此造成的责任，保险人不予承担。

（6）产品仍在制造或销售场所，其所有权尚未转移至用户或消费者的产品责任事故。

（7）被保险产品造成的大气、土地及水污染及其他污染所引起的责任。

（8）战争、类似战争行为、敌对行为、武装冲突、恐怖活动、谋反、政变直接或间接引起的任何后果所致的责任。

（9）罢工、暴乱、民众骚乱或恶意行为直接或间接引起的任何后果所致的责任。

（10）核裂变、核武器、核材料、核辐射及放射性污直接或间接引起的任何后果所致的责任。

（三）投保方的义务

投保方的义务如下：

（1）投保时负有如实告知义务。保险人在承保时必须根据被保险人、保险产品的情况做出风险评估。如果被保险人或其代表在投保时不如实告知，将使保险人在不准确的风险评估的基础上签发产品责任保险单，严重损害了保险人的利益。

（2）按照约定缴纳保险费的义务。投保人应根据保险单和批单中的规定按时缴纳保险费。这是被保险人获得保险单项下索赔权利的先决条件。

（3）保险期满时，申报产品销售总额并按要求提供生产、销售产品数量的义务。保险期满时，被保险人应将保险期间生产、出售的产品的总值书面通知保险人，以便保险人计算实际保险费。另外，保险人还有权在保险期内的任何时间，要求被保险人提供一定期限内所生产、出售的产品总值的数据，并有权检查被保险人的有关账册或记录并核实上述数据。

（4）发生保险责任事故及预知诉讼时按规定期限通知保险人的义务。一旦发生保险责任事故，被保险人或其代表应立即通知保险人，并在七天或经保险人书面同意延长的期限内以书面报告的形式提供事故发生的经过、原因和损失程度；在预知可能引起诉讼时，立即以书面形式通知保险人，并在接到法院传票或其他法律文件后，立即送交保险人，以便保险人及时确定应诉对策；根据保险人的要求提供作为索赔依据的所有证明文件、资料和单据。

（四）赔偿限额与免赔额

1. 赔偿限额

在产品责任保险中，通常规定两个赔偿限额，即每次事故赔偿限额和保险期内累计赔偿限额，以上限额还可以分别划分为人身伤害和财产损失两个限额。因产品事故造成使用者或消费者人身伤害或财产损失时，分别适用各自的限额。一般产品责任保险单都要列明每次事故赔偿限额以及累计赔偿限额，目的在于限制保险人的经济损害赔偿责任。

赔偿限额应根据不同产品的销售区域发生事故后可能引起的赔偿责任确定，有些产品，如食品、药品，发生事故后可能造成众多的人员或财产损害，保险人应考虑设立较高的限额。一般情况下，保险人负责的诉讼抗辩费用在每次事故赔偿限额以内赔付，但也可以单独订立诉讼费用赔偿限额。

2. 免赔额

免赔额以内的损失，保险人概不负责。免赔额的高低视风险的大小以及被保险人的承受能力的高低由保险双方协商确定。免赔额的形式，可以设立为百分比（如免赔额为损失金额的5%）或确定免赔金额。目前的趋势是免赔额逐渐在提高。

（五）保险费率和保险费

1. 保险费率

产品责任保险承保的是各种不同类型的产品，产品的多样化和风险程度的差异，均要求保险人对不同的产品制定不同的费率。在厘定费率时，保险人主要考虑以下因素：

（1）产品种类及其可能产生的危险。不同种类的产品对人体或财产的风险不同。如药物的危险就比涂料大得多。

（2）承保的地区范围。一方面，承保的地区范围越大，风险也越大，费率就越高。如果产品不仅在国内销售，还要出口，则其费率比仅供国内市场要高。另一方面，承保销往产品责任严格的国家（如美国）或地区，比其他国家或地区风险大，费率相应也高。如出口美国与出口非洲国家的产品责任保险在费率上就应有所区别。

（3）产品制造者的技术水平和质量管理情况。产品制造者的技术水平高，质量控制好，产品检测严格，其产品的合格率就高，产品责任风险相应降低，费率应低些。

（4）赔偿限额与免赔额。在产品其他条件相同的情况下，赔偿限额越高，费率越高。与此相反，免赔额越高，费率越低。

（5）以往承保的经验。保险人根据以往的承保经验，某种产品的赔付率高，产品责任风险大，费率就高。

（6）分保接受人的开价。为了保证财务稳定性，对于承保金额比较高的产品责任保险，保险人往往寻求分保，因此需要参考再保险人的报价。

2. 保险费

产品责任保险的保险费的计算公式为

保费=销售额×费率

产品责任保险可实行预收保险费制，即在签订产品责任保险合同时，按投保生产、销售的全部产品价值计算收费，待保险期满后再根据被保险人在保险期内的实际生产、销售的产品价值计算实际保险费。对预收保费，实行多退少补，但实收保险费不得低于保险人规定的最低保险费。

（六）承保基础

责任保险的承保基础有期内发生式、期内索赔式。传统的产品责任保险的保单大多采用期内发生式作为承保基础。期内发生式要求保险事故必须发生在保险有效期内，而不论受害方是否在保险有效期内提出索赔。但是，使用这种方式常会出现在保险期内发生的事故，到保险期结束后较长一段时间才提出索赔的情况。因此，保险人必须随时准备处理那些保险期限早已到期却刚刚报来的索赔案子。为了避免这一弊端，目前产品责任保险多采用期内索赔式作为承保基础。这是因为很多产品责任事故的发生和损害后果的发现往往间隔一定时间。对于具有缺陷潜伏期的产品投保产品责任保险时，保险人以期内索赔式进行承保，有利于风险控制。

“以索赔提出为基础”的产品责任保险条款规定，被保险人在保险期内提出产品责任索赔。产品责任事故可能发生在保险期以内，也可能在保险期开始前。保险人为了防止过多的索赔，提出“追溯期”的概念，即产品事故造成人身伤害或财产损失而提出的索赔必须是在保险单追溯期以内、保险期限结束前发生的事故引起的。保险人提供的追溯期一般为一年至五年，但对于第一年投保的产品（新保险单）不给予追溯期。例如，某制药厂从 2022 年 1 月 1 日开始投保其制造药品的产品责任保险，当年没有追溯期，而该厂在 2023 年续保时，保险单就可以规定追溯期从 2022 年 1 月 1 日起。

（七）承保区域

承保产品责任保险必须明确投保产品的销售区域。保险人确认投保产品是在保险单规定的销售区域内发生事故引起赔偿责任才予以承担；超出保险单规定的销售区域发生事故引起的赔偿责任，保险人不予负责。承保区域是保险人承担赔偿责任的地理范围限制。因此，产品的承保区域必定是销售区域，但产品的销售区域并不一定是承保区域。承保区域的范围越大，风险越大，费率相应越高。

（八）产品责任保险的风险评估

产品责任保险是技术含量非常高的险种。保险人在承保前，必须对投保人的产品、经营性质等进行调查，并对调查得来的资料科学地进行分析研究，以科学评估该项业务的风险，开出合理的承保条件。调查项目主要包括：

1. 投保人和被保险人的情况

（1）投保人和被保险人的名称、地址和分支机构；

（2）被保险人的营业性质；

（3）被保险人制造或销售投保产品的时间。

2. 产品的总体情况

这是产品责任保险最重要的信息，包括：

（1）投保产品的具体名称、型号、性能。

（2）投保产品的用途、使用或消费的对象、可能发生的事故和损失程度。

（3）投保产品的质量情况，即是否达到国家有关管理部门规定的标准或认证；若为出口产品，是否达到进口国家的有关规定或标准。

（4）投保产品的销售方式和销往地区。

（5）投保产品的包装情况，即投保产品的包装是否符合有关质量标准的规定以确保产品的安全可靠和性能完好。

（6）投保产品的说明书、招贴和广告情况，即投保产品的说明书是否有明确易懂的警告字句，如产品潜在的危险性或禁止使用的范围。

3. 投保产品的历史记录

（1）以往产品和目前投保产品能否明显区分。

（2）产品以往的投保记录，如过去是否曾有保险人拒绝承保或加批特殊条款限制承保。

（3）投保产品的被索赔记录。

4. 投保人的特别要求

（1）投保人要求的每次事故赔偿限额以及保险期内累计赔偿限额；

（2）其他需要扩展的特别责任。

（九）产品责任保险的风险控制

产品责任险承保的风险巨大，如何控制、减少风险隐患，最大限度地降低发生事故的可能性，是保险经营中的重要一环。保险人可以采取以下措施控制风险：

（1）督促被保险人严格按照产品的技术质量标准进行生产，并将其作为承担保险责任的先决条件。

（2）要求被保险人的各种产品均备有明确、详细的使用说明书，对其产品的品质、性能、技术指标、使用程序、注意事项给予充分说明；对使用不当可能危及人身、财产安全的产品，应当有警示标志或相应的警示说明等。这样可以有效地减少产品事故的发生，从而降低保险人对被保险人的损害赔偿责任。

（3）要求被保险人将保险期内产品变更（如改变原有产品的成分用途）以及销售情况的变化及时通知保险人，以便重新评估风险、调整承保条件，采取相应措施来控制新的风险。

（4）审议被保险人的各种产品广告，保证产品广告内容的真实、可靠，谨防虚假广告及不规范广告，以此避免不必要的纠纷或索赔。

（5）建立产品检验或抽查制度，随时掌握被保险产品的质量变化。保险人可以与被保险人联合检验或抽查，也可以委托有关部门或机构进行定期或不定期的产品检验或抽查。

（6）与工商、质检部门及消费者协会保持经常联系，随时掌握上述部门、机构反馈的产品以及产品责任事故信息，并协同开展社会化的产品风险管理。

（7）运用赔偿限额、免赔额、保险费率等承保条件来促使被保险人加强产品质量管理。

（8）做好产品责任保险的承保、理赔和各种产品责任事故的统计分析工作，逐步积累业务资料，建立完善的数据库，探索各种产品责任风险的规律，为开展风险管理提供科学依据。

（9）充分利用分保手段，将产品责任保险的风险控制在自身承保能力的限度内，以此达到稳定财务并稳健经营的目的。

（十）产品责任保险的赔偿处理

1. 理赔程序

产品责任保险的理赔程序如下：

（1）受理案件。保险人接到被保险人出险报告后应要求被保险人填写出险通知书，并及时进行保单的核实和立案。

（2）责任审定。保险人核对承保方式、承保区域和司法管辖权，核查事故产品是否属于保险产品，并根据保险单条款及批单内容，确认保险单的有效性。

（3）查勘检验。保险人接到报案后，应派员工或请代理人到现场查勘检验，并与受害方或其律师接触，多方取证以证实责任事故的发生和损害后果。同时，注意了解受害方是否存在使用保险产品不当的问题，产品责任事故是否发生在保险产品的保质期或安全使用期内。

（4）取证。保险人要求被保险人和受害人提供处理赔案件所需的相关资料。必要时，保险人可要求对损失或损害程度进行鉴定。

（5）赔偿处理。保险人根据具体情况与受害方协商确定赔偿金额并赔付结案；或聘请律师准备辩诉材料，与索赔方以诉讼方式了结理赔案件。

2. 理赔规定

产品责任保险的理赔规定明确了保险人与被保险人之间在赔偿处理过程中各自的权利与义务，规定了造成损害事故的划分标准。

（1）规定了若发生保险单项下承保的任何产品责任事故或诉讼时应遵循的事项。第一，未经保险人书面同意，被保险人或其代表对索赔方不得做出任何责任承诺。必要时，保险人有权以被保险人的名义接办对任何诉讼的抗辩或索赔的处理，这是保险人承担赔偿责任的前提条件。第二，保险人有权以被保险人的名义自付费用向任何责任方提出索赔的要求。未经保险人书面同意，被保险人不得接受责任方就有关损失做出的付款或赔偿安排、不得放弃对责任方的索赔权利；否则，由此引起的后果将由被保险人承担。第三，在诉讼或处理索赔过程中，保险人有权自行处理任何诉讼或解决任何索赔案件，被保险人有义务向保险人提供所需的资料。

（2）规定了生产出售的同一批产品，由于相同的原因造成多人的人身伤害、疾病或死亡，或多人的财产损失，应视为一次事故造成的损失。产品责任保险通常规定每次事故赔偿限额和保险期内累计赔偿限额。

3. 诉讼案件的注意事项

我国的产品责任保险有相当比例是出口产品。处理诉讼案件时，相关人员应注意以下两个方面：

（1）快速将问题反映至保险人。产品责任事故发生后，销售商或生产商必须以最快速度进入案件的调查当中并尽快通知保险人。这不仅有利于保险人较快地了解事故的原因，准确收集证据，也有利于尽快解决问题。

（2）诉讼文件的处理。法院在受理起诉后将按法定程序和方法将诉讼文件送交收件人（通常是被告）。被保险人收到诉讼文件，应立即通知保险人，并研究应诉之事。诉讼文件送达的目的是使被告了解送达文件的内容，以便参与诉讼活动，行使诉讼权利和履行诉讼义务。诉讼文件一经送达便产生一定的法律后果，因此，被告收到诉讼文件后要认真了解事故真相，收集证据，积极应诉。

（十一）产品责任保险的创新险种

1. 工程质量潜在缺陷保险

工程质量潜在缺陷保险（inherent defects insurance，IDI）是指由建设单位投保的，根据保险合同约定，保险公司对在正常使用条件下，在保险范围和保险期限内由工程质量潜在缺陷所造成的被保建筑物的物质损坏，履行赔偿义务的保险。

构成工程质量潜在缺陷保险责任事件必须同时满足三个条件：特定的事故起因、特定的责任标的、特定的责任结果。

工程质量潜在缺陷是IDI中特定的事故起因。工程质量潜在缺陷指因设计、材料和施工等原因造成的工程质量不符合工程建设相关标准以及合同的约定，并在使用过程中暴露出的质量缺陷[①]。根据IDI的标的的类型不同，工程质量潜在缺陷可划分为结构性缺陷、防水工程缺陷、保温工程缺陷和附加工程缺陷（如装饰装修缺陷、设备管线安装缺陷等）。

工程质量潜在缺陷与质量缺陷有所不同。根据《房屋建筑工程质量保修办法》的规定，工程质量缺陷是指房屋建筑工程的质量不符合工程建设强制性标准以及合同的约定。其重点是“合规性”，而工程质量潜在缺陷更强调的是“未被发现的”或“不可预知的”潜在缺陷。

工程质量潜在缺陷保险的保险标的通常是建设工程。根据《建设工程质量管理条例》的规定，建设工程指为人类生活、生产提供物质技术基础的各类建筑物和工程设施的统称，涵盖土木工程、建筑工程、装修工程、线路管道和机电设备工程等方面。建筑工程可分为建筑物和构筑物两大类。建筑物又称房屋建筑，是指用建筑材料修筑的供人类居住和进行各类活动的场所，包括厂房、住宅、办公楼、医院、学校、商业楼宇等。构筑物是指不具备、不包含或不提供人类居住及各类活动功能的人工建造物，包括桥梁、铁路、公路、涵洞、堤坝、筒仓等。住宅指供家庭居住使用的建筑，属于建筑物。在我国，北京、上海、成都、重庆等主要试点城市的政策文件中，都明确了该试点险种是针对住宅工程的质量潜在缺陷保险。

---

① 王忠曜，方京，翁育峰，等. 工程质量潜在缺陷保险核心概念与原则探究［J］. 保险理论与实践，2021（11）：82-91.

IDI 中特定的责任标的是整个被保工程项目。若工程造价清单中未包含相关标的（如投入使用后业主自行加建结构），则该相关标的不属于 IDI 的保险责任覆盖范围。

IDI 中特定的责任结果是保险事故对保险标的造成的物质损失，不包含保险标的的功能失效。物质损失是指被保险建筑物标的在遭受保险事故后，产生的明确的物理性破损，如结构破损或渗漏等，具有直接性、客观性的特点。而功能失效则指被保险标的在遭受保险事故后，其本身功能降低或功能丧失的情况，是一个“度”的衡量问题，带有很强的主观性。

2. 首台（套）重大技术装备保险

重大技术装备是国家核心竞争力的重要标志。其技术复杂、价值量大，且直接关系到用户企业的生产经营，因此在首台（套）重大技术装备产品使用过程中存在一定风险，容易面临市场初期的应用瓶颈。建立首台（套）重大技术装备保险补偿机制，是发挥市场机制决定性作用、加快重大技术装备应用推广的重要举措，对于促进装备制造业高端转型、打造中国制造升级版具有重要意义。

2015 年，财政部、工业和信息化部、原中国保监会三部委联合印发《关于开展首台（套）重大技术装备保险补偿机制试点工作的通知》，开展首台（套）重大技术装备保险补偿机制试点工作。首台（套）重大技术装备保险补偿机制坚持“政府引导、市场化运作”原则，由保险公司针对重大技术装备特殊风险定制综合险，装备制造企业投保，中央财政适当补贴投保企业保费，利用财政资金杠杆作用，发挥保险功能，从而降低用户风险，加快重大技术装备推广应用。

首台（套）重大技术装备是指经过创新，其品种、规格或技术参数等有重大突破，具有知识产权但尚未取得市场业绩的首台（套）或首批次装备、系统和核心部件等。其中，“首台（套）”是指用户首次使用的前三台（套）装备产品；“首批次”是指用户首次使用的同品种、同技术规格参数、同批签订合同、同批生产交付的装备产品。同时，部分关键零部件和小型关键装备覆盖范围扩展到用户在首年度内购买使用的同品种、同技术规格参数的装备产品。

在保险单中载明具体承保的首台（套）重大技术装备名称及型号，被称为“保险装备”。

在保险期间或保险单载明的追溯期内，首台（套）重大技术装备保险承保被保险人制造销售的保险装备因存在质量缺陷造成保险装备自身损坏，或用户单位的人身伤亡和其他财产损失，由用户单位在保险期间首次向被保险人提出索赔，依法应由被保险人承担的修理、更换、退货或应对第三者承担的人身伤亡、财产损失等经济赔偿责任。

凡依法设立，制造销售符合国家或省级有关主管部门认定标准的首台（套）重大技术装备的企事业单位，均可作为被保险人。

3. 产品召回保险

国家市场监督管理总局于 2019 年颁布的《消费品召回管理暂行规定》，其中规定：“本规定所称召回，是指生产者对存在缺陷的消费品，通过补充或者修正警示标识、修理、更换、退货等补救措施，消除缺陷或者降低安全风险的活动。”其中，消费品是指消费者为生活消费需要购买、使用的产品。缺陷是指设计、制造、警示等原因造成同一批次、型号或者类别的消费品中普遍存在的危及人身、财产安全的不合理危险。

缺陷产品召回制度是国际通行的安全管理制度，是对产品进入市场并已销售给消费者的“后市场”进行补救的一种手段。《消费品召回管理暂行规定》规范了对存在缺陷的消费品的召回工作，明确了生产者和销售者对缺陷产品的召回义务。《民法典》第一千二百零六条规定：“产品投入流通后发现存在缺陷的，生产者、销售者应当及时采取停止销售、警示、召回等补救措施；未及时采取补救措施或者补救措施不力造成损害扩大的，对扩大的损害也应当承担侵权责任。依据前款规定采取召回措施的，生产者、销售者应当负担被侵权人因此支出的必要费用。”

一方面，产品召回制度的有效实施有利于保护消费者的合法权益，促进产品质量的提升；但另一方面，生产者和销售者实施召回往往需要承担高昂的召回费用和相关损失，召回风险随之增大，需要保险机制转移企业的召回风险，分担费用损失。

产品召回保险是承担被保险产品存在缺陷而导致或可能导致消费者人身伤害或财产损失所引起的召回费用的保险。产品召回保险包括产品召回费用保险和产品召回责任保险。

产品召回费用保险主要是指被保险人因实施保险合同中列明的保险产品召回所产生的产品召回费用，保险人按照保险合同约定承担经济赔偿责任的保险。

产品召回责任保险是指保险合同中列明的保险产品为组成部分的其他产品因保险产品缺陷发生产品召回，依法律对他人发生的产品召回费用应由被保险人承担的经济赔偿责任，保险人按照保险合同约定负责赔偿的保险。

第三节　职业责任保险

一、职业责任

（一）职业责任的定义和分类

1. 定义

职业责任是指提供专门技能或知识服务的人员因其疏忽或过失而提供的服务存在缺陷致人损害而应当承担的民事赔偿责任。

这里所称的“职业”和一般“工作岗位”意义上的职业有很大的不同，这种职业需要基于与其所处的职业范围密切相关的专门学科教育和专业训练背景，并需要通过政府有关部门根据相关法规组织的专业技能考试后获得从业资格，且从业活动须接受相关部门依据专业法规进行的管理监督，具有高度的专门化。在欧洲，保险人所指的“职业”“专业”具有如下特征：①工作具有技能性和专业性，工作性质主要是脑力劳动而不是体力劳动；②专业人员应提供高标准的技术服务，须遵守某些道德原则；③专业人员通常都参加“职业协会”，协会负责招收会员并维护职业的各项行业标准；④专业人员在其同行中应有较高地位。在很多国家，律师、医生、会计师、美容师、部分领域的工程设计师等职业具备上述要求。

2. 分类

职业责任按产生的法律原因来分类，可以分为违约责任和侵权责任两大类型。

（1）违约责任。

在职业责任领域，由于委托人与专业人员或执业机构之间存在服务合同关系，专业人员或执业机构不履行合同义务或者履行合同义务不符合约定，给对方造成损失的，应对委托人承担违约责任。损失赔偿额应相当于违约所造成的损失，包括合同履行后可以获得的利益，但不得超过违反合同一方订立合同时预见到或者应当预见到的因违反合同可能造成的损失。

（2）侵权责任。

专业人员或执业机构因违反法律规定或专业服务规范，违法侵害委托人或其他第三人的人身、财产利益的，权利人可依侵权行为法，要求专业人员或执业机构承担侵权责任。例如，当会计师事务所出具虚假的审计报告，误导证券投资者时，证券投资者可以要求会计师事务所承担民事赔偿责任。

（二）职业责任的行为主体和责任主体

行为主体是指具体从事专业活动的专业人员。责任主体是指因专业活动存在瑕疵而引发赔偿责任时的承受主体。在职业民事责任中，按照职业机构的种类不同，职业民事责任的责任主体可能与行为主体相统一，也可能与行为主体相分离。

1. 行为主体与责任主体相统一的情形

当专业人员自己单独或与他人共同开业，而不依附于某一执业机构时（如个体医生），行为主体与责任主体相统一。在这种情况下，专业人员在执业活动中因故意或过失造成委托人或第三人损害的，应当由行为人承担民事责任。两名或者两名以上专业人员共同签署法律文件或者提出专业咨询意见、做出专业决策造成他人损害的，应当承担连带责任。

2. 行为主体与责任主体相分离的情形

专业人员受雇于专门的执业机构并以该执业机构的名义对外从事执业活动的，在执业活动中给委托人造成损失或者给第三人造成损失的，由执业机构承担民事责任。例如，律师、会计师、医师等通常分别受聘于律师事务所、会计师事务所、医院，在这种情况下，专业人员在执业活动中造成他人损害的，应当由其执业机构承担责任，即行为主体与责任主体相分离。

（三）职业责任风险

职业责任风险即从事各种专业技术工作的单位或个人可能因工作上的失误造成的损害赔偿责任的风险。它是职业责任保险的承保对象，也是职业责任保险存在和发展的基础。

从事专业技术工作中，损害赔偿责任事故是不可能绝对避免的，原因如下：

第一，现代工作设施离完全安全、保险的要求还相差甚远。如诊断各种疑难杂症还缺乏先进的设备等。

第二，原材料或产品有缺陷。如药品大多有副作用，建筑材料也只能讲相对合格。

第三，人们自身知识和技术、经验的局限。人类对客观世界的认识虽然在向深度发展，但生命、时间、精力的有限决定了人们自身的不足难以避免，而各种专业技术工作的本质决定了不断创新并应用新技术的必要性，其工作本身的职业责任风险也就不可避免地存在。

第四，主观上的疏忽或过失。“智者千虑必有一失”，无论什么人在工作中都有可能出现失误，如设计师在绘图时可能出现细微偏差。

由此可见，职业责任风险是不以人的主观意志（除故意或恶意行为）为转移的，是经常地随机地发生在每个职业技术人员日常生活、工作中的一般疏忽行为所致的。它虽然是人为原因所致，但也与自然灾害等风险一样，有着存在的客观性、发生的偶然性特征。人们对于职业责任风险除采取各种预防措施进行积极防范并加强工作责任心外，还应该采取某些善后措施（如职业责任保险），以转嫁或分散、控制风险，避免纠纷和利益损失，保障受害方的经济权益不受损害。

二、职业责任保险概述

职业责任保险（professional liability insurance），也称为职业赔偿保险，承保各种专业技术人员因工作上的疏忽或过失造成合同对方或其他人的人身伤害或财产损失的经济赔偿责任。

在国外较为普通的有医生、设计师、工程师、会计师、律师等的职业责任保险，保险公司对不同专业人员的投保，制定不同内容和条件的保险单。

（1）医疗责任保险。医疗责任保险是指在保险期间或者保险合同载明的追溯期内，被保险人或者其医务人员在从事与其资格相符的诊疗活动中因职业过失造成患者人身损害，患者或者其近亲属或者其代理人在保险期间首次向被保险人提出损害赔偿请求，依法应由被保险人承担经济赔偿责任的保险。凡依法设立、有固定场所并取得医疗机构执业许可证的医疗机构可作为该险种的投保人、被保险人。

（2）律师责任保险。律师责任保险是指在保险期间或保险合同载明的追溯期内，执业律师在办理委托人委托的诉讼或非诉讼法律业务时，因疏忽或过失造成委托人及其利害关系人的经济损失，委托人及其利害关系人在保险期间首次向被保险人提出损害赔偿请求，依法应由被保险人承担经济赔偿责任的保险。

凡依法设立的律师事务所及持有有效律师执业证书的律师均可作为该险种的投保人、被保险人。

（3）建筑、工程技术人员责任保险。该险种主要承保建筑设计师、工程师、监理师等及其所在的单位由于工作的疏忽或过失而引发的工程质量事故造成物质损失、人身伤亡或费用，应由被保险人承担的经济赔偿责任。

（4）会计师事务所职业责任保险。会计师事务所职业责任保险是指会计师事务所及其合伙人、股东和其他执业人员因执业活动造成委托人或其他利害关系人经济损失，依法应由被保险人承担经济赔偿责任的保险。会计师事务所及其合伙人、股东和其他执业人员的执业活动包括其依法开展的审计业务和其他非审计业务。

该险种包括主险和附加险。会计师事务所可以在投保主险的基础上，投保账册文件丢失险、首次投保追溯期扩展险等附加险。

（5）董事、监事及高管责任保险（directors and officers liability insurance，D&O），简称“董责险”，是以董事及高级管理人员对公司及第三人所承担民事赔偿责任为保险标的的一种职业责任保险。董责险并非一项新险种，于2002年进入中国，至今已有20多年。但之前国内上市公司投保意识不强，董责险仍属小众险种。不过近几年随着风险事件的发生，董责险的投保数量逐渐增多。

（6）宠物美容服务责任保险。它是指在保险期间或保险合同载明的追溯期内，被保险人及其雇员在保险单载明的区域范围内从事宠物美容服务时，因过失造成接受美容服务的宠物伤亡，由宠物主在保险期间首次向被保险人提出损害赔偿请求，依法应由被保险人承担经济赔偿责任的保险。依法登记注册成立的销售或提供宠物美容服务的企业法人、其他组织等，均可作为该险种的投保人、被保险人。

（7）其他职业责任保险。在国外职业责任保险市场上，还有下列险种：

①美容师职业责任保险。它是指在保险合同约定的保险期间或保险合同载明的追溯期内，保险合同中列明的被保险人在开展美容业务时，由于过失造成接受美容服务人员的人身损害，由受害人或其近亲属在保险期间首次向被保险人提出索赔申请，依法应由被保险人承担经济赔偿责任的保险。投保人和被保险人可以为获得相关职业资格从事美容服务的自然人（不含个体工商户）或具有相关经营资格开展美容业务的执业机构。责任限额包括累计责任限额、每次事故每人责任限额、每次事故每人精神损害责任限额、法律费用责任限额。各项责任限额由投保人和保险人协商确定，并在保险单中载明。

②药剂师责任保险。该保险承保药剂人员在配方或出售成药或递送药物时，发生错误而致他人人身伤害的经济赔偿责任。

③教育工作者责任保险。该保险承保因教师工作的失职而引起的索赔纠纷。

④保险代理人及经纪人责任保险。该保险承保保险代理人、经纪人由于业务上的错误、遗漏或其他过失行为造成他人损害，依法应由被保险人承担的经济赔偿责任。该责任保险还可扩展承保保险代理人、经纪人对其保险人的责任，即由于其未能依照授权或指示所引起的保险人的损失。

⑤情报处理者责任保险。该保险承保由于情报处理业务上的失误如情报不准等造成他人的经济损失，依法应由被保险人承担的经济赔偿责任。

⑥退休人员责任保险。该保险承保已退休的各种专业技术人员的职业责任，它实质上是被保险人在职时职业责任保险的延续。

三、职业责任保险的基本内容

（一）被保险人

1. 专业人员个人

在我国的法律制度中，专业人员个人直接对委托人或者受害第三人承担赔偿责任的情形不多见，即前述“行为主体与责任主体相统一”的情形。目前，我国职业责任保险合同中只有少数险种将专业人员个人列为被保险人。例如，《中国人民财产保险股份有限公司律师职业责任保险条款》规定：凡在中华人民共和国境内依法设立的律师事务所及持有有效律师执业证书的律师，均可作为被保险人投保该保险。此外，部分公司的董责险合同条款将董事、监事及其他高管人员个人列为被保险人。

2. 执业机构

专业技术人员一般需要在相应的机构执行业务。在这种情况下，专业人员因疏忽、过失等造成委托人或者第三人损害的，其责任由执业机构承担，即前述“行为主体与责任主体相分离”的情形。在我国，多数职业责任保险单只将执业机构列为被保险人。凡经主管部门批准，取得相应资质证书、执业许可证或者经工商行政管理部门注册登记，有固定执业场所，依法设立的执业机构，可作为职业责任保险合同项下的被保险人。例如，注册会计师职业责任保险的被保险人是依法设立的各会计师事务；保险经纪人职业责任保险的被保险人是依法成立的保险经纪公司。

（二）保险责任

职业责任保险并无统一条款及保单格式，一般由保险人根据不同种类的职业责任设计专门保单承保。职业责任保险的保险责任通常包括：

（1）被保险人职业上的疏忽或过失行为而造成委托人或委托人及其利益相关者的人身伤害和经济损失，依法应由被保险人承担的经济赔偿责任。

“疏忽或过失行为”可以理解为被保险人作为专业技术人员，因疏忽大意而未能按照职业要求的谨慎性标准行事，给受害人造成经济损失的行为。通常，保险人将被保险人有无过失的行为作为理赔的要件，被保险人因无过失行为所承担的经济赔偿责任一般不属于职业责任保险的保险责任范围。被保险人可以与保险人特别约定，承保无过失行为所致的职业责任风险，如人保推出的医疗责任保险“附加意外医疗责任保险”险种即可承保无过失行为所致的责任风险。

（2）被保险人为缩小或减少对委托人或其他利害关系人的经济赔偿责任而支付的必要的、合理的费用。如保险公司同意支付的、在约定限额内的诉讼费用、鉴定费、取证费等。

法律诉讼费用一般在赔偿限额以外另行赔付，但如果最终的赔偿金额超过了赔偿限额，保险人只能按比例分担法律诉讼费用。应赔法律诉讼费用的计算公式为

应赔法律诉讼费用=实际支付的法律诉讼费用×(保险赔偿限额÷被保险人最终赔偿金额)

例如，某设计院投保设计师责任保险，保险单注明每次赔偿限额为 20 万元。在保险期内，一在建工程倒塌，建筑单位向设计院提出索赔，理由是图纸有误。经法院判决，该设计院应赔偿建筑单位损失 40 万元，法律诉讼费用 2 000 元。

按赔偿限额规定，保险人支付保险赔偿金 20 万元，余下的 20 万元应由被保险人自行承担。保险人承担法律诉讼费用 1 000 元，共计赔付 20.1 万元。

（三）除外责任

1. 一般责任保险的除外责任

直接或间接由下列原因造成的损失、费用和责任，保险人不负责赔偿：

（1）被保险人的故意行为或非职业行为；

（2）战争、敌对行为、军事行为、武装冲突、罢工、骚乱、暴乱、盗窃、抢劫；

（3）政府有关当局的没收、征用；

（4）核反应、核辐射和放射性污染；

（5）地震、雷击、暴雨、洪水等自然灾害；

（6）火灾、爆炸。

2. 违法或故意等原因所产生的责任

下列原因造成的损失、费用和责任，保险人不负责赔偿：

（1）被保险人无有效执业证书，或未取得法律、法规规定的应持有的其他资格证书办理业务的；

（2）未经被保险人同意，被保险人的从业人员私自接受业务；

（3）被保险人或其从业人员超过委托人授权范围导致的委托人的任何损失；

（4）被保险人或其从业人员的故意、欺诈或犯罪行为导致的赔偿责任；

（5）被保险人被指控对委托人诽谤、中伤或泄露其商业机密所致的损失；

（6）委托人提供的有关证据文件、账册、报表等其他资料的损毁、灭失或盗窃抢夺，但经特别约定加保的不在此限；

（7）他人冒用被保险人的名义执业的；

（8）被保险人承担的连带责任。

3. 其他除外责任情形

下列各项损失、费用和责任，保险人不负责赔偿：

（1）直接或间接由计算机2000年问题引起的损失；

（2）被保险人对委托人的精神损害；

（3）罚款、罚金及惩罚性赔款；

（4）保险单明细表或有关条款中规定的应由被保险人自行负担的每次索赔的免赔额；

（5）被保险人与他人签订协议所约定的责任，但应由被保险人承担的法律责任不在此限。

（四）特约承保责任

经过特别约定，下列职业责任风险也可以承保。

第一，雇员不诚实行为而使他人受到损害而应由被保险人承担的法律责任，保险人可以扩展承保。值得指出的是，职业责任保险扩展承保的雇员不诚实行为不能与雇员诚实保证保险混为一谈，因为前者承保的是雇员对他人的损害，而后者承保的是雇员的不诚实行为而使被保险人自己受到的损失。

第二，文件灭失造成损失引起的索赔，经过特别约定也可以扩展承保，但须加收保险费。如设计院因图纸丢失或被盗造成委托单位的损失，可以通过扩展承保，由保险人负责。

第三，被保险人被指控对他人诽谤或恶意中伤行为而引起的索赔，也可以作为特别职业责任予以扩展承保，但因其故意所致的仍须除外。

（五）保险费率和保险费

1. 保险费率

保险费率的厘定是职业责任保险中十分复杂而又重要的问题。各种职业都有其自身的风险与特点。从总体来讲，厘定职业责任保险的费率应着重考虑下列问题：

（1）被保险人及其雇员所从事的业务类型、复杂程度及其主要职业风险；

（2）被保险人承保前有无重大法律事务，如诉讼、顾问、调节等事务；

（3）被保险人的类别、性质、级别及业务范围；

（4）被保险人的经营历史、管理水平、内控制度的建设及执行情况；

（5）被保险人所属的从业人员的数量、资质、技术水平；

（6）被保险人职业责任事故的历史统计资料及其索赔处理情况；

（7）被保险人的业务量和主要服务对象；

（8）被保险人所在行业的相关法律法规的变化及其对职业风险的影响；

（9）被保险人所在地区及当地的物价指数；

（10）赔偿限额、免赔额和其他承保条件。

2. 保险费

保险费的计算一般与累计责任限额、行业、风险管理水平、免赔额（率）等密切相关。通常而言，

年保险费=累计责任限额×年基准费率×费率调整系数

其中，年基准费率对应一定限额的累计责任，费率调整系数是累计责任限额调整系数、每次事故责任限额比例调整系数、服务行业调整系数、风险管理水平系数、限额约定系数、免赔额（率）系数、损失经验系数、续保优惠系数等各项系数的乘积。

（六）承保基础

职业责任保险单必须清楚地载明承保的基础。同普通的责任保险一样，职业责任保险的承保基础分为期内索赔式和期内发生式两种。

职业责任保险通常采取期内索赔式承保。为使风险责任有所控制，保单一般规定一个追溯日期，只有在追溯日期起发生的疏忽行为并在保单有效期内提出的索赔，保险公司才负责。对于追溯期以前的疏忽行为，保险公司概不负责。用这种条件承保，被保险人在投保时必须如实将已掌握或觉察到在追溯期内存在的可能索赔情况告知保险人，供保险人估计、控制和核定保费。如被保险人有意隐瞒，可能影响他的保险保障。

例如，某建筑单位采取期内索赔式投保建筑师责任保险，保险期从2023年1月1日至同年12月31日，追溯日期为2020年1月1日。那么，保险人仅对2020年1月1日以后发生的并在2023年以内提出索赔的建筑设计错误所造成的责任事故负赔偿责任。

采取期内发生式时，保险人只对保险期内发生的保险责任事故负赔偿责任，而无论受损害的第三者或被保险人何时提出索赔。

例如，《中国人民财产保险股份有限公司单项建设工程设计责任保险条款》规定：保险单明细表中列明的建设工程项目，在保险合同期限内，因被保险人设计的疏忽或过失而引发工程质量事故造成损失或费用，依法应由被保险人承担的经济赔偿责任，由保险人负责赔偿。该保险采用的承保方式就是期内发生式，即保险人只对保险期限内发生的保险责任事故负赔偿责任，而无论受损害的第三者或被保险人何时提出索赔。

由于以期内发生式为基础的承保方式要经过较长时期才能真正结束保险责任，故又称之为“长尾巴责任保险”。因为货币贬值等因素，最终索赔额可能大大超过疏忽行为发生时的水平，故其应用不如以期内索赔式为基础的职业责任保险广泛。

第四节　雇主责任保险

一、雇主责任

雇主责任是指雇员在受雇期间因意外事故或职业病而造成人身伤残或死亡，依法或按雇佣合同应由雇主承担的经济赔偿责任。在雇佣过程中，如果雇主未能部分或全部履行自己对雇员安全的义务致使雇员遭受人身损害，雇员有权要求雇主赔偿，这构成了雇主责任风险。

雇主与雇员之间存在直接的雇佣合同关系是构成雇主责任的前提，即只有雇主才有解雇该雇员的权利，雇员有义务服从雇主的管理从事业务工作，这种权利与义务关系通过书面形式的雇佣或劳动合同进行规范。

雇主责任一般由国家通过立法规定雇主对其雇佣的员工在受雇期间从事与职业相关工作中因发生意外事故或因职业病而引起人身伤亡时应承担的经济赔偿责任。有关雇主责任的法律，一般均对法律的实施范围、雇主责任、雇员发生伤亡时雇主应赔偿的标准，以及申请赔偿和雇主支付赔偿的程序等做了具体详细的规定。

关于雇主对雇员的赔偿责任标准，各国法律都做了规定，内容各不相同。我国雇主责任保险的赔偿内容一般包括三个方面：

第一，雇员死亡后，按一定标准给予丧葬费用和家属抚恤金。在我国，根据国家劳动部门的有关规定，职工因工伤或职业病死亡后，企业应向其家属发放丧葬补助金、抚恤金、一次性死亡补助金。

第二，按雇员永久性伤残导致丧失劳动能力的程度给予一定标准工资支付，以及非永久性伤残停工期间的经济补助。我国劳动管理部门对工伤致残划分了等级标准，企业根据标准支付赔偿。

第三，医疗费用，一般按实际支出金额赔偿。

二、雇主责任保险概述

1. 雇主责任保险的定义

雇主责任保险是指以被保险人对雇员在其雇佣期间从事保单载明的被保险人的

业务有关工作时遭受意外事故或患与工作有关的国家规定的职业性疾病所致伤、残或死亡而依法应承担的经济赔偿责任为承保风险的一种责任保险。凡依法成立、从事对外投资、对外承包工程、劳务合作和其他国际经济技术合作业务的政府机构、企事业单位、社会团体、个体经济组织及其他合法成立的组织，均可成为雇主责任保险的被保险人。

2. 雇主责任保险的特点

雇主责任保险与产品责任保险、公众责任保险、职业责任保险一起，构成目前我国责任险的四大主力险种。与其他险种相比，雇主责任保险主要有以下特点：

（1）雇主责任保险的业务覆盖对象极其广泛。外资企业、国有企业、私营企业等只要产生雇佣关系的单位或经济组织，均可作为投保人向保险公司投保雇主责任保险。凡被保险人所雇用的员工，不仅包括正式员工，还包括短期工、临时工、季节工和学徒工等，只要他们在从事与被保险人的业务有关工作中遭受意外而致受伤、死亡或患与业务有关的职业性疾病，被保险人根据雇佣合同须负医疗费及经济赔偿责任，以及应支出的诉讼费用，均可由保险公司承担并赔偿。

（2）雇主责任保险属于商业保险，但在社会保障体系中是一个重要补充。我国《工伤保险条例》中明确规定了各类企业必须为其职工向社会保险局办理工伤保险，这是一种强制性保险规定，属于政府保障。由于政府保障需兼顾社会各层面的保障需求，因此工伤保险的保障程度不高，属于一种低层次的普及性保障。而雇主责任保险的保障程度高于工伤保险，它是一种商业化的补充保障。在全社会范围内推广雇主责任保险，可以加速构筑由政府保障、雇主保障和个人保障组成的多层次的社会保障体系，缓解政府负担过重的问题。从保障性来讲，雇主责任保险既有别于工伤保险，又有别于意外险、健康险，由此也奠定了其在产险市场中的地位。

（3）雇主责任保险业务的发展体现了与时俱进的特征。一方面，只有随着法律法规的日趋完善和人们维权意识的逐步增强，雇主责任保险才会受到人们的普遍重视和关注。另一方面，随着我国社会和经济的不断发展以及对外开放步伐的加快，各类性质的企业主体正迅猛增加，企业雇员规模也不断增大，这为雇主责任保险的发展提供了雄厚的物质保障和发展源泉，可以说雇主责任保险与经济、社会进步存在着同进退共兴衰的关系。

（4）雇主责任保险的推广，充分体现了保险业在社会管理功能中的作用。雇主责任保险广泛涉及企业经营风险的分散、企业对员工的福利保障和经营队伍的稳定。雇主责任保险的大力推广，充分体现了保险业“服务大局、勇担责任、团结协助、为民分忧”的行业精神。

3. 雇主责任保险的作用

雇主责任保险作为产生最早的一种责任保险业务，在经济发展和社会稳定方面有重要作用。

（1）有效转嫁责任者的风险，维护其正常的生产经营和生活稳定。在现代社会，不断完善的法律制度对相关责任者承担损害赔偿的要求愈加严格，使得责任方面临的风险不断增大。企业日常生产中，意外事故在所难免。一旦发生责任事故，雇主必将耗费人力、物力、财力进行善后处理，从而影响其正常的生产经营活动。另外，雇主的经济实力各不相同，对于大型的损害赔偿事件，实力雄厚的大企业能够承担，而中小企业可能根本无法承受，一次责任事故的损害赔偿就可能导致其破产倒闭。投保雇主责任保险，可以将事先无法确定的风险转嫁给保险公司，解除其后顾之忧。

（2）保证民事赔偿责任得以履行，确保受害雇员得到足够的补偿，从而有利于维护社会安定。如果发生事故，雇主由于经济实力，不能有效补偿受害人的利益损失，则容易引起受害雇员的不满，激化矛盾，影响社会安定。通过投保雇主责任保险，雇主可以转嫁其民事损害责任风险，使受害人的经济利益得到可靠保障，从而有效维护社会的稳定。

（3）是损害赔偿防治的社会化监督保障机制的一部分。保险人承保雇主责任风险后，出于风险管理的目的，会经常性地或不定期地进行监督检查，督促企业及时排除隐患，能够有效减少事故发生的概率，降低损失程度，减少赔偿支出。因此，雇主责任保险可以成为社会防损工程建设的一个重要组成部分。

三、雇主责任保险的基本内容

（一）保险责任

雇主责任保险的保险责任是雇主对其雇员在受雇期间因发生意外事故或患职业病而造成人身伤残或死亡时依法应承担的经济赔偿责任。雇主责任包括两个方面的内容：一是被保险人所雇佣的人员（包括长期固定工、临时工、季节工、学徒工），在保单有效期间，在受雇过程中，在保单列明的地点，从事保单列明的被保险人的业务活动时，遭受意外而受伤、致残、死亡或患与业务有关的职业性疾病所致伤残或死亡的经济赔偿责任；二是被保险人的有关诉讼费用。

在雇主责任保险的保险责任中，应注意下列问题：

第一，保险条款对“所雇佣的人员”有明确定义，即被保险人直接雇佣的员工，包括长期固定工、临时工、季节工、学徒工。而被保险人是指与雇员有直接雇佣合同关系的一方，他承担着对雇员在受雇期间遭受伤害的法律赔偿责任，这种雇佣关系是指雇主与所雇员工之间有着直接的权利和义务关系，并且以劳动合同为依据。根据服务合同而非劳动合同为被保险人工作的人不属于雇主责任保险范畴。

第二，职业性疾病是指被保险人所雇的员工在从事生产劳动及其他职业性活动中，接触职业性有害因素引起的疾病。1987 年 11 月，卫生部、劳动人事部、财政部、中华全国总工会发布了《职业病范围和职业病患者处理办法的规定》，此规定是界定职业性疾病的依据。《中华人民共和国职业病防治法》第二条第二款规定：“本法所称职业病，是指企业、事业单位和个体经济组织（以下统称用人单位）的劳动者在职业活动中，因接触粉尘、放射性物质和其他有毒、有害物质等因素而引起的疾病。职业病的分类和目录由国务院卫生行政部门会同国务院劳动保障行政部门规定、调整并公布。”2013 年 3 月，国家卫生计生委等四部门联合发布《职业病分类和目录》，将职业病分为职业性尘肺病及其他呼吸系统疾病、职业性皮肤病、职业性眼病、职业性耳鼻喉口腔疾病等10大类共132种。该目录基本囊括了我国当前各种主要职业危害导致的严重职业病。

第三，应支出的有关诉讼费用包括律师费用、取证费用以及经法院判决应由被保险人支付的诉讼费用。此项费用必须是用于处理保险责任范围内索赔纠纷或诉讼案件所产生的合理费用。保险人对诉讼费用的赔偿限于该项赔偿限额之内。

另外，雇主责任保险承保的对象是雇主对其雇员依法应承担的责任，企业董事会成员视同雇主身份，不是雇主责任保险承保的对象。因此，他们在工作地点和工作期间的人身伤亡都不属于雇主责任保险的责任范围。

（二）附加责任

我国雇主责任保险经保险双方当事人约定后，可以扩展承保以下两项保险责任：

（1）附加医疗费保险。这项附加险承保雇员在保单有效期间，因患职业病以外的疾病（包括传染病、分娩、流产）所需医疗费用，包括治疗、医药、手术、住院费用，并规定只限于在中国境内的医院或诊疗所就诊和治疗，凭单据赔付。

（2）附加第三者责任保险。附加第三者责任保险承保被保险人在保单有效期内，其雇员（或其本人）在从事保单列明的业务或有关工作时，由于意外或疏忽造成第三者人身伤亡或财产损失，以及由此引起的对第三者的抚恤金、医疗费用和赔偿费用，依法应由被保险人承担的经济赔偿责任。

这项附加责任保险为雇主在经营业务活动中可能造成的对第三者责任的风险提供保障。

（三）除外责任

我国雇主责任保险对下列各项风险与损失不负赔偿责任：

（1）战争、军事行动、罢工、暴动、民众骚乱或核子辐射所致被保险人所聘用员工伤残或死亡。这些属于不可抗力或巨灾造成的损失，通常在各险种中都作为责任免除，其中部分风险经特别约定可作扩展。

（2）被保险人所聘用员工由于职业性疾病以外的疾病、传染病、分娩、流产以及因此而施行内外科治疗手术所致的伤残或死亡。这些与从事的职业无关。但经过特别约定，可以作为附加责任予以保障。

（3）被保险人所聘用员工因自相伤害、自杀、违法行为造成的伤残或死亡。这些属于雇员本身的故意行为或犯法行为。

（4）被保险人所聘用员工因非职业因素而受酒精或药剂的影响所发生的伤残或死亡。这部分责任免除强调了与职业病的区别。

（5）被保险人的故意行为或重大过失。雇主责任保险的被保险人应认真履行对所聘用员工应尽的义务。被保险人的故意或重大过失而造成员工伤害的责任，应由被保险人自己负责。此条作为除外责任的目的在于督促被保险人认真履行其职责。

（6）除有特别规定外，在中华人民共和国境外发生的被保险人所聘用员工的伤残或死亡。对因需要负担境外责任的被保险人，保险人可以在加收保险费的前提下，在保险单中加批员工公务（劳务）出国条款予以承保此部分风险。

（7）其他不属于保险责任范围内的损失和费用。

（四）被保险人义务

雇主责任保险的被保险人义务如下：

1. 告知义务

在投保时，被保险人及其代表应对投保申请书中的事项以及保险人提出的其他事项做出真实、详尽的说明或描述。

2. 缴纳保险费的义务

被保险人应在签订保险合同后，按照合同约定及时交付保险费。缴纳保险费是被保险人转嫁责任风险、获得保险保障而应支付的对价。

3. 危险增加的通知义务

鉴于责任保险的特点，保险公司对所承担责任的任何变动必须及时了解，以便相应地修改承保条件。保险人是在对被保险人填写的投保申请书等情况了解的基础上开具承保条件的。如果出现订立保险合同时双方当事人未曾估计到的危险发生的可能性，保险人有权要求提高保费或解除合同。例如，雇员原来从事普通工种改为从事高度危险的工种，从而增加可能受伤的机会。

被保险人有义务对任何与投保当时所申报的情况有变更或不同之处在五天内通知保险人，保险人据此调整承保条件，出具批单，必要时还须加收保费。具体而言，当投保单或保险单明细表中所列的保险事项发生变化时，被保险人应按照规定通知保险人，同时保险人有权按照变化后的风险状况调整包括保费在内的承保条件。否则，保险人对因保险事项的变化而发生的损害不负赔偿责任。

4. 保险事故发生后的通知义务

发生保险责任范围内事故时，被保险人应及时通知保险人。有关事故的赔偿问题，被保险人不得自行做出任何承担赔偿责任的表示或行为。

5. 安全管理、积极施救的义务

被保险人不能因为参加了保险，就放松安全管理。被保险人必须遵守国家有关消防、安全、生产操作、劳动保护等方面的规定，采取切实有效的措施，尽可能地杜绝伤害事故的发生。而且，在发生保险事故后，被保险人应积极采取措施，尽力阻止危险事故的蔓延。

（五）雇主责任保险的风险评估

保险人在承保时，应向投保人及有关方了解其详细的业务和风险情况，以便对所承保的业务的风险科学地做出评估。保险人应调查了解以下情况：

（1）被保险人的全称及详细地址。

（2）被保险人经营业务场所所处的地理环境和周边情况，是否存在有损健康的危险情况。

（3）被保险人的业务性质属于哪类行业。如系生产企业，还应确定其工业风险等级。被保险人的生产过程，有无影响雇员安全生产或身体健康的特别危险存在，注意了解特殊企业的特别风险。如生产过程中是否有高空作业，是否有放射性物质、石棉制品、含硅粉尘、含铅物质、易燃易爆或有毒腐蚀性气体或液体，工作现场是否有严重的持续性噪音等。

(4) 员工工作场所的房屋、建筑等级或结构，是室内作业还是露天或野外作业；在工作场所内，是否有损害员工身体健康的污染存在，具体是哪种污染类别；被保险人的雇员是否需要经常外出工作，外出工作的性质以及风险情况。

(5) 员工工种分类及其技术熟练程度。

(6) 员工工作场所的安全设施以及应急抢救措施或手段，与附近的医院、消防队的距离。

(7) 被保险人的管理人员结构以及水平。是否有专门的安全管理机构或人员，是否规定了详细的安全生产规章，并有相应措施来保障实施。

(8) 被保险人以往的事故记录、损害情况、员工以及家属的索赔情况。

(9) 被保险人以往的保险记录，是否有被保险公司解除保险合同的情况发生。如果有，查明原因和以往的赔款情况。

(10) 劳动合同中被保险人对所聘用员工因为意外或患职业病而造成伤、残、死亡等规定的赔偿原则。

(11) 承保区域范围有无特殊要求。

(12) 被保险人有无扩展责任要求以及与扩展责任相应的风险情况。

通过对以上事项的了解，保险人对被保险人及其员工的情况有了比较清晰的认识，这是开具承保条件的前提。

(六) 赔偿限额

赔偿限额是责任保险人承担的最高赔偿额度。赔偿限额通常包括每次事故赔偿限额、每人人身伤亡赔偿限额、每人医疗费用赔偿限额、每人误工费用赔偿限额、每次事故法律费用赔偿限额、法律费用累计赔偿限额、累计赔偿限额。赔偿限额由投保人与保险人协商确定，并在保险合同中载明。保险人为了保证其经营的相对稳定性，通常在保单的明细表中对被保险人所聘用员工发生保险责任范围内的事故造成的损失规定一个最高赔偿限额。它以雇员工资收入为依据，由保险双方当事人在签订保险合同时确定，并在保险合同中载明。目前，我国的雇主责任保险没有法律规定的赔偿标准，由被保险人根据雇佣合同的要求，以雇员若干个月的工资额制定赔偿限额。现行的保险单通常将死亡的赔偿限额确定为雇员 36 个月的工资；将伤残的最高赔偿限额确定为雇员 48 个月的工资。雇主责任保险保单分别规定死亡和伤残两种情况的赔偿限额。

在保险单有效期间，不论发生一次或多次赔偿，保险单对每位雇员的赔偿累计不得超过保单规定的赔偿限额。

附加医疗费用保险，对每个雇员规定累计赔偿限额。

附加第三者责任保险，规定每次事故赔偿限额。

(七) 保险费率和保险费

1. 保险费率

保险费率即保险价格。制定雇主责任保险费率的依据有：

(1) 行业特征、工种特征。

保险费率往往因职业的危险程度不同而有所差异。

（2）责任范围的大小，是否有扩展责任。

经保险人与被保险人双方同意，雇主责任保险可以扩大承保责任的范围。例如，在保险期限内，雇主责任保险可以扩展承保本保险单明细表中列明的地点范围内，直接因罢工、暴乱、民众骚乱而造成被保险人所雇佣人员在从事业务工作时所受伤害的赔偿责任。

2. 保险费

雇主责任保险采用预收保费制，即保费是按照不同工种雇员的适用费率乘以该类雇员年度工资总额计算出来的，在签发保险单时一次收清。

在签订保险单时，保险费是根据被保险人估计的保险期间的工资总额计算的预付保险费交纳的。在保单到期后的一个月内，被保险人应提供本保险单有效期间实际付出的工资和各项补贴的准确数字并将其送交保险人；保险人根据这个数字对保险费用进行调整，预收保险费多退少补。

保险费计算公式如下：

预收保费＝甲工种年工资总额×适用费率＋乙工种年工资总额×适用费率

附加医疗保险保费＝每人累计赔偿限额×人数×费率

附加第三者责任保险保费＝每次事故赔偿限额×人数×费率

（八）雇主责任保险的保险区域、司法管辖和索赔期限

1. 保险区域

保险区域是指保险公司承担赔偿责任的地理范围限制，即保险责任事故必须发生在规定的地域范围之内，一般控制在被保险人企业的经营地址内。经保险公司书面同意，可以将地域范围定为中国境内；经过保险公司特别约定并在加收一定保险费的基础上，也可以扩展到境外特定的国家或地区，以保障企业员工在境外的短期公干。

2. 司法管辖

司法管辖是指发生保险事故后，保险公司认可哪个司法机构的判决，并以此为赔偿依据。我国的雇主责任保险条款规定，发生争议诉诸法律时，保险单的司法管辖为中华人民共和国司法管辖。

对于争议的处理，保险合同双方可以进行选择并在保险合同中约定。被保险人和保险人之间的一切有关本保险的争议，应通过友好协商解决。如果协商不成，可以申请仲裁或向法院提出诉讼。如果选择仲裁，保险双方应在保险合同中事先明确一个仲裁机构，将来发生保险争议后由事先选定的仲裁机构进行仲裁。除事先另有协议外，仲裁或诉讼应在被告方所在地进行。

3. 索赔期限

根据保险法和雇主责任保险单的规定，雇主责任保险的索赔时效为两年，即被保险人应自保险事故发生之日起两年内向保险人提出正式索赔，并提供全套索赔单证。如果超过两年未能做到有效索赔，则视同自动放弃权益。但对于诉诸法律的索赔，只要初次诉诸法律的行为发生在规定的两年内，对超过此期间的法院判决，保险人仍然予以负责。

（九）雇主责任保险的赔偿处理

雇主责任保险的理赔只涉及雇员的人身伤残或死亡，不涉及雇员的财产损失。发生保险责任事故后，保险人根据被保险人提供的受害雇员的医院证明，按照保险单规定的条件赔付。如有必要，保险人有权要求被保险人提供其他证明材料。对于医药费用、诉讼费用，以及暂时丧失工作能力超过5天以上的补偿，保险人根据保险单列明的赔偿金额表上规定的赔偿限额的比例赔付。在赔偿处理上，保险双方均须承担的权利和义务如下：

（1）被保险人在向保险人申请赔偿时，应提交保险单，有关事故证明书，事故处理报告，保险人认可的医疗机构出具的医疗证明、伤残证明（或法院判决书）、医疗费等费用的原始单据，以及保险人认为必要的其他有效单证材料。若雇员发生死亡，被保险人还应提供死亡证明书和户口注销等证明文件，这些材料是保险人认定事故是否属于保险责任的重要依据。

（2）保险人在接到被保险人的索赔申请和各项证明材料后，应当迅速审定核实，确定保险责任，计算赔偿金额。保险赔偿金额一经保险合同双方确认，保险人应当在十日内一次支付赔款结案。

在保险有效期内，发生保险责任范围内的事件，保险人根据被保险人投保时提供的雇员名册，对发生伤、残、亡的雇员按下列标准赔偿：

①雇员因工伤或职业性疾病引起伤残或死亡后，保险人根据医院或有关单位和部门出具的相关证明文件，按照赔偿金额表的规定计算赔偿金额。

②每一雇员均适用各自的赔偿限额。

③雇员死亡、永久丧失全部工作能力，保险人按最高赔偿金额对其进行赔偿。

④雇员丧失部分工作能力，保险人在规定的最高赔偿限额内，按其伤残程度，按一定的比例赔偿。

⑤雇员暂时丧失工作能力超过五天，在此期间，经过医院证明，保险人按照当地政府公布的每人每天最低生活标准赔偿工伤津贴，工伤医疗期满或确定伤残程度后停发，最长不超过一年。

（3）医疗费用按照实际支出扣除免赔额后在赔偿限额内赔付。保险人赔偿包括挂号费、治疗费、手术费、床位费、检查费、非自费药费部分，但不包括受伤员工的陪护费、伙食费、营养费、交通费、取暖费、空调费以及安装假肢、假牙、假眼和残疾用具费用。除紧急抢救外，受伤员工均应在县级以上医院或政府有关部门或承保公司指定的医院就诊。

（4）诉讼费用在规定的赔偿限额内根据实际支出赔付。

（5）对每次事故的赔偿按照伤害程度在赔偿金额表中确定赔偿金额的比例，并在约定的赔偿限额内赔偿。累计赔偿限额是保险人在保险单有效期内承担的最高的赔偿金额。一旦达到累计赔偿限额，就表明保险人已经履行了保险单规定的全部赔偿义务，保险单即行终止。

（十）与雇主责任相近的险种

1. 安全生产责任保险

安全生产是关系人民群众生命财产安全的大事，是经济社会协调健康发展的标志，是党和政府对人民利益高度负责的要求。2016年，《中共中央 国务院关于推进安全生产领域改革发展的意见》发布，提出“取消安全生产风险抵押金制度，建立健全安全生产责任保险制度，在矿山、危险化学品、烟花爆竹、交通运输、建筑施工、民用爆炸物品、金属冶炼、渔业生产等高危行业领域强制实施，切实发挥保险机构参与风险评估管控和事故预防功能。完善工伤保险制度，加快制定工伤预防费用的提取比例、使用和管理具体办法。积极推进安全生产诚信体系建设，完善企业安全生产不良记录‘黑名单’制度，建立失信惩戒和守信激励机制”。

安全生产责任保险，是指保险机构对投保的生产经营单位发生的生产安全事故造成的人员伤亡和有关经济损失等予以赔偿，并且为投保的生产经营单位提供生产安全事故预防服务的商业保险①。安全生产责任保险的保险责任包括投保的生产经营单位的从业人员人身伤亡赔偿，第三者人身伤亡和财产损失赔偿，事故抢险救援、医疗救护、事故鉴定、法律诉讼等费用②。煤矿、非煤矿山、危险化学品、烟花爆竹、交通运输、建筑施工、民用爆炸物品、金属冶炼、渔业生产等高危行业领域的生产经营单位应当投保安全生产责任保险。鼓励其他行业领域生产经营单位投保安全生产责任保险。各地区可针对本地区安全生产特点，明确应当投保的生产经营单位③。对生产经营单位已投保的与安全生产相关的其他险种，应当增加或将其调整为安全生产责任保险，增强事故预防功能④。《中华人民共和国安全生产法》第一百零九条规定：高危行业、领域的生产经营单位未按照国家规定投保安全生产责任保险的，责令限期改正，处五万元以上十万元以下的罚款；逾期未改正的，处十万元以上二十万元以下的罚款。可见，对于煤矿、非煤矿山、危险化学品、烟花爆竹、交通运输、建筑施工、民用爆炸物品、金属冶炼、渔业生产等高危行业领域，要求必须强制购买安全责任保险。

安全生产责任保险的保费由生产经营单位缴纳，不得以任何方式摊派给从业人员个人。

保险机构应当建立生产安全事故预防服务制度，协助投保的生产经营单位开展以下工作⑤：

（1）安全生产和职业病防治宣传教育培训；

（2）安全风险辨识、评估和安全评价；

（3）安全生产标准化建设；

（4）生产安全事故隐患排查；

（5）安全生产应急预案编制和应急救援演练；

（6）安全生产科技推广应用；

（7）其他有关事故预防工作。

综上，从性质上看，安全生产责任保险是一种带有公益性质的强制性商业保险，

---

① 《国家安全监管总局 保监会 财政部关于印发〈安全生产责任保险实施办法〉的通知》第二条。

② 《国家安全监管总局 保监会 财政部关于印发〈安全生产责任保险实施办法〉的通知》第九条。

③ 《国家安全监管总局 保监会 财政部关于印发〈安全生产责任保险实施办法〉的通知》第六条第一款。

④ 《国家安全监管总局 保监会 财政部关于印发〈安全生产责任保险实施办法〉的通知》第六条第三款。

⑤ 《国家安全监管总局 保监会 财政部关于印发〈安全生产责任保险实施办法〉的通知》第十三条。

八大高危行业领域的生产经营单位必须投保，同时在保险费率、保险条款、预防服务等方面必须加以严格规范。

在功能上，安全生产责任保险的保障范围不仅包括企业从业人员的人员伤亡和财产损失，还包括第三者以及相关救援救护、事故鉴定和法律诉讼等费用。安全生产责任保险具有事故预防功能。保险机构必须为投保单位提供事故预防服务，帮助企业查找风险隐患，提高安全管理水平，从而有效防止生产安全事故的发生。

2. 工伤保险

工伤保险是指劳动者因工作遭受意外伤害、患职业病、致残或死亡，暂时或永久丧失劳动能力，劳动者或供养亲属从国家、社会得到法定的医疗生活保障及必要的经济补偿的一种社会保险制度。《工伤保险条例》第二条规定，中华人民共和国境内的企业、事业单位、社会团体、民办非企业单位、基金会、律师事务所、会计师事务所等组织和有雇工的个体工商户应当依照本条例规定参加工伤保险，为本单位全部职工或者雇工缴纳工伤保险费。

工伤保险费根据以支定收、收支平衡的原则确定费率。国家根据不同行业的工伤风险程度确定行业的差别费率，并根据工伤保险费使用、工伤发生率等情况在每个行业内确定若干费率档次。保险人根据用人单位工伤保险费使用、工伤发生率等情况，用所属行业内相应的费率档次确定单位缴费费率。《工伤保险条例》第六十二条第二款规定："依照本条例规定应当参加工伤保险而未参加工伤保险的用人单位职工发生工伤的，由该用人单位按照本条例规定的工伤保险待遇项目和标准支付费用。"

第五节　其他责任保险

其他责任保险主要包括第三者责任保险、机动车辆延长保修责任保险、诉讼财产保全责任保险产品、侵犯专利权责任保险等。

1. 第三者责任保险

第三者责任保险旨在保障被保险人（通常是个人或组织）对第三方可能造成的人身伤害或财产损失负有法律责任的风险。它主要涉及被保险人因其行为或疏忽而对他人造成损害时的赔偿责任。第三者责任保险可以涵盖多个领域，如汽车保险中的第三者责任险、建工领域的第三者责任保险等。具体的保险范围和责任限额将根据保险合同的条款和条件而有所不同。

2. 机动车辆延长保修责任保险

机动车辆延长保修责任保险是指在保险期间，承保被保险车辆在正常使用情况下出现延保合同约定保修范围内的故障，消费者在延保合同约定的期限或行驶里程内向被保险人提出维修要求，并且根据延保合同的约定应由被保险人负责修理或更换零部件的赔偿责任的保险。

凡依法设立的，向消费者提供机动车辆延长保修服务的制造商、销售商、维修服务商或其他汽车服务商，均可以成为机动车辆延长保修责任保险的被保险人。

3. 诉讼财产保全责任保险

诉讼财产保全责任保险是指承保被保险人向人民法院申请诉讼财产保全，因申请错误造成被申请人直接经济损失，依法应由被保险人承担经济赔偿责任的保险。

4. 侵犯专利权责任保险

从主动和被动两个维度看，专利侵权风险一方面是指企业在研发、市场化过程中，故意或无意地侵犯他人有效专利权的风险；另一方面是指企业的专利成果被他人侵犯的风险①。专利保险是为转移专利侵权风险而产生的市场化运作结果，包括两种模式：①侵权险即侵犯专利权责任保险；②被侵权险，包括专利执行保险、专利被侵权损失保险。

侵犯专利权责任保险是一种为产品制造者、销售者和其他主体被控侵犯他人有效专利权时提供的专业责任保险。该险种的保险标的是被保险人（侵权人）以生产经营为目的制造、使用、销售、许诺销售、进口其专利产品进而侵犯他人有效专利权时应当承担的民事赔偿责任②，其承保范围包括：①保险人在被保险人被诉侵犯他人有效专利权时，为其提供应诉而支出的相关费用；②被保险人在应诉过程中提出原告专利无效宣告的费用；③被保险人被判承担赔偿责任时需要支付的损害赔偿金。

本章小结

（1）公众责任保险的界定有广义和狭义之分。广义的公众责任保险几乎承保所有的损害赔偿责任，如英美保险市场的公众责任保险承保了除雇主对雇员的责任以及因拥有或使用汽车、飞机或船舶而产生的责任之外，个人或企业所面临的全部责任风险。狭义的公众责任保险以被保险人的公众责任为承保对象，主要承保企事业单位、社会团体、个体工商户、其他经济组织及自然人在保险单明细表中列明的地点范围内依法从事生产经营活动或其他活动因意外事故发生造成他人（第三者）人身伤亡或财产损失，依法应由被保险人承担的民事赔偿责任。

（2）产品责任保险承保产品的制造者、销售者、维修者因其制造、销售、维修的产品有缺陷而造成使用、消费、操作该产品的人员的人身伤亡或财产损失，依法应承担的经济赔偿责任。为推动重大技术装备创新应用而开发的首台（套）重大技术装备保险是产品责任保险的创新险种。

（3）职业责任保险也称为职业赔偿保险，承保各种专业技术人员因工作上的疏

① 肖冰. 知识产权保险之困的成因分析与对策研究［J］. 科技进步与对策，2015（5）：106-110.

②《中华人民共和国专利法》第十一条规定："发明和实用新型专利权被授予后，除本法另有规定的以外，任何单位或者个人未经专利权人许可，都不得实施其专利，即不得为生产经营目的制造、使用、许诺销售、销售、进口其专利产品，或者使用其专利方法以及使用、许诺销售、销售、进口依照该专利方法直接获得的产品。外观设计专利权被授予后，任何单位或者个人未经专利权人许可，都不得实施其专利，即不得为生产经营目的制造、许诺销售、销售、进口其外观设计专利产品。"

忽或过失造成合同对方或其他人的人身伤害或财产损失的经济赔偿责任。它主要包括医疗责任保险、律师责任保险、董责险等。

(4) 雇主责任保险是指以被保险人对雇员在其雇佣期间从事保单载明的被保险人的业务有关工作时遭受意外事故或患与工作有关的国家规定的职业性疾病所致伤、残或死亡而依法应承担的经济赔偿责任为承保风险的一种责任保险。雇主责任保险与工伤保险、团体意外伤害保险、安全生产责任保险既有联系又有区别。

(5) 其他责任保险是除公众责任保险、产品责任保险、雇主责任保险、职业责任保险外的其他责任险产品，主要介绍了第三者责任保险、机动车辆延长保修责任保险、诉讼财产保全责任保险、侵犯专利权责任保险。

本章关键词

公众责任保险　环境污染责任保险　食品安全责任保险　学生实习责任保险　产品责任保险　职业责任保险　董责险　医疗责任保险　雇主责任保险　安全生产责任保险

本章思考题

1. 简述公众责任保险的特点及其主要险种。
2. 产品责任保险费率确定的主要依据有哪些?
3. 请分析职业责任保险的承保对象与一般责任保险有何不同。
4. 请分析比较雇主责任保险、安全生产责任保险、工伤保险、团体人身意外伤害保险的异同。
5. 请分析比较产品责任保险、产品质量保证保险、产品召回保险的异同。

第十章
信用保险与保证保险

章首语：

信用保证保险以义务人的信用风险为承保风险，是促进国际贸易和化解信用纠纷的有效手段，近年逐渐成为我国产险结构中愈来愈重要的一类险种。本章首先整体介绍了信用保证保险的概念、特征、发展情况，再分别详细地介绍了信用保险和保证保险的主要类型、特征等基础知识，并结合实际分析了具体险种的保险责任及责任免除、保费费率及保额、保险的理赔等基本要素，以期能够帮助读者系统地掌握信用保证保险的本质、功能及作用，能区别信用保险和保证保险，并能理解各类信用保证保险的经营实际。

第一节　信用保证保险概述

“人无信则不立”，诚实守信是中华民族的传统美德，而当今的信用，越来越成为商业交易、生产经营活动及经济发展的重要生产要素。随着经济社会的发展，尤其是随着各类信用在经济活动中的广泛运用，信用风险频繁发生，经济单位寻求以保险的方式转嫁风险，以减少经济活动中的损失。信用保险和保证保险都是由保险人作为保证人为被保证人向权利人提供担保的一类保险业务，两者有相同之处也存在着区别。由于自身的一些特性，信用保险和保证保险区别于一般的财产保险，是保险领域中相对独立的组成部分，属于广义财产保险的范畴。

一、信用保证保险的概念

（一）信用保险的概念

就目前来看，信用保险（credit insurance）在各类教材中并没有一个标准的定义。袁宗蔚教授将信用保险定义为保障被保企业应收账款遭受不正常损失之保险，承保的是被保险人因其债务人无力偿付或拒绝偿付之损失①。全国保险业标准化技

① 袁宗蔚. 保险学：危险与保险［M］. 北京：首都经济贸易大学出版社，2000：631.

术委员会在《保险术语》中将信用保险定义为：以债权人因债务人不能偿付或拒绝偿付债务而遭受的经济损失为保险标的的保险[①]。以上定义突出了信用保险的保险标的和保障的风险，却没有将信用保险的当事人关系清晰地呈现出来。

本书将信用保险定义为权利人向保险人投保义务人信用的保险。具体来讲，是权利人投保义务人不履行义务而对其造成的损失的保险。在信用保险业务运作过程中存在着相互关联的两种责任关系：一种是义务人对权利人履行义务的责任；另一种是保险人根据上述义务人的全部或部分责任由保险合同设定的向权利人进行赔偿的责任，即当义务人不按照合同中关于其责任的约定作为或不作为时，保险人将负责赔偿义务人对权利人造成的损失，其后保险人从权利人处取得代位求偿权，可就已向权利人赔偿的金额向义务人追偿。

（二）保证保险的概念

对于保证保险是否是保险业务的一种，学界颇有争执，但大多数教材将其作为一个险种进行介绍。实践中，保险公司也将其作为一个独立的险种。全国保险业标准化技术委员会在《保险术语》中将保证保险（surety bond）定义为以权利人因被保证人不履行合同义务或者犯罪而遭受的经济损失为保险标的的保险[②]。

保证保险在实质上是一种担保行为，是指被保证人（义务人）借保险人的信用向权利人提供担保。本书将保证保险定义为保险人为被保证人（或义务人或投保人）向权利人提供担保，当权利人由于被保证人的作为或不作为遭受经济损失时，由保险人承担赔偿责任的一种保险。

二、信用保证保险的特征

由于参与主体的复杂性和保险标的、保障风险的特殊性，信用保证保险和一般的财产保险相比有着自身的特征。

（一）主体涉及三方当事人

一般财产保险合同是投保人与保险人之间签订的双方协议，通常不涉及第三方。信用保证保险会涉及对投保人（权利人）有经济责任的第三方当事人（义务人），即信用保险合同中的投保人（同时也是权利人、被保险人）与保险人签订信用保险合同，义务人是保险合同之外的第三方当事人；保证保险合同中的投保人（同时也是义务人）与保险人签订保证保险合同，但真正享受保障同时也是被保险人的是保险合同以外的第三方当事人（权利人）。

（二）特殊的业务处理方式

信用保证保险承保的是信用风险，这种无形的利益标的与有形的物质财产比较起来，其风险预测的难度较大，也更容易产生道德风险，因为经营具有一定的不稳定性且经营技术具有复杂性。因而，为了控制风险，保险人一般在事先对义务人资信状况进行严格审查的基础上决定是否承保。随着信用体系的不断完善，资信调查也越来越便捷，一些保险科技手段成为保险公司控制信用风险的主要方法。一般而

① 全国保险业标准化技术委员会. 保险术语［M］. 北京：中国财政经济出版社，2009：34.
② 全国保险业标准化技术委员会. 保险术语［M］. 北京：中国财政经济出版社，2009：36.

言，保险人通常需出面或委托资信部门调查义务人的支付能力、信用、经营管理等情况，以调查的结果为承保决策服务。如果是涉外的信用保险业务，保险人还要调查被保证人所在国或地区的政治经济状况。

（三）保险费率的厘定及保额的确定

在厘定保险费率时，一般的财产保险以投保财产历史损失发生概率为基础，以大数法则为基本原则；而信用保险的费率厘定主要与义务人的资信状况有关。一般的财产保险保额的计算通常以保险标的的保险价值为基础；而信用保险的保额取决于义务人对权利人的经济责任，一般由保险人和权利人根据义务人的责任限额进行事先约定，保险人也只对其为义务人预先设定的限额内的损失负责赔偿。例如，信用卡保险的保额以当年该卡的预计总交易额为基础进行确定，而保费费率则更多地依据持卡人的资信来进行确定，而非一般财产保险的大数法则。在保证保险中，因为承保的是义务人的信用风险，所以保险人对义务人的资信进行担保，保证保险的保费常有一种手续费或担保费用的性质，其费率厘定难以适用大数法则。

（四）对义务人的追偿是信用保证保险业务的重要组成部分

在一般的财产保险业务中，保险人在赔付后的追偿不是必须发生的，除非损失由第三者造成才适用代位追偿原则，保险人取得向责任人追偿的权利；而在信用保险中，由于保障风险的特殊性，保险人通过向义务人进行追偿来减少损失是业务流程的重要组成部分。当信用保险发生约定的保险事故时，保险人向债权人赔偿后，可以向债务人进行追偿，所以代位求偿在信用保证保险中非常重要，是保障保险人权益以及促进商业贸易健康发展的重要原则。而在普通的财产保险中，并非所有的保险事故都是第三方导致的，所以追偿原则并不适用于所有的财产保险合同。

（五）对经营该业务的保险人的要求较严格

实践中，大多数国家的信用保证保险必须由政府指定或批准的保险人或专门经营信用保证保险业务的保险人办理，禁止一般保险人承保该项业务。例如，美国财政部每年公布一次被批准的保证保险人名单，并规定各公司承保的限额。这样规定是因为：第一，该业务的经营较复杂，必须由专业人员办理；第二，保证保险人有可靠的偿付能力；第三，有些信用保险业务本身具有较强的政策性，如为了促进本国商品出口而开办的出口信用保险业务，必须由指定的保险人或机构来办理。2001年12月18日成立的中国出口信用保险公司是我国唯一承办政策性出口信用保险业务的金融机构。

三、信用保证保险的发展历程

（一）信用保证保险市场的产生与发展

信用保险是随着现代社会商业信用的普遍化和道德风险的频繁出现而发展起来的，起源于19世纪中叶的欧洲，最初开办的是国内信用保险业务。19世纪下半叶，英国海外贸易不断开拓，收汇风险也日益增大，逐渐使国内信用保险向出口信用保险延伸。第一次世界大战结束后，信用保险得到了迅速发展，欧美等国出现了众多的商业信用保险公司，一些私营保险公司联合组织成立了专门承保出口信用保险的机构。1919 年，英国成立了出口信用担保局（Export Credit Guarantee Department，ECGD）。比利时于 1921 年成立出口信用保险局，荷兰于 1925 年建立国家出口信用担保机制，挪威于 1929 年建立出口信用担保公司。西班牙、瑞典、美国、加拿大分别于 1929、1933、1934 和 1944 年相继建立了以政府为背景的出口信用保险和担保机构，专门从事对本国的出口和海外投资的政策支持。1946 年，法国正式成立的法国外贸保险公司为全球出口信用保险业之翘楚。

信用保险市场的发展离不开经济的发展和信用风险的出现。1929—1933 年的经济危机，使整个资本主义国家的工业生产下降了 37%，世界贸易额减少了 2/3。经济危机还引发了空前的信用危机，各国信用保险业务受到了致命的打击，大批经营商业信用保险业务的保险公司纷纷破产，只有少数经营稳健、实力雄厚的公司幸存下来。但经过这次冲击，信用保险制度进一步完善起来，许多西方国家效仿英国的经验，先后成立了专门的国营机构来经营出口信用保险。幸存的少数私营保险公司只承保商业风险。1934 年，各国私营和国营出口信用保险机构在瑞士伯尔尼联合成立了国际信用和投资保险人联合会（Berne Union，简称“伯尔尼联盟”）。此后，各国的信用保险业务虽屡屡受到经济动荡的冲击，但都逐步发展起来，在世界各国（特别是发达国家）形成了信用保险制度。

得益于不同的贸易交易环境和文化环境，相对而言，欧洲地区的信用保证保险发展最好[①]。2007 年下半年到 2008 年美国爆发了影响深远的“次贷危机”，大多数行业发展和与美国关联的各国出口企业都受到了明显的影响，各国开办的出口信用保险有效地缓解了“次贷危机”带来的企业出口贸易损失[②]。

（二）中国信用保证保险市场的产生与发展

中国的信用保证保险起步较晚，首先出现的是出口信用保险，于 20 世纪 80 年代末开始发展。1989 年，中国人民保险公司负责办理出口信用保险业务，以短期业务为主。1992 年，中国人民保险公司开办了中长期业务。1994 年，中国进出口银行也开始办理出口信用保险业务。出口信用保险业务开始由中国人民保险公司和中国进出口银行两家机构共同办理。

加入世界贸易组织（WTO）后，2001 年 12 月 18 日，中国出口信用保险公司（简称“中国信保”）正式揭牌运营，成为目前我国唯一的一家政策性出口信用保险机构。当前，中国信保的主要产品包括短期出口信用保险、中长期出口信用保险、投资保险、国内贸易信用保险、担保业务等。随着经济社会的发展，我国信用保险市场也得到了很大的发展，2009 年中国信保全年承保金额达到 1 166.0 亿美元，出口信用保险承保规模占我国一般贸易出口额的 18.6%，为维护我国进出口贸易稳定起到了重要作用[③]。中国信保 2022 年上半年承保金额超过 4 450 亿美元[④]，全年实现

---

① 粟芳. 财产保险学［M］. 上海：上海财经大学出版社，2019：308.

② 以中国为例，中国出口信用保险公司 2008 年上半年全国范围内接到出口信用保险索赔案件 936 件，金额达 2. 34 亿美元，同比增长了 108%，其中美国报损案件 202 件，同比增长了 31. 2%。援引自：王绪谨. 财产保险［M］. 北京：北京大学出版社，2022：284.

③ 数据来自中国出口信用保险公司 2009 年年度报告。

④ 数据来自中国出口信用保险公司官方网站。

承保金额 8 995.8 亿美元，同比增长 8.4%[①]，为支持"一带一路"建设和稳定国内外贸易和经济发展发挥了重要作用。2017—2021 年，在中国信保的业务机构中，短期出口信用保险是占比最高的，该险种的承保金额为 26 267.1 亿美元；其次是海外投资保险，承保金额为 2 970.3 亿美元；再次是国内贸易信用保险，5 年的承保金额是 2 699.8 亿美元[②]。尽管数据表明了当前短期出口信用保险的重要地位，但同时也反映出国内贸易和对外或来华投资信用保险的需求正在不断增强。

随着信用越来越成为商业交易不可或缺的投入要素和交易基础，除了传统的出口信用保险以外，商业信用保险、个人家庭或企业的保证保险需求也日益旺盛。2016 年 1 月，阳光信用保证保险股份有限公司（简称"阳光信保"）成立。阳光信保是阳光保险集团旗下专业信用保证保险公司，也是我国首家市场化运营的专业信用保证保险公司。截至 2022 年年末，阳光信保累计为 1.5 万余个中小企业客户和 47 万余名个人客户提供了超过 674.93 亿元的风险保障[③]。阳光信保的成立，打破了中国信保是唯一的专业信用保证保险公司的局面，从不同维度丰富了信用保证保险的产品和服务，在一定程度上提高了我国信用保证保险的市场效率。

四、信用保险与保证保险的区别

信用保险和保证保险都是对义务人的作为或不作为致使权利人遭受损失负责赔偿经济损失的财产保险，但信用保险是权利人向保险人投保义务人的信用，以保证自己的经济损失能够得到赔偿，保证保险是义务人向保险人投保自己的信用，以保证权利人的经济损失能够得到赔偿。两者在以下几个方面存在着区别：

（一）涉及当事人及业务结构不同

信用保险中，义务人是保险合同当事人（包括投保人和被保险人）之外的第三人，不直接涉入保险合同；而保证保险中的当事人包括投保人（或义务人或被保证人）、保险人（或保证人）和被保险人（或权利人），在整个保证保险业务活动中投保人有时候甚至还充当反担保人的角色。两种业务结构分别如图 10.1 和图 10.2 所示。

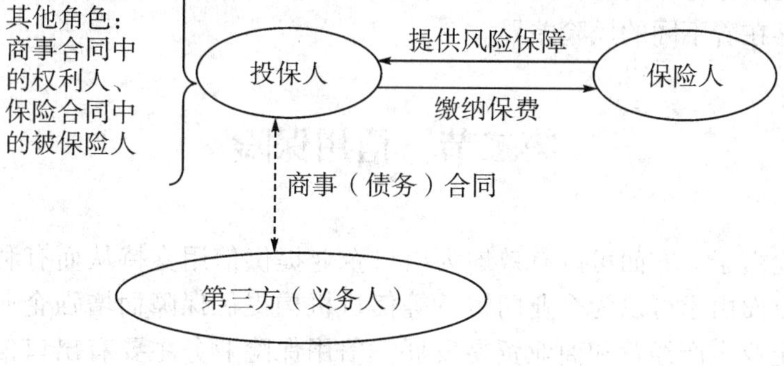

图 10.1　信用保险的业务结构示意图

---

① https://www.sinosure.com.cn/xwzx/xbdt/214479.shtml.

② 数据来自中国出口信用保险公司 2021 年年度报告。

③ 数据来自阳光信保官方网站。

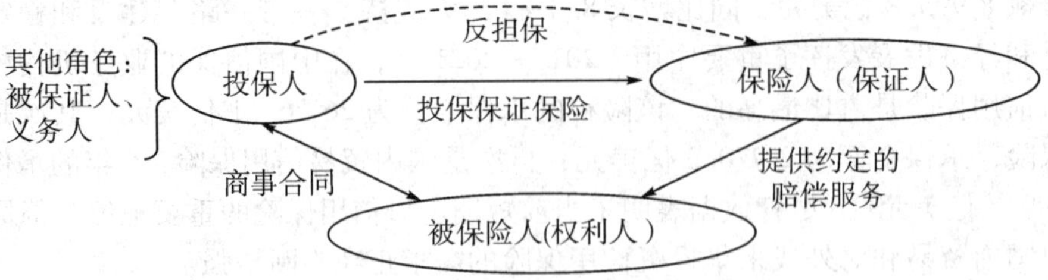

图 10.2　保证保险的业务结构示意图

（二）保费的性质不同

如上所述，保证保险存在着反担保，保险人支付的赔款要由被保证人如数退还。因此，从理论上讲，保证保险的保险人并没有真正承担赔偿责任，并没有完全意义上的实现风险转移，属于“零风险”业务。保险人收取的保险费，实际上是一种手续费或服务费。但在信用保险中，保险人往往难以得到义务人的反担保，只能事后向义务人追偿，这取决于保险人对义务人资信的审查，故信用保险的保险费是投保人向保险人转移风险的价格，与其他财产保险保险费无差异。

（三）实务操作中承保形式不同

在实务操作中，信用保险一般以保险单的形式来承保，其保单和一般财产保险保单并无太大区别，规定责任范围、除外责任、保额（责任限额）、保费等内容。而保证保险通常以出具保函的形式办理，其中保函类保证和司法类保证以此形式居多，多有担保性质；其他的保证保险，如消费信贷保证保险、产品质量保证保险一般采用标准保单形式进行承保，与其他财产保险类似。

（四）保险人面临的经营风险不同

信用保险和保证保险的投保人不同，但两类保险承保的均是义务人的信用风险。从理论上来看，保险人经营信用风险的风险，尤其是追偿失败的风险更高；而保证保险由于投保人就是义务人本人，保险人可以更有效地科学定价、控制理赔的道德风险并更容易实现成功追偿，因此经营风险相对更低一些。我国信用保证保险发展实践中，阳光信保开办的险种大多数是保证保险，这也说明了保险人面对信用保险和保证保险存在着不同的风险差异。

第二节　信用保险

信用保险由于一方面可以有效地为出口企业提供信用支持从而有利于促进出口创汇，另一方面由于可以为企业向银行等信贷机构提供保障而增强企业资信，从而有助于促进企业生产经营和商业贸易发展。信用保险业务主要有出口信用保险、投资保险、商业信用保险等几大类。其中，商业信用保险是信用保险领域的主体部分，出口信用保险有利于稳定贸易出口和资本性货物和服务出口，因此，出口信用保险和投资保险有较强的政策性，一般由专业的政策性信用保证保险公司经营或者政府直接开办。

一、出口信用保险

（一）出口信用保险的概念

出口信用保险（export credit insurance）是以国际贸易中国内出口商在经营出口业务过程中因进口商方面的商业因素或进口国方面的政治因素而遭受经济损失为保险标的的信用保险。承保风险主要包括出口商在经营出口业务过程中买方的商业风险和政治风险。出口信用保险与商品输出紧密相连，并以支持商品出口为宗旨，是各国政府推动本国贸易出口发展的一种重要的经济保障措施。

（二）出口信用保险的类型

出口信用保险可按不同的标准分类。根据保险期限的不同，它可分为短期出口信用保险和中长期出口信用保险。短期出口信用保险（short-term export credit insurance）是以信用期在一年以内的出口收汇风险为保险标的的信用保险。中长期出口信用保险（medium-and-long term export credit insurance）是以信用期在一年以上，最长可至二十年的出口收汇风险为保险标的的保险。

短期出口信用保险适用于出口企业从事以信用证（L/C）、付款交单（D/P）、承兑交单（D/A）、赊销（OA）结算方式自中国出口或转口的贸易，一般以综合保险的形式办理，承保风险包括出口企业所有以信用证和非信用证为支付方式出口的收汇风险。当前，我国的短期出口信用保险主要包括综合保险、统保保险、信用证保险、特定买方保险、买方违约保险、特定合同保险等险种。中长期出口信用保险旨在鼓励出口企业积极参与国际竞争，特别是鼓励高科技、高附加值的机电产品和成套设备等资本性货物的出口以及海外工程承包项目的开展，支持银行等金融机构为出口贸易提供信贷融资。我国的中长期出口信用保险最早由中国人民保险公司于1992年6月开办，旨在支持大型成套机电设备、船舶、飞机等资本性或半资本性货物等出口，具有较强的政策性。就目前的实践来看，我国的中长期出口信用保险主要包括出口买方信用保险、出口延付合同再融资保险等险种。

根据保险责任起止时间不同，出口信用保险可分为出运前出口信用保险（pre-shipment export credit insurance）和出运后出口信用保险（post-shipment export credit insurance）：前者是指以出口合同生效后、货物实际出运前的买家信用风险可能造成的经济损失为保险标的的信用保险；后者是指以货物出运后的买家信用风险可能造成的经济损失为保险标的的信用风险①。

（三）出口信用保险的特征

出口信用保险所要承保的是国外进口商（债务人）不能履行合同规定的义务的信用风险，这一风险受进口国以及进口商个体的影响，但这类风险的个体差异性较大，难以完全适用大数法则，因此难以形成有效的定价。这一客观实际极大地约束了保险供给者的供给意愿和供给能力，表现为有效供给不足。因此，在实践中，大多数出口信用保险都由本国政府参与和支持，以保障出口贸易的稳健发展。因此，

① 全国保险业标准化技术委员会. 保险术语［M］. 北京：中国财政经济出版社，2009：35.

出口信用保险具有极强的政策性，其经营目的一般是为了扩大出口、保障出口商利益，其经营机构大多数是政策性的信用保证保险公司。

整体来说，出口信用保险与一般的信用保险不同，其特征主要体现在以下几个方面：

1. 不以营利为经营的主要目标

出口信用保险产生的直接原因是出口贸易发展的需要，国家支持保险人开办出口信用保险是为了保护本国出口商的利益。在国家支持下，各经营出口信用保险的机构不惜亏损来支持出口，以实现国家整体经济利益的要求。

2. 风险大且难以控制

出口信用保险承保的是出口商的收汇风险，造成出口商不能安全收汇的风险主要是指政治风险和商业风险。由于出口商所在国与买方所在国分属于不同的国家，彼此在政治、经济、外交、法律以及经营作风和贸易习俗等方面有差异，所以出口信用保险业务所面临的风险大且难以控制。

3. 政府支持和参与办理

出口信用保险的经营目标、所承保风险的性质及承保标的的特殊性，决定了它是一种离不开政府支持与参与的政策性颇强的险种。为了充分发挥出口信用保险对国家出口的促进作用，政府的支持和参与表现在：第一，规范经营和管理。国家颁布法律法规，对办理出口信用保险的宗旨、经营目标和方针政策、财务核算办法、机构及归属等方面做出明确规定。第二，政府在财政上的支持。各国政府通过贷款、设立赔款准备金、贴现票据和再保险等不同的方式，向出口信用保险结构注入资金。第三，提供各项优惠政策。为了扶持出口信用保险业务的开展，几乎所有国家为此项业务提供了优惠政策，如免征一切税赋、赋予较大的资金运用权限等。

出口信用保险还具有以调查信息为依据承保、再保险，以及损失可追偿等特点。

（四）出口信用保险的经营模式

根据政府支持程度的不同，出口信用保险大致可分为以下几种经营模式：

1. 政府直接办理

该模式的特点是政府在其机构中设立一个特别的部门，专门办理出口信用保险。英国、日本、瑞士等国是由政府直接办理出口信用保险。如日本通商产业省国际贸易管理局下属的进出口保险课（EID）经营出口信用保险业务。

2. 政府间接办理

该模式的特点是由政府投资设立一个独立经营的专门机构负责办理出口信用保险。政府只负责制定经营政策和方针，提供资金上的支持，但不直接经营。加拿大、印度、韩国是该种模式的典型。

3. 政府委托私营保险机构办理

该模式的特点是政府制定政策，私营保险机构办理，国家承担最终风险。该模式既体现了国家的支持，又利用了私营保险机构的经营机制。实行这种模式的有阿根廷、德国等国家。

4. 政府机构控股办理

该模式的特点是办理出口信用保险业务的机构是一家股份公司，政府拥有该公司超半数以上的股权，政府作为该公司最大的股东控制其经营。此类公司一般开立两个经营账户：国家账户和商业账户。此类公司在国家账户上开展风险大的业务，在商业账户上开展风险小的业务，经营比较灵活，除经营出口信用保险和担保业务外，还经营其他保险及相关业务。法国、荷兰等的出口信用保险公司均采用此种模式。

各种经营模式各有利弊，是政府与市场在不同层面合作的产物，具有明显的各国文化、政治制度以及经济社会发展阶段的烙印。我国出口信用保险业务采用的是政府经办模式。我国出口信用保险业务自1989年开始开办，在政府的支持下，中国人民保险公司曾作为国家授权办理该业务的保险机构。当前，我国的出口信用保险主要由2001年成立的政策性保险公司——中国出口信用保险公司经营。在政府职能不断转变的背景下，中国可以结合中国实际探索和发展具有中国特色的经办模式，把握好政府与市场的边界并不断探索提升出口信用保险经营效率的边界。

（五）出口信用保险的基本构成要素

1. 承保风险和保险责任

出口信用保险承保的主要包括商业信用风险和政治风险，这两种风险所导致的损失一般由保险公司承担，属于保险责任。商业信用风险，又称买方风险，是指在经济交往中，因义务人违约或违法致使权利人遭受经济损失的风险。政治风险，又称国家风险，是指因种族、宗教、利益集团和国家（或地区）之间的冲突，或因政策、制度的变革与权力的交替造成损失的风险。

商业信用风险主要包括：

（1）买方破产或无力偿付债务。具体指法院已宣布买方破产，或买方已接到法院关于破产清算的判决或裁定，或已由法院委任的清算人或破产接管人接管，或买方已做出将其全部资产用于清偿债务的安排，或买方债权人已接收买方的全部或大部分资产。

（2）买方收货逾期不付款。但经买方要求，被保险人同意，买方在付汇期限上可以增加付汇延展期，此延展期仍然属于放账期。

（3）买方拒绝收货及付款，但其原因并非被保险人的过错，且被保险人已采取措施，包括必要时向买方起诉，迫使买方收货付款等，买方拒收货物付款的原因是买方丧失信用或有其他不道德意图。

政治风险包括：

（1）在被保险人和买方均无法控制的情况下，买方所在国（或地区）颁布法律、法令、命令、条例或行政措施，禁止或限制买方以货物发票上写明的货币或其他可自由兑换的货币向被保险人支付货款。

（2）在被保险人和买方均无法控制的情况下，买方所在国（或地区）颁布法律、法令、命令、条例、行政措施，禁止买方所购的货物进口。

（3）在被保险人和买方均无法控制的条件下，买方所在国（或地区）撤销已颁发给买方的进口许可证或不批准进口许可证的展期。

（4）买方所在国（或地区）或货物须经过的第三国（或地区）颁布延期付款令。

（5）买方所在国（或地区）发生战争、敌对行动、内战、叛乱、革命、暴动或其他骚乱。

（6）在中国以外的国家或地区发生被保险人和买方均无法控制的其他非常事件，认定为政治风险的其他情况。

2. 除外责任

出口信用保险的除外责任通常包括：

（1）在交付货物时已经发生或通常能够由货物运输保险或其他保险承保的损失。

（2）由汇率变更引起的损失。

（3）被保险人或其代表违约或违法导致买方拒付货款所引起的损失。

（4）在货物交付前，买方已有严重违约行为，被保险人有权停止发货，但仍向买方发货而造成的损失。

（5）在交付货物时，买方没有遵守所在国（或地区）法律、法令、命令或条例，因而未得到进口许可证或进口许可证展期所引起的损失。

（6）被保险人的代办人或买方的代理人或承运人破产、欺诈、违约或其他行为引起的损失。

（7）买卖合同规定的付款货币和金额违反买方所在国（或地区）外汇管理规定而发生的损失。

（8）被保险人在发货前信用限度已被取消、失效，或未经保险人批准信用限额并且不适用被保险人自行掌握的信用限额的买方出口所发生的损失。

3. 责任限额

保险人为了控制风险，通常在保险单上规定三种责任限额。一般而言，当风险发生重大变化时，保险人有权以书面的形式通知被保险人撤销或者修改信用限额。在出口信用保险单上通常规定一个绝对免赔额，若被保险人的一笔出口损失金额不超过规定的免赔额，保险公司可免予赔偿。三种责任限额分别是：

（1）保险单的累计最高赔偿限额。此限额是保险人在保险期限内累计赔偿的最高金额。被保险人遭受保险单上约定的出口信用风险所造成的损失，从保险人处得到的赔偿不能超过此限额。

（2）买方信用限额。它是指保险人对被保险人向特定买方所承担的最高赔偿限额，即对某一特定买方对卖方所造成的损失，保险人承担的最高赔偿限额。对与被保险人进行贸易的每一买方，都有一个关于买方信用限额的申请与审批过程。买方信用限额的控制是出口信用保险的关键，它既要满足出口商对外放账的需要，又要在一定程度上控制超量的放账情况，以避免可能导致的外汇风险。如果出口商的买方信用限额超过规定的限额，由其自行承担损失。

（3）被保险人自行掌握的信用限额。保险人在实际工作中，对那些有丰富经验并拥有广大市场的被保险人，可能并不对每一买家都仔细调查，而是在保险单中规定一个小数额作为被保险人自己掌握的信用限额。被保险人发生损失时，可在此信用限额内向保险人索赔。这样规定可以使被保险人具有在一定范围内灵活处理日常业务的权利，鼓励出口商同买方进行更多的交易。

4. 费率厘定

出口信用保险承保的风险主要是买方的商业信用风险和其所在国（或地区）的政治风险，因此出口信用保险保险费厘定的主要依据是买方及其所在国（或地区）风险的评估、支付方式、信用期限等。一般考虑的因素主要包括：进口国（或地区）的政治、经济及外汇收支情况，出口商的资信、经营规模以及出口贸易的历史记录，出口商以往的赔付记录，贸易合同约定的付款条件及保障条件，出口商品或服务贸易的额度，国际政治及经济发展趋势等。

实践中，保险人一般可以根据进口国（或地区）的政治、文化、经济、外汇储备、外汇政策等对其风险进行划分，作为保费确定的重要依据。

5. 出口信用保险的承保和理赔

保险人在承保时会对被保险人的资信进行审核，一般来说，必须是资信良好，具有相当出口经验和管理水平，会计账册健全的出口商。保险人根据其提供的资料及通过调查掌握的情况，决定是否承保。

实践中，短期出口信用保险一般实行全额投保的方式，即出口商有义务将以商业信用方式出口货物按全部业务额投保。这样规定有利于防止逆选择，以达到分散风险和保持业务经营稳定的目的。

由于出口信用保险单所承担的责任范围不一，因而确定标的是否确实发生实际损失所需的时间也不相同。除保险条款规定的买方被宣告破产或丧失偿付能力后即可定损核赔外，对其他原因引起的标的损失，保险人要视不同情况规定一个“观察期”。此观察期称为定损核赔等待期，待观察期满，保险机构才予以定损核赔。

二、投资保险

（一）投资保险的概念

投资保险意在鼓励本国的资本输出。投资保险（investment insurance），也称为政治风险保险，承保在外国进行投资的投资者在投资期间，因对方国家的政治风险所造成的投资损失。因此，一般意义上的投资保险保障的是本国投资者的利益，被保险人是本国投资者。投资保险一般是由国家出资经营或由国家授权的商业保险机构经营的政策性保险业务。

（二）投资保险的类型

我国投资保险业务主要由中国出口信用保险公司承保，包括海外投资保险（overseas investment insurance）和来华投资保险（inbound investment insurance）两大类。海外投资保险是指以海外投资面临的风险可能造成的经济损失为保险标的的保险[①]。该险种是针对我国投资者进行海外投资，保障投资者的海外投资遭受征收、汇兑限制、战争和政府违约等事件造成损失进行承保的保险，是鼓励我国企业进行海外投资的一种措施。来华投资保险是保障投资者的来华投资免受政治风险（尤其

① 全国保险业标准化技术委员会．保险术语［M］．北京：中国财政经济出版社，2009：35.

是次主权政治风险）造成损失进行承保的保险产品。

（三）投资保险的发展概况

第二次世界大战结束之后，美国于1948年4月3日根据《对外援助法》制定了《经济合作法案》，实施马歇尔计划，设立了经济合作署，专门管理外援及海外投资事务，开始实施投资保险制度，鼓励资本输出，保障私人投资者在外的投资利益。为了适应对外开放和引进外资的需要，中国人民保险公司于1979年开办了投资保险，但我国当时的投资保险业务主要保障的是境外投资者的利益。直到2003年9月，中国出口信用保险公司签发了第一张海外投资保险单，才开始为我国在外投资者提供保障。

随着中国投资环境的持续优化和中国经济的快速发展，来华投资和海外投资越来越普遍和重要，因此投资保险也成为我国信用保险中的重要险种。中国信保2021年投资保险经营绩效良好，海外投资保险业务规模再创历史新高，全年累计承保661.2亿美元，增长5.7%；出具保单953张（新签保单212张），承保项目覆盖印度尼西亚、巴基斯坦、越南、哈萨克斯坦等90个国家（地区）；业务主要分布在电力生产和供应（34.7%）、其他制造业（19.5%）、其他采矿业（17.9%）等行业①。

（四）投资保险的基本构成要素

1. 承保风险

如前所述，投资保险的承保风险是政治风险。政治风险是指东道国政府没收或征用外国投资者的财产、实行外汇管制、撤销进出口许可证、内战、绑架等而使投资者遭受投资损失的风险②。

2. 保险责任与除外责任

两种投资保险的保险责任类似，保险人负责赔偿被保险人以下原因导致的损失：

（1）战争、类似战争行为、叛乱、罢工及暴动。

（2）政府有关部门征用或没收风险。它又称国有化风险，指投资者在国外的投资资产被投资所在国征用或国有化的风险。因征用、没收所受到的损失，如投资者已从东道国得到全部或部分补偿，保险人在计算赔偿金额时，应将已得到的补偿金额在赔款中扣除。

（3）外汇风险。它又叫禁止汇兑风险，是指投资者因投资所在国的突发事变而在投资国与投资有关的款项无法兑换货币转移的风险。

（4）政府违约风险，主要指投资所在国政府非法的或者不合理地取消、违反、不履行或者拒绝承认其出具、签订的与投资相关的特定担保、保证或特许权协议等。

投资保险的除外责任一般包括：

（1）被保险人的投资项目受损后造成被保险人的一切商业损失。

（2）被保险人及其代表违背或不履行投资合同，或故意违法行为导致政府有关部门的征用或没收造成的损失。

（3）被保险人没有按照有关部门所规定的汇款期限汇出汇款所造成的损失。

---

① 数据来自中国信保2021年度年报。

② 王绪谨. 财产保险［M］. 北京：北京大学出版社，2022：284.

（4）原子弹、氢弹等核武器造成的损失。

（5）投资合同以外的任何其他财产的征用、没收所造成的损失。

3. 费率厘定

投资保险的费率一般根据保险期限、投资接受国的政治环境、投资者的能力、投资项目的类型及周期、投资的地理环境等因素共同确定，一般分为长期费率和短期费率两类。

4. 保险期限

投资保险分为一年期和长期两种。一年期保险单到期后，经双方协商同意可以续保，条件另议。长期保险期限最长为 15 年，最短为 3 年。3 年以后，被保险人有权要求注销保险单。但如未满 3 年提前注销保险单的，被保险人须交足 3 年的保险费。

5. 保险金额

投资保险的保险金额以被保险人在海外或来华投资的投资金额为依据，一般由投保人和保险人共同协商具体的保险金额。实务中，保险金额一般分为最高保险金额和当年保险金额。最高保险金额适用于长期投资保险。长期投资项目需确定一个在项目总投资金额下的最高保险金额。当年保险金额一般适用于一年期的短期投资保险，保险金额是该年的投资金额乘以保险双方约定的百分比，一般为投资金额的 90%。

6. 理赔处理

（1）赔偿金额的规定。

在发生保险责任范围内的损失时，保险人一般按投资金额与保险金额的比例进行赔偿；由于保险金额一般为投资金额的 90%，因此被保险人所受的损失若将来追回，也由被保险人与保险人按各自承担损失的比例分摊。

（2）赔偿期限的规定。

由于各种政治风险造成的损失有可能在不久后通过不同途径予以挽救，因此被保险人的损失发生与否需要经过一段时间才能确定。投资保险有赔偿期限的规定，且不同的保险责任有不同的赔偿期限：①政府有关部门征用、没收引起的投资损失，在征用、没收发生满 6 个月后赔偿；②战争、类似战争行为、叛乱、罢工及暴动造成投资项目的损失，在提出财产损失证明后或被保险人投资项目终止 6 个月后赔偿；③政府有关部门汇兑限制造成的投资损失，自被保险人提出申请汇款 3 个月后赔偿。

三、商业信用保险

商业信用保险是随着商品交易的发展而发展起来的信用保险，主要承保在商品交易采取延期付款或分期付款时，卖方因买方不能如期偿还全部或部分货款而遭受的经济损失。

（一）商业信用保险的主要类型

商业信用保险的被保证人是买方，被保险人通常是卖方，保险人向卖方提供买方信用风险的保障。《保险术语》中将商业信用保险定义为以商品活动中卖方的应收账款回收风险可能造成的经济损失为标的的保险①。据此定义，商业信用保险应该包括国内信用保险和出口信用保险，但由于出口信用保险有一定的特殊性，已在前面进行专门介绍。因此，此处所指的商业信用保险主要指国内信用保险，其承保的风险多为商业风险，一般不承保政治风险。下文仅对国内信用保险具体险种中常见的进行介绍。

（二）国内信用保险

国内信用保险，又叫国内贸易信用保险，是指在国内买卖双方交易过程中，以买方原因造成卖方无法收回货款而遭受的经济损失为保险标的的信用保险②。国内信用保险一般承保批发业务，不承保零售业务③。国内信用保险是我国开展较早的一个信用保险险种。在这种业务中，投保人是卖方（权利人，通常也同时是被保险人，往往是制造商和销售商），保险人承保的是买方（也就是义务人，往往是购货商）的信用风险，负责赔偿被保险人在延迟或分期付款过程中由于买方拖延、逃避或无能力支付应该承担的付款义务而给卖方造成的经济损失。

从实践上看，若被保险人于保险期限内交付货物或提供服务，且于本合同保险单所载明的最长发票期限内向买方开具相关发票，而买方于付款日不付款所导致的债款的损失，保险人依照保险合同承担赔偿责任④。保险责任主要包括买方无力偿还和延期付款所导致的损失，除外责任主要是被保险人的故意或过失行为，买卖双方共同进行的欺骗行为和一些政治风险所导致的损失。由于适用对象的特殊性，国内贸易信用保险根据延期或分期付款行为的特性，在实务中一般采取变额保险的方式，即保险金额与延期或分期付款过程中未付的款项保持一致。

该险种对保障商业贸易顺利进行有重要的意义。在商业经济活动中，一旦买方拖延、逃避或无力偿还分期支付的货款，就会造成制造商、销售商、服务提供商或供应商的经济损失，形成经营压力，因此国内贸易信用保险可以弥补卖方在国内贸易过程中，因买方破产或买方拖欠货款而遭受的应收账款损失，可以有效化解国内贸易应收账款的风险，拓宽融资渠道，提升信用风险管理水平，从而延长商业信用链，保障商业贸易顺利进行。

（三）赊销信用保险

赊销信用保险是为国内商业贸易的延期付款或分期付款行为提供信用担保的一种信用保险⑤。随着按揭、分期付款方式越来越普遍，赊销信用保险有着极大的发展潜力和市场需求。赊销信用保险中，仍然是权利人，即销售商、生产商、供应商向保险公司为债务人的信用进行投保。赊销信用保险比较适用于使用价值较高、市场价值较高的一些商业交易中，因为这类商品交易更容易以赊销或分期付款的方式付款，例如汽车、住宅、耐用品、昂贵的家具家电等。同样，由于赊销信用保险承保的风险更多的受债务人个体的资信、支付能力以及道德品行等因素影响，因此费

① 全国保险业标准化技术委员会. 保险术语［M］. 北京：中国财政经济出版社，2009：34.
② 全国保险业标准化技术委员会. 保险术语［M］. 北京：中国财政经济出版社，2009：36.
③ 王绪谨. 财产保险［M］. 北京：北京大学出版社，2022：274.
④ 选自平安保险公司的国内贸易短期信用保险基本条款。
⑤ 粟芳. 财产保险学［M］. 上海：上海财经大学出版社，2019：313.

率的厘定也不完全适用大数法则。

（四）贷款信用保险

贷款信用保险是指保险人对贷款人（银行或其他金融机构）与借款人之间的借贷合同进行担保并承保借款人信用风险的保险，是在市场经济条件下，为了转移商业银行的贷款风险的一种措施。在贷款信用保险中，贷款方（权利人）是投保人，保险合同成立后成为被保险人，但借款人无法归还贷款时，保险人对贷款方进行偿付，并从贷款人处取得代位追偿权。这样，既可保证银行信贷资金的正常周转，也有利于保证维持借款方（通常是各类企业）良好的信用状况。例如：2006 年 6 月，针对国家助学贷款和一般商业助学贷款，华安保险公司与中国农业银行、中国建设银行等银行合作推出国家助学贷款信用保险，以保险形式转嫁及控制贷款风险，解除了银行的风险顾虑，扩大了贷款覆盖面，同时也在一定程度上体现了保险业的社会责任，为学生入学提供了较好的信用支撑。

贷款信用保险的保险责任一般包括决策失误、政府部门干预、市场竞争等风险，一般将投保人或被保险人的故意行为和违法行为所导致的贷款损失作为除外责任。其保额的确定一般以银行贷出的款项作为依据，保险期限为自借贷合同开始到偿清全部贷款（包括本金和利息）的时间。厘定保险费率应与银行利率相联系，并注重下列因素：贷款人的资信状况、贷款人的经营管理水平和市场竞争力、贷款项目的期限和用途、不同的地区等。

（五）信用卡保险

信用卡保险（credit card insurance）是随着银行开办新型的支付工具——信用卡的发展而产生的一种信用保险业务。它承保银行在开展信用卡业务中所产生的坏账损失。信用卡保险保障的是发卡机构的利益，承保的是持卡人的信用风险。《保险术语》中将其定义为是以持卡人使用信用卡时由于非善意透支、信用卡遗失或被盗后被他人冒用、发行行员工利用信用卡贪污或挪用公款造成的损失为保险标的的保险[①]。因此，我国信用卡保险的责任范围主要包括：①持卡人使用信用卡时非善意透支所造成的损失；②信用卡遗失或被盗后被他人冒用所造成的损失；③被保险人的职工单独或与他人串通利用信用卡营私舞弊、贪污或挪用公款。

信用卡保险的基本构成要素如下：

1. 信用卡保险的保额与保费

信用卡保险单的有效期限为一年，投保人在投保时须将当年的信用卡预计总交易额书面通知保险公司。保险公司根据总交易额确定保险单的累计赔偿限额，即信用卡保险的最高赔偿额。如果一年内损失超过此限额，超出部分由被保险人自己承担。

信用卡保险费以当年信用卡预计总交易额为基础计收。当年预计总交易额是指所有使用被保险人签发的被保险信用卡于保险单有效期内换取现金、购买货物和获得服务的总发生额。由于保险费是在每年年初依据被保险人的预计总交易额基础上

① 全国保险业标准化技术委员会. 保险术语［M］. 北京：中国财政经济出版社，2009：36.

收取的，而被保险人在保险单有效期内的实际交易额要到第二年年初统计后才能得出，因此实际操作中，如果实际交易额高于或低于预计当年总交易额的10%以上，保险公司按实际高于或低于的数额补收或退还一定的保险费。

2. 信用卡保险的期限

信用卡保险的期限一般为一年。

3. 信用卡保险被保险人的义务

由于信用卡保险存在着一定的道德风险，因此在实践中会明确规定被保险人的义务以保障保险人的追偿权利。被保险人在发现保险责任范围内的损失后，应及时通知保险人并应采取一切措施向有关方追偿。在被保险人无法向责任方追回遭受的坏账损失时，保险公司按条款规定负责赔偿。被保险人在发现损失发生或可能发生时，应当采取以下措施：一是尽快通知各取款点和特约单位按规定程序采取行动，防止损失的进一步扩大；二是积极配合司法部门对案件进行调查和审理，查出有关责任人；三是采取一切可能采取的措施，包括运用法律手段，冻结或封存责任者的财产，并责令其退赔。被保险人未经保险公司同意不得单方面减免责任者的退赔款额。

第三节　保证保险

一、保证保险的类型

保证保险是被保证人（义务方）借保险人的信用向权利人提供担保。保证保险通常分为诚实保证保险和确实保证保险两大类。

（一）诚实保证保险

诚实保证保险，又称为雇员忠诚保险，承保被保证人（雇员）的不诚实行为使权利人（雇主）遭受的损失。诚实保证保险通常为雇主提供保障，雇主是被保险人，雇员是被保证人。这种保证保险以被保险人的雇员的不诚实行为为保险标的，承保雇员由于欺诈、伪造、贪污、侵占、非法挪用、违背职守等行为所造成的雇主的损失，实质上是承保雇员的人品。诚实保证保险可以分为以下几类：

1. 一般诚实保证保险

一般诚实保证保险可分为指名保证和职位保证。

指名保证是以特定的雇员为被保证人的保证保险，在表内列举被保证人姓名，每个人有不同的保证金额，当雇主遭受被保证人造成的损失时，由保险人负责赔偿。

职位保证包括两种形式：①单一职位保证。它是指同一保险合同只承保某一职位上的若干被保证人，无论谁担任此职位均有效。担任同一职位的被保证人都有按职位确定的保证金额。因此，在承保的职位与被保证人的人数不变时，被保证人如有更换，可以不通知保险人；如果被保证人人数有变动时，必须通知保险人。一般任何职位都可以投保这种保证保险，但相同职位中如果有一人投保，其余人员也必须投保。②职位表定保证。它是指同一保证合同承保几个不同的职位，每一职位都确定有各自的保证金额。其余规定与单一职位保证基本相同。

2. 总括保证保险

总括保证保险承保雇主的所有正式员工，并不区分指名或者职位。在总括保证合同中，一般所有雇员的担保金额均相同。它分为普通总括保证和特别总括保证。

（1）普通总括保证：对全体雇员不指名和不确定职位的保证。只要认定雇主的损失由雇员的不诚实行为造成的，保险人就要承担赔偿责任。

（2）特别总括保证：一般承保各种金融机构的雇员的不诚实行为造成雇主的损失，保险人承担赔偿责任。它最早起源于英国伦敦劳合社的保险人开办的银行总括保证，后逐渐扩展到各种金融机构。保险人承保金融机构的金钱、有价证券、金银条块以及其他贵重物品，因工作人员的偷窃、欺诈、伪造等不诚实行为造成的损失。

3. 伪造保证保险

伪造保证保险承保因伪造或篡改背书、签名、收款人姓名、金额等造成损失的保证保险。它有两种形式：

（1）存户伪造保证：承保被保证人或与被保证人往来的银行因他人以被保证人名义伪造或篡改支票、汇票、存单及其他凭单票据等造成的损失。这种保险的票据仅指支付票据。

（2）家庭伪造保证：承保个人在收支款项时因他人伪造所造成损失的保险。与存户伪造保证不同的是，这里的票据包括支付票据、收入票据及收入伪钞。

4. 3D 保单

3D 保单是指不诚实（dishonest）、损毁（destruction）及失踪（disappearance）的综合保险单。它承保企业因他人不诚实、盗窃、失踪、伪造或篡改票据遭受的各种损失，包括的内容如下：

（1）职员不诚实保证；

（2）屋内财物的盗窃保险；

（3）屋外财物的盗窃保险；

（4）保险箱盗窃保险；

除以上内容外，保险人还可用附加条款的方式承保一些风险，如收入票据的伪造、货物被盗窃、发放的薪金被盗、伪造仓库收据等风险。

（二）确实保证保险

确实保证保险是指被保证人不履行义务而使权利人遭受损失时，由保险人负赔偿责任的保证保险。确实保证保险的投保人是被保证人自己，保费也由被保证人自己承担，承保的风险是被保证人履行一定义务的能力或意愿。确实保证保险的种类繁多，大致可分为以下几类：

1. 合同保证保险

合同保证保险又叫契约保证保险。由于内容较多，将在后文结合具体险种举例单独介绍。

2. 司法保证保险

司法保证保险是因法律程序而引起的保证业务，这类保证在美国法院审判过程中广为使用，按其内容可分为诉讼保证和受托保证两种。

（1）诉讼保证。诉讼当事人（原告或被告）要求法院为其利益采取某种行动或措施，如扣押、查封、冻结某些财产等，而由可能伤害另一方的利益时，法院为了维护双方的合法权益，通常会要求申请人提供某种诉讼保证。诉讼保证又可以分为保释保证、上诉保证等。保释保证，即在诉讼中，担保被保释人在规定时间回到法庭出庭受审，如不出庭，所有保释保证保险金额就由法院没收[①]。上诉保证，即担保上诉人如果上诉失败，由上诉人负担的所有原诉和上诉费用。一般需要上诉人提供100%的担保品，此种担保保险的主要目的在于阻止仅为了拖延时间或者毫无理由的上诉行为。

（2）受托保证。它承保经由法院命令为他人利益管理财产的人因其不尽职尽责而造成委托人的财产损失。被保证人可以是财产受托人、破产管理人、遗嘱执行人、遗产管理人或是缺乏完全行为能力的人的监护人等。

3. 许可证保证保险

许可证保证保险是担保从事经营活动领取执照的人遵守法规或履行义务的保险。在有些国家，从事某一活动或经营的人在向政府申请执照或许可证时，往往需要提供此种保证。常见的许可证保证保险有两种：在被保证人（领照人）违反政府法令或其行为有损于政府或公众利益时，由保险人（保证人）承担由此引起的赔偿责任；保证被保证人（领照人）将按国家法律履行纳税义务。

4. 公务员保证保险

公务员保证保险是一种对政府工作人员提供保证的保险，分为诚实保证和忠实执行职务保证两种。前者主要对公务员因不诚实或欺诈行为所造成的损失承担赔偿责任，后者主要是对公务员因在工作中未能忠于职守而给政府造成的损失承担赔偿责任。

5. 存款保证保险

在存款保证保险中，符合条件的存款式金融机构（主要指商业银行）为投保人，保险人对其吸收的合格存款提供信用保证，一旦投保的金融机构倒闭，存款人可得到一定的赔偿。

6. 产品保证保险

产品保证保险，又叫产品质量保证保险，将在后文单独介绍。

二、保证保险的典型险种介绍

（一）产品保证保险

产品保证保险，是指以被保险人因制造或销售的产品丧失或不能达到合同规定的性能而应对消费者承担合同赔偿责任为保险标的的保险。在产品保证保险中，保险人承保的风险是被保险人的违约风险，承保的标的实质上是一种合同违约责任。产品保证保险与产品责任保险有质的差别，后者的保险标的是因产品缺陷应对产品

---

① 袁宗蔚. 保险学：危险与保险［M］. 北京：首都经济贸易大学出版社，2000：626.

消费者承担的民事侵权赔偿责任，包括物质损失赔偿责任和人身伤亡赔偿责任，若无产品缺陷则无赔偿责任。实践中，由于两类保险承保的风险和标的不同，生产商或销售商往往会同时投保两类保险，以充分保障自身的风险。

产品保证保险的本质是为消费者购买到质量不合格的产品而产生的损失提供保障，因此产品保证保险的保额一般以产品的交易价格为保额的确定依据。实务中，一般以被保险人（消费者）的购货发票金额或者修理费用收据金额来确定。保费费率则主要由制造商和销售商的技术水平、质量管理水平，以及产品本身的性能、用途、价格、使用地区范围等来进行厘定。

本书在此以平安保险公司的产品质量保证保险为例说明此险种的基本内容①。

1. 责任范围

在追溯期起始日之后，保险人对以下原因造成的损失予以赔偿：

（1）不具备产品应当具备的使用性能而事先未做说明的；

（2）不符合在产品或者其包装上注明采用的产品标准的；

（3）不符合以产品说明、实物样品等方式表明质量状况的。

另外，保险产品的修理、更换或退货引起的必要的、合理的应由被保险人承担的鉴定费用、运输费用和交通费用也由保险人负责赔偿。

2. 责任免除

保险人对下列原因造成的损失和费用不负责赔偿：

（1）投保人及其代表的犯罪、故意行为或欺诈行为；

（2）战争、军事行为、恐怖活动、罢工、骚乱、盗窃、抢劫，以及政府的没收；

（3）核反应、核辐射、放射性或其他形式的污染，自然灾害和意外事故；

（4）权利人不按使用说明违规操作；

（5）产品的自然消耗或磨损、产品召回；

（6）运输或仓储过程中外来原因；

（7）产品生产时国内市场技术水平尚不能发现的缺陷。

3. 赔偿处理

（1）当被保险人获悉，可能因产品质量问题引起保险合同项下的损失或诉讼后，须以书面形式通知保险人，一旦保险人接受该通知，则今后因该事故造成的索赔，如由权利人在保险期限届满之日起一年之内通过被保险人向保险人提出索赔，该索赔视同为在保险期限内提出。

（2）权利人认为产品存在质量问题的，经被保险人（必要时须经过保险人）鉴定确认后由被保险人向保险人提出索赔。被保险人向保险人进行索赔时，应提交保险单正本、销售发票、权利人的索赔报告、产品质量检验报告、维修费用凭证及其他必要的单证材料。

（3）赔偿金额一般以所需赔偿产品的重置价为限。保险人赔偿因产品修理、更

① 在此借鉴了平安保险公司的产品质量保证保险基本条款。

换、退货引起的鉴定费用、运输费用和交通费用，合计赔偿金额在同一赔案中不得超过赔偿金额的30%。

（4）若有重复保险，则按比例分摊。若存在其他责任人，保险人向责任人追偿时，权利人和被保险人应当积极协助。

（二）合同保证保险

合同保证保险，是确实保证保险的一种，承保因被保证人不履行各种合同义务而造成权利人的经济损失。该险种是适应投资人对建设工程要求承包人如期履约的需要而开办起来的，因此最普遍的业务是建筑工程承包合同保证保险。随着信用经济的发展，最近发展较好的还有贷款保证保险。

本书以建筑工程合同保证保险对合同保证保险进行简要介绍。

建筑工程合同保证保险的主要保证类型包括：一是投标保证，承保工程所有人（权利人）因中标人不继续承包合同所造成的损失。二是履约合同保证，承保工程所有人因承包人不能按时、按质、按量交付工程而遭受的损失。三是预付款保证，承保工程所有人因承包人不能履约而遭受的预付款损失。四是维修保证，承保工程所有人因承包人不履行合同所规定的维修任务而受到的损失。

合同保证保险承保被保证人因违约行为造成的经济损失。赔偿的数额以工程合同中规定的承包人应赔偿的数额为限。合同保证保险的担保金额一般为承包合同总金额的90%以下。确定违约责任的条件一般包括：①要有不履行合同的行为。②要有不履行合同的过错。过错包括被保证人的故意或过失，是承担法律责任的必要条件。如果合同无法履行是不可抗力造成的，被保证人通常可按合同规定免责，保险人也不承担赔偿责任。③权利人要有遭受损害的事实。④权利人所遭受的损害事实与被保证人不履行合同的行为之间有直接的因果关系。

建筑工程合同保证保险的承保是实践经营中的重要环节。承保的方式一般采用指名保证方式，以特定个人或企业作为被保证人。当权利人因指名的被保证人的行为而遭受损害时，保证人（保险人）负责赔偿。承保调查是保险人保障承保业务质量的关键，一般首先要衡量承包人的资格，包括其能力与经验、设备器材条件、财务状况、从业历史等，其次要考虑投标合同的有关内容，如工程计划、竣工时间、担保证书、合同价格、支付方式等。

实践中，我国现行建筑工程合同保证保险的承保规定：国内的工程项目往往由于材料设备的供应、运输、能源、施工力量、技术水平、工程管理以及市政工程配套方面的种种问题不能如期竣工，风险较大，因此我国建筑工程合同保证保险只有符合下列规定才能承保：①投资项目已得到政府有关部门批准，工程列入国家计划，施工力量、设备材料及市政配套工程等均已落实。②承包人向保险公司提供反担保或对违约方有把握追偿。③工程项目已投保工程保险。④承保范围仅以工程合同规定承包人应对工程所有人承担的经济责任为限，包括损失产生的原因和赔偿的金额两部分内容。

（三）贷款保证保险

贷款保证保险一般包括以下险种：

（1）个人消费贷款保证保险。该保险是主要针对机动车辆和个人住房消费贷款以外的其他个人消费信贷业务开办的保证保险。我国华安财产保险公司于 2006 年推出的助学贷款保证保险就属于此类。

（2）机动车辆消费贷款保证保险。该保险是指为向银行或其他金融机构借贷购买机动车辆的自然人和法人提供还款保证的保险。

（3）个人购房抵押贷款保证保险。该保险是指为以贷款购买的商品房向银行抵押的个人提供还款保证的保险。

（4）企业贷款保证保险。

贷款保证保险事实上是一种为了配合金融部门开展贷款活动而产生的一种保险，保险人一般承保由于被保证人（投保人）没有按照贷款合同的约定归还贷款而给银行或其他金融机构造成的经济损失，一般对于“无用途”的贷款不予承保。

本章小结

（1）信用保证保险以义务人的信用风险为承保风险，以义务人的信用为保险标的。信用保险和保证保险是两个不同的险种，两者既有区别又有相似之处。信用保证保险是经济社会发展到一定阶段的产物，对贸易经济稳健可持续发展有促进作用。

（2）信用保险更多地体现出权利人通过“为他人做嫁衣”以保障自己的权益，保证保险则更多地体现为义务人通过“为自己加筹码”以提高自己的资信水平。

（3）信用保险分为出口信用保险、投资保险、商业信用保险等几大类，保证保险主要分为诚实保证保险和确实保证保险两大类。其中，投资保险的承保风险是大多数财产保险中会作为除外责任的政治风险。

（4）信用保险中的出口信用保险由于其风险的难以估测而有效供给不足。贸易是大多数国家或地区重要的经济发展措施，因而出口信用保险往往具有极强的政策性，大多数国家的政府部门会介入出口信用保险的经营中。

（5）保证保险相当于是保险人对投保人（义务人）自身信用的一种担保，故其保费更接近于一种手续费。相对于保证保险而言，信用保险由于承保风险的相对更不可控，对保险人来说意味着较经营保证保险有更高的风险。

本章关键词

信用风险　投资保险　信用保险　保证保险　诚实保证保险
确实保证保险　出口信用保险　贷款信用保险　伯尔尼联盟
政治风险　产品保证保险　合同保证保险　存款保证保险
3D 保单

本章思考题

1. 简述信用保险的概念及特征。
2. 简述保证保险的概念及特征。
3. 简述信用保证保险的作用和功能。
4. 简述政府干预出口信用保险的原因。
5. 区别比较信用保险和保证保险。
6. 简述确实保证保险和诚实保证保险的区别。
7. 简述保证保险的主要险种类型。

第十一章
财产保险经营与监管

章首语：

经济高质量发展致力于实现“更高质量、更有效率、更加公平和更可持续”，财产保险的高质量发展有助于满足人们日益增长的美好生活需要，这又以财产保险的经营可持续和有效监管为基础和实现条件。财产保险经营和监管实践是财产保险理论学习的落脚点，是学以致用的体现。首先，本章在介绍财产保险经营管理的内涵与经营的基本原则的基础上，分别讨论了财产保险经营的数理基础、经营流程、经营环境、经营风险与风险管理等具体内容；其次，本章介绍了财务稳定性及经营绩效的概念和衡量指标，并对财产保险经营绩效的影响因素进行了分析；最后，本章在我国现行的“偿二代”保险监管框架下对财产保险的监管基础和监管要素进行了讨论。通过对本章的学习，学生应该系统掌握财产保险经营及监管的基础理论知识，提升专业素养，为开展相关的实务工作提供有效指引。

第一节　财产保险经营概述

一、财产保险经营的基本内涵与基本原则

（一）财产保险经营的基本内涵

管理是人类为了实现某种目的而开展的一项活动，是社会组织中，为了实现预期的目标，以人为中心进行的协调活动。一般认为，管理包括计划、组织、领导和控制四大基本职能：计划就是研究内外部环境后，制订组织计划；组织就是组织结构设计、人员配备、文化等要素；领导就是激励与沟通；控制则包括预先控制、现场控制、成果控制等。

经营就是创造价值（create value）。一般来说，经营是指由对经营对象有所有权或经营权的经营主体通过经营活动载体而开展的一系列活动，而这项活动的目的是创造新的价值，然而，“价值 = 满意 - 价格”。因此，所谓经营，就是不断追求价

值最大化的过程。

经营管理，通俗的理解就是通过开展各项管理活动实现价值创造的目标。保险公司的经营管理就是保险公司在经营保险业务（承保业务、投资业务）、追求价值最大化过程中开展的各种管理活动，涉及保险公司的计划、组织、领导和控制。

在财产保险公司的经营管理活动中，经营主体是各类财产保险公司，经营载体是财产保险产品，经营管理的对象是经营风险，经营管理的目的既包括财产保险公司利润最大化，即经济价值最大化，也包括通过开展有效的承保投资活动，在自身管理和保险赔付过程中的社会价值最大化，表现为促进风险减量管理、降低社会风险损失等。

因此，可以将财产保险公司经营管理理解为：财产保险公司借助财产保险产品开展的关于承保、投资活动中经营风险的一系列管理（计划、组织、领导和控制）活动，包括各类财产保险产品的科学定价、营销（展业）、承保和风险控制、责任准备金提取、理赔和投资等，以达到创造最大的经济价值和社会价值的目的。

（二）财产保险经营的基本原则

财产保险经营管理与普通的商业活动一样，首先需遵循一般的商业经营原则，包括经济核算、随行就市、薄利多销等。然而，财产保险经营管理的载体是保险产品，而保险产品具有无形、较高的需求弹性等特征，经营管理的对象是风险，而风险具有时间、空间及结果的不确定性，因此，财产保险经营过程是一个汇集风险再分散风险的过程。财产保险经营管理应有其自身的特性、规律和原则，遵循其自身的特殊原则：风险大量原则、风险选择原则、风险分散原则。

财产保险经营的基础是大数法则。大数法则为财产保险产品科学定价提供了有效的理论基础，因此财产保险经营首要原则就是风险大量原则，只有财产保险公司承保了大量同质的风险，才可以适用大数法则开展有效经营。进一步，由于风险具有个体差异性，因此在承保过程中，为了能够有效控制未来赔付，财产保险公司还需遵循风险选择原则，对满足预期条件的风险进行承保，对不满足预期条件的风险则采取拒保或者有条件承保的方式。财产保险公司汇集的风险最终要通过在时间上、空间上、风险个体之间实现风险分散，包括通过风险发生的不确定性和保险赔付的射幸性实现风险在投保人之间的时间和空间上的分散以及投保人自身内部的时间或空间上的分散，也包括再保险以及通过保险资金投资借助资本市场等实现更大范围的分散。

二、财产保险经营的数理基础

（一）财产保险保费及费率厘定

财产保险保费（premium）是财产保险的保额与费率的乘积，保费费率一般根据大数法则和历史经营经验来确定。因此，财产保险产品保费费率的厘定是财产保险经营管理活动的重要构成，是实现有效成本控制的关键，也是财产保险经营管理的起点。根据我国当前《财产保险公司产品费率厘定指引》的规定，财产保险产品保费包括风险保费和附加保费两大类。风险保费是指保险公司为支付预期的保险赔偿金而收取的保费，附加保费是指保险公司为满足风险管理要求、支付经营管理费用、获取正常利润等目的而收取的保费。

财产保险保费费率（premium rate）是指被保险人为获得财产及相关利益保障而由投保人向保险人支付的价格。一般来说，财产保险保费费率包括纯保费费率和附加保费费率。纯保费费率又叫净保费费率或风险保费费率，其大小因风险种类不同而存在着较大的差异，一般会根据历史赔付数据得出。附加保费费率是营业费用率、营业税率和利润率构成的一个综合指标，用于支付和保障保险经营活动的经营成本和必要的利润。

财产保险保费费率厘定应遵循合理性、公平性、充足性原则。根据《财产保险公司产品费率厘定指引》，费率厘定时财产保险公司考虑的核心因素包括风险、产品特征、数据组织形式、风险单位、风险细分、损失状况和损失进展、趋势、巨灾、再保险、资本成本、经营行为变化以及外部因素。厘定方法一般包括分类法、观察法和增减法（修正法）。分类法是指按照风险性质确定风险保费费率，对同一类保险标的、承保风险都使用相同的费率的方法，因此这种方法方便快捷。例如，在火灾保险中，我国实践中就普遍采用分类法，将火灾保险费率分为工业类、仓储类和普通类三大类。观察法则比较适用于标的和承保风险差异较大的情况，在这种方法中，费率大多数会根据实际情况由投保人和保险人双方协商确定。这类方法广泛适用于海上保险等货运险中。增减法是指在分类的基础上综合承保标的的风险状况并分别厘定费率的一种方法，一般又可以分为表定法、经验法和追溯法。例如，在火灾保险中，财产保险公司可以根据标的所在位置以及标的的风险管理情况用表定法进行费率厘定，美国大多数的商业火灾保险都采用这种方式。

（二）财产保险责任准备金提取

财产保险经营的负债性决定了提取责任准备金非常必要也非常重要。为保障在事故发生后可以履行相应的赔付责任，财产保险公司必须科学有效地提取责任准备金。在保险精算中，财产保险的责任准备金提取和费率厘定都属于非寿险精算的范畴，因此，财产保险责任准备金的提取与非寿险准备金的提取原理、方法类似。财产保险责任准备金是指财产保险公司提取并用于支付未来需要赔付而预留或准备的资金，主要包括未到期责任准备金、未决赔款准备金（简称“赔款准备金”）、理赔费用准备金三类。

1. 未到期责任准备金

未到期责任准备金是为了支付当年承保的业务在会计年度末尚未到期的保险合同所需的保险赔付。由于财产保险经营的负债性，会计年度末所承保的当年保单在时间上还有尚未到期的保险责任，因此需要提留准备金用于以后支付年度可能发生的损失。未到期责任准备金的提取一般假定风险分布是均匀的，保险保费的收取是均匀的。在如此的假设条件下，可假定未到期责任准备金和未到期的保险合同期成正比，因而可以按比例提取。根据假设不同，比例法主要包括四种：年比例法（1/2 法）、季度比例法（1/8 法）、月比例法（1/24 法）和日比例法（1/365 法）。其中，年比例法、季度比例法和月比例法都要求保费收入在年、季度、月内满足均匀分布的假设。

2. 未决赔款准备金

未决赔款准备金主要用于支付在会计年度末尚未确定赔付金额的保险事故损失。引起未决赔款的原因主要是保险事故的发生、报告和理赔之间的时间延迟。例如，责任险，尤其是期内发生的责任保险极有可能事故发生后很长时间才表现出来损失和索赔，进而投保人或被保险人会出现“报案延迟”，而保险人接到报案后需要对保险损失进行评估又可能由于技术等方面的约束而产生“理赔延迟”。这种“报案延迟”和“理赔延迟”都可能导致保险人在会计年度末由于缺乏信息或不能确定具体赔偿金额而面临未来会计年度难以确定的保险赔付，因而需要提取未决赔款准备金。未决赔款准备金的提取是非寿险精算中较有挑战性的一项工作。

未决赔款准备金包括已报案未决赔款准备金、已发生未报案未决赔款准备金。未决赔款准备金是财产保险公司最重要也是最难准确评估的一项负债业务。已报案未决赔款准备金主要用于“理赔延迟”引发的赔款准备，已发生未报案未决赔款准备金主要用于“报案延迟”引发的赔款准备。未决赔款准备金的提取方法可以分为确定性方法和随机性方法。确定性方法包括链梯法、案均赔款法、准备金进展法，以及将链梯法和赔付率法结合起来的 B-F 法［由伯恩哈特（Bornhaetter）和弗格森（Ferguson）于 1972 年提出，为解决统计数据不充分的未决赔款准备金提取的困难］。链梯法将赔款数据根据事故发生年和赔款支出年交叉分组，即以流量三角形中的各列比例关系外推未来的赔款数据，其中的“链”是后一年与前一年的比率逐年构成的，其重要的一个前提假设是财产保险公司赔款支出的延迟是稳定的。案均赔款法和准备金进展法的基本原理相同，但采用的数据基础不同。

3. 理赔费用准备金

理赔费用准备金是指用于支付尚未结案的索赔而发生的理赔费用所提取的准备金。对于任何一项保险事故，保险人除了需要发生必要的保险金赔付外还需要承担一定的理赔费用，因此财产保险公司在提取赔款准备金的同时也需要提取理赔费用准备金。理赔费用准备金主要包括直接理赔费用准备金和间接理赔费用准备金。直接理赔费用准备金是直接用于赔付的费用，包括专家咨询费、损失检验费用等。提取直接理赔费用准备金的方法主要包括两种：一种是将直接理赔费用纳入未决赔款准备金，用未决赔款准备金的提取方法进行提取；另一种是对直接理赔费用准备金进行单独提取，常用的方法是链梯法和比率法。间接理赔费用主要包括不直接发生在具体的理赔案件中而是在整个理赔过程中都会产生的理赔费用，例如定期发生的印刷费用、交通费用等。由于间接理赔费用准备金与整个财产保险公司的经营业务类型和流程相关，因此大多数情况下财产保险公司可以将间接理赔费用准备金按照统一的标准进行提取，但是在特殊情况下需要根据业务类型，即保险险种进行提取。由于间接理赔费用发生在整个保险期内和理赔期内，因此对于间接理赔费用准备金的提取最简单的一种方式是假定间接理赔费用在立案时发生了 50%，在剩余的理赔过程中发生了 50%。实际操作中，50%的比例可以根据实际情况进行调整。

三、财产保险经营业务及流程

财产保险经营主要包括两个模块的业务：承保和投资。其中，承保业务是以保险产品为核心载体开展的业务，投资业务则主要以销售保险产品所得保费而产生的责任准备金等保险资金为主要依托。

（一）财产保险承保业务

财产保险承保业务包括展业、核保、理赔等核心业务环节，承保业务开展的前提条件是财产保险产品科学的费率厘定。财产保险展业包括直接展业和间接展业（财产保险中更多地依靠保险经纪人展业）。区别于单一的保险产品销售，展业的主要内容包括：保险宣传，帮助客户分析自己所面临的风险，帮助客户确定自己的保险需要，帮助客户制订具体的保险计划。财产保险核保是经营中控制风险的核心环节，是风险选择原则具体应用的表现。核保的目的是保障公司的稳健经营，其考虑的首要因素是自身的承保能力和承保风险的匹配性。在核保环节，保险人通过必要的风险选择来保证自身经营的稳健性，同时通过再保险安排来扩大自身的承保能力。核保一般包括风险识别与评估、事前事后的核保选择和核保控制等内容。财产保险理赔是财产保险功能，尤其是损失补偿功能的重要体现，是提升公司声誉的重要环节。由于财产保险较人寿保险具有更为明显的射幸性和消费性等特征，因此财产保险理赔同时也实现了风险在不同风险个体中的分散和转移。然而，也正因如此，财产保险的理赔更应重合同、守信用，遵循近因原则，主动、迅速、准确、合理等原则，以财产保险合同为依据进行理赔，实现财产保险产品的价值进而创造并实现公司的价值。

（二）财产保险投资业务

财产保险基于负债经营的特性，提取的各类责任准备金为财产保险投资提供了可能性，同时财产保险保费收取与赔付发生的非同时性以及经济社会环境的不确定性为财产保险投资提供了必要性。由于大多数财产保险产品的短期性，财产保险经营主要以承保业务盈利为主要的盈利来源，但投资收益也是财产保险经营的重要组成部分。由于产品属性的约束，相对于寿险投资业务，财产保险投资业务更注重安全性和流动性而非收益性，以保证保险赔付的正常履行。

四、财产保险经营环境分析

如前所述，财产保险经营管理活动以创造价值为目的，同时也是在特定的社会经济环境下的一项活动，因此开展经营活动的过程中不能脱离对经营环境的分析，包括对宏观环境、中观环境以及经营主体自身禀赋的分析。

（一）宏观环境分析：PEST

PEST 是一种有效的为企业所处宏观环境提供分析思路的分析模型。所谓 PEST，P 代表政治（politics），E 代表经济（economy），S 代表社会（society），T 代表技术（technology）。财产保险作为一种经济与社会发展到一定阶段的产物，必然会受到政治制度、经济发展水平及经济结构、社会及文化、信息技术的影响。本书在分析财产保险产品险种结构趋势部分已经充分体现了这一客观规律：例如，早期我国的财险以企财险为主得益于当时的经济主体以国企为主且保险公司也以国企为主，保险行业在既定的历史背景下有保障国有资产的义务和使命；再比如，自交强险实施后，车险成为第一大险种，农业保险自“国十条”颁布之后取得了快速的发展，而近年来信用保证保险和责任保险发展迅速，则得益于日益完善的法律和法治环境以及政府职能的转变①。PEST 分析框架示意图如图 11.1 所示。

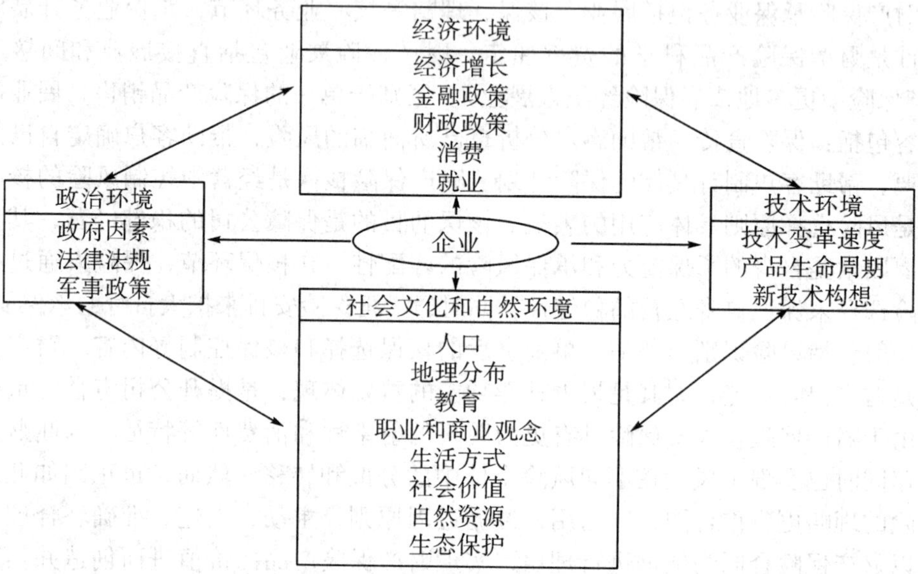

图 11.1　PEST 分析框架示意图

在中国当前的语境和发展实践下，财产保险公司如何才能实现有效经营，必须将自身置于 PEST 的分析框架内，以明晰这些问题：以哪些产品为核心产品？以哪些产品为后续的潜力产品？如何有效调整险种结构、发展战略和空间布局？等等。

（二）中观环境分析：产业链视角

财产保险业是保险业的一部分，财产保险公司是保险公司的一部分，财产保险公司经营活动是产业链视角下的一个单元。与其他企业的经营一样，财产保险经营同样也是处于一定的产业链中的：财产保险公司一方面需要人力、物力、资本、技术等生产经营要素的投入；另一方面也需要将生产经营要素转化为产品或服务作为产出，进而产生经济社会价值。具体来说，财产保险经营的上游主体包括劳动力提供者（个人和家庭）、服务提供者（保险中介及其他服务机构）、实物和资金投资者、再保险机构等，这些主体为财产保险公司提供了人力资本、物质资本、金融资本以及对保险经营来说非常重要的技术和数据。下游主体包括财产保险消费者、资本市场的投资者等，这些主体向财产保险公司购买了标的损失的理赔服务、标的的风险管理服务或信息技术服务等。与此同时，财产保险经营主体还面临着客观存在的竞争者和合作伙伴，如：银行等金融机构是财产保险公司的合作伙伴，但同时也

① 本部分的学习，读者可结合第一章财产保险险种结构演进的分析和讨论部分进行深入理解。

是有竞争关系的竞争者和替代者；气象部门、农村科技服务部门则是农业保险经营的重要合作伙伴。

总之，财产保险公司在经营过程中非常有必要用产业链的视角来审视和认识自身的价值和在行业中或整个产业链中所扮演的角色，进而更有效地利用各类资源，创造价值。产业链视角的环境分析示意图见图 11.2。

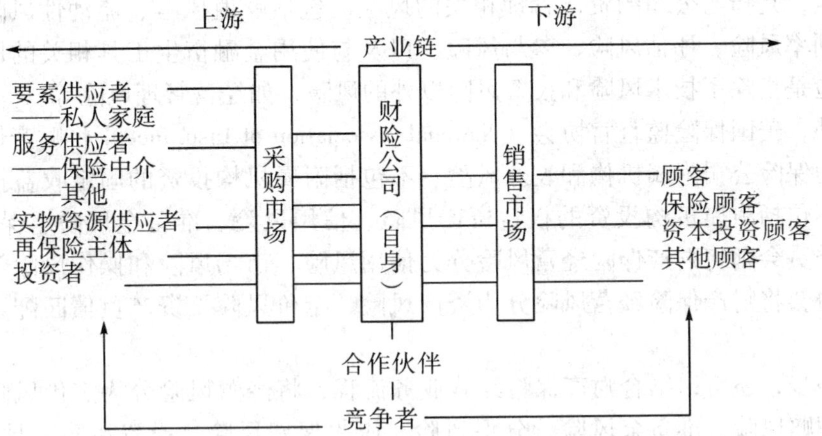

图 11.2　产业链视角的环境分析示意图

（三）微观环境分析：SWOT

财产保险经营是否能够创造价值，其关键在于保险公司自身的承保能力、投资能力和经营管理能力的高低。因此，针对自身资源禀赋和外部环境进行 SWOT 分析，对有效开展经营管理活动也是非常必要的。所谓 SWOT，S 代表优势（strengths）、W 代表劣势（weaknesses）、O 代表机遇（opportunities）、T 代表威胁（threats）。SWOT 分析法又称为态势分析法，通过对企业自身的优势、劣势、机会和威胁加以综合评估与分析得出结论，通过内部资源、外部环境有机结合来清晰地确定被分析对象的优势和缺陷，了解其所面临的机遇和挑战，从而在战略与战术两个层面加以调整，以达到所要实现的目标。SWOT 是一种能够较客观而动态适应经营主体禀赋及外部环境变动的分析方法，能为财产保险公司在战略调整、经营策略等方面提供参考，以实现经营目标，创造价值。

五、财产保险经营风险及风险管理

（一）经营风险类型

如前所述，财产保险经营目的是实现经济价值和社会价值的最大化，因此承保能力、投资能力和经营管理能力是保障经营目标的关键。财产保险公司在财产保险经营的过程中，面临的风险种类很多，任何一个可能影响财产保险承保、投资和经营管理能力，导致价值损失或降低的可能性都是经营风险。认识和了解财产保险公司经营风险对其实现稳健可持续经营有着非常重要的理论意义和现实意义。

结合本书强调的财产保险价值主要依靠承保能力、投资能力和经营管理能力三方面实现这一观点，本书借鉴国际保险监督官协会（International Association of Insurance Supervisors，IAIS）的分类，将财产保险经营风险划分为技术风险、投资风险和非技术风险。技术风险主要是指精算技术和经营技术方面的风险，指直接或间接与费率厘定、准备金提取计算等问题相关的风险，包括当前风险和特殊风险。其中，当前风险包括定价不足风险、评估风险、再保险风险、经营费用风险、巨灾风险，以及与积累损失相关联的风险；特殊风险包括增长风险和清算风险。投资风险又叫资产风险，是指与公司的资产管理相关的风险，包括贬值风险、流动性风险、匹配风险、利率风险、评估风险、参与风险，以及与使用金融衍生工具相关的风险。非技术风险是指除了技术风险和投资风险以外的风险，如经营管理风险等。

此外，美国保险监督官协会（National Association of Insurance）将财产保险经营风险分为保险公司附属机构和表外风险、不包括附属机构投资的固定收益投资资产风险、不包括附属机构投资的权益资产风险、信用风险、准备金风险、保费风险。巴塞尔委员会则将财产保险经营风险分为信用风险、市场风险和操作风险等。北美精算师协会将财产保险经营风险分为资产风险、定价风险、资产负债匹配风险、其他风险。

进一步，还可以结合财产保险经营业务流程，将经营风险分为定价风险、核保风险、理赔风险、准备金风险、分保风险、应收保费风险、投资风险。具体来说：定价风险是指预定保费不足以弥补赔付和经营成本的可能性；核保风险是指缺乏严密的核保制度和核保管理技术，对保险标的没有进行严格的风险选择和风险控制而导致的经营价值下降的风险；理赔风险是指理赔过程中缺乏科学有效的理赔手段和保险欺诈识别方法技术而导致的风险；准备金风险是指公司没有正确提取责任准备金而影响日后赔付的风险；分保风险是指公司在进行分保安排时，由于分保不当而没有达到扩大保险公司承保能力预期的风险；应收保费风险是指在签订合同时应向投保方收取保费但未能收取的流动性风险；投资风险是指投资策略不当或者投资环境不利而导致的投资收益不能达到预期的风险①。

我国当前“偿二代”体系将保险公司面临的风险分为两大类：能够量化的风险和难以量化的风险。能够量化的风险包括市场风险、信用风险和保险风险，难以量化的风险包括操作风险、战略风险、声誉风险和流动性风险等。

（二）经营风险管理措施

财产保险经营风险管理是保障和促进财产保险经营稳健可持续进行的重要方面。可以看出，导致经营风险产生的风险因素有所不同，因此对应的风险管理措施也应有所差别。

IAIS 认为定价风险、准备金提取风险、核保风险、理赔风险是经营风险分类下技术风险的核心构成。定价风险管理和准备金提取风险是财产保险经营风险管理的重点，它们出现的主要原因是公司没有结合自身的资源禀赋进行有效的战略布局而产生的短期逐利或缺乏优秀的精算师以及有效的精算技术。因此，关于定价风险，公司一方面要完善公司战略；另一方面要积极引进精算人才，提高精算能力和技术。

① 卓志. 保险理论与案例分析［M］. 成都：西南财经大学出版社，2014：265-266.

对于核保风险、理赔风险、准备金提取风险等经营风险，公司需要加强风险管理意识，以优化核保、理赔、分保的机制和技术，实现财产保险经营的可持续。

投资风险将涉及投资策略、投资组合等微观因素，也涉及汇率、利率及经济周期等宏观因素。因此，对于投资风险，财产保险公司可以借助构建有效的预警模型，对投资风险中的非系统性风险（自身投资决策）和系统性风险（宏观环境）进行控制。

与普通企业进行风险管理的原则和策略相同，财产保险公司仍然可以结合风险发生的频率和损失程度来选择恰当的风险管理策略，既可以选择再保险、保险风险证券化等财务型风险管理策略，也可以选择风险预防、风险控制等非财务型风险管理策略。值得注意的是，整合性风险管理（integrated risk management，ERM）框架是现代风险管理发展的重要方向。财产保险公司在经营风险管理中，要严格贯穿全面风险管理的理念，以实现自身的可持续稳健发展。

第二节 财产保险经营可持续及绩效评价

一、概念与衡量指标

（一）经营可持续的概念及衡量

财产保险有损失补偿、融资融损、防灾防损功能，而发挥这些功能的前提条件是保险公司自身经营的可持续。财产保险的经营可持续在极端气候频发、环境污染日益严峻、公共卫生事件突发的经济社会语境下显得格外重要。我们可以将经营可持续理解为财产保险公司以财产保险产品和服务为载体，通过有效地开展承保和投资业务，可持续地创造经济和社会价值。

联合国环境规划署金融倡议组织（UNEP FI）于2012年6月公布了《可持续保险原则》（principle for sustainable insurance，PSI），为全球保险行业提供了实现可持续经营的框架和思路。PSI共有三大支柱：①在保险主业经营中融入对可持续发展的考虑；②与各利益相关方协作；③透明度高的信息披露。PSI同时提出了四个基本原则：①将环境、社会和治理（ESG）议题融入决策过程；②与客户和业务伙伴一起提升认识，管理风险并寻求解决方案；③与政府、监管机构和其他利益相关方合作；④定期披露在实施原则方面的进展。

基于以上原则和框架指引，财产保险公司的经营可持续可以从ESG融入公司决策程度、公司全面风险管理能力、与上下游的合作者及竞争者合作程度、信息披露情况等方面来衡量。

（二）财务稳定性的概念及衡量指标

财产保险经营的对象是风险，风险具有显著的不确定性和或然性。财产保险经营主体须在收支平衡的原则下厘定保费、提取责任准备金等，以应对未来的损失赔偿。因此，财产保险经营可持续的核心之一就是有充足可持续的偿付能力，而财务稳定性是评价和测定财产保险公司赔偿能力的有效指标。由于财务稳定性在财产保险经营中非常重要且会影响社会公众利益，尤其是广泛的投保人和被保险人利益，因此，大多数国家在保险立法中都会将财务稳定性作为重要内容进行规定。相对于长期负债经营的人身（人寿）保险经营，财务稳定性对于财产保险经营来说更为重要，是财产保险公司快速理赔和实现盈利的基本保障。

在财产保险业务中，财务稳定性是指对财产保险公司自身或其承保的某项财产保险业务而言，保险人对被保险人所承担的补偿义务的保障程度。其具体含义有两层：一是保险公司的保险赔偿基金与实际发生的赔偿支出之间的对等关系，其中保险赔偿基金是指纯保费及其投资收益的总额，是根据未来的保额损失率预计的需要付出的赔款总额，通常以年为单位计算时间；二是保险公司所积累的总准备金与突发特大风险所造成的损失所需赔款之间的对等关系①。财务稳定性要求实际发生的赔款总额不能超过保险赔偿基金，而是必须与之相匹配，这种匹配要求时间和数量上的匹配，即需要在进行赔偿的时间点有充足的赔款准备基金。

财务稳定性的衡量可以用稳定性系数表达，通常记为 K，其计算公式如下：

$$K = \frac{\alpha}{P} \times 100\%$$

式中，α 代表保险赔偿基金均方差，P 代表保险赔偿基金。显然，K 越小，表明财务稳定性越好，其经营风险也就越小，经营可持续性越强。实际上，某项保险业务赔偿基金均方差在一定程度上也能反映该类业务的财务稳定性，只是不能准确全面地反映该项业务的稳定性，因为这个均方差是一个绝对值，与保额有关，而保险公司的赔付能力随着保险赔偿金的大小不同而有所不同，因此需要求出其与保险赔偿基金的相对值。

（三）经营绩效的概念及衡量指标

彼得·德鲁克（Peter F. Drucker）将企业绩效定义为“最大限度地提高创造财富的能力”；谢勒尔（Scherer）和罗斯（D. Rose）认为绩效包括“生产和配置效率、技术进步等多维内容”。广义的绩效内含了效率的概念，而狭义的绩效在很大程度上受效率的影响。因此，经营绩效以效率为基础。效率主要包括投入产出效率、X-效率和资源配置效率等，其核心研究主题是怎样以最小的投入获得最大的产出。劳森（Rawson）的研究发现，大多数经营主体会优先对现有资源进行优化配置而不是重新组合。因此，资源配置效率成为效率评价的主要指标，《新帕尔格雷夫经济学大辞典》则直接将效率定义为“资源配置效率”，强调在资源和技术条件限制下尽可能满足人类需要的运行状况。法瑞尔（Farrell）的研究表明价格独立影响效率。自此技术效率成为衡量资源配置和公司经营效率的主要指标。因此，有些文献借保险公司技术效率表征公司的经营绩效②。此外，还有一些文献采用全要素生产率来度量绩效，全要素生产率被定义为投入和产出增长的差别，技术效率变动与技术变动的乘积即全要素生产率变动。

① 王绪瑾. 财产保险［M］. 3 版. 北京：北京大学出版社，2022：100-101.

② 卓志，孙正成. 健康险业务能否提升保险公司经营绩效：兼论我国商业健康保险经营动力［J］. 财经科学，2015（11）：34-44.

在评价财产保险公司经营绩效中，关键的是关注投入和产出。结合财产保险经营的特性，一般将劳动力、金融资本、实物资本、技术资本等作为投入要素，将保险赔付、准备金、投资资产等作为产出变量①。

二、影响因素

经营可持续是财产保险公司经营内外部因素综合影响的结果。外部影响因素主要包括宏观经济环境、经济周期、投资环境、政治环境、技术环境等；内部影响因素主要包括承保业务量、承保业务结构、风险保费费率厘定的科学性和可靠性、承保危险单位的集中情况、承保危险单位之间的保额差异、投资组合及策略、再保险安排、精算核保核赔等技术，以及人力物力等生产要素。

根据财产保险经营的特性，可以推论：业务量越大、业务范围越广、危险单位越分散、危险单位之间的保额相差越大，越可以在时间和空间范围内实现承保风险的分散并尽可能接近真实的厘定保费费率，降低经营的技术风险，增强财产保险经营的可持续性。政治环境、投资环境、经济预期越好，投资组合策略越能够满足经营的需求，财产保险公司就越可能降低经营的投资风险，提升投资收益以增强财产保险经营的可持续。财产保险公司内部的人力、物力、资本、技术等要素的资源配置能力越强，其越能充分发挥各类要素的效能，降低财产保险经营的非技术性风险，提升自身的经营管理能力，促进经营的可持续发展。

第三节　财产保险监管

由于保险业存在着明显的信息不对称性、社会外部性等，保险业运营需要政府的监督和管理。保险监管可以理解为一个国家政府的保险监督管理部门为了维护保险市场的秩序，保护被保险人及社会公众的利益，依法对本国保险业的监督和管理②。财产保险监管的终极目的（标）是营造（监管）良好的财产保险市场生态环境，保障财产保险活动有序进行，促进财产保险业可持续发展。

事实上，财产保险监管不仅是针对保险公司的监管，更是对全行业的监督和管理，包括维护保险市场秩序，保护投保人、被保险人、受益人及利益相关者的合法权益。根据我国当前《保险法》的规定，保险监督管理机构应建立健全保险公司偿付能力监管体系，对保险公司的偿付能力实施监管。因此，财产保险监管的主要构成是财产保险公司的偿付能力监管。

一、财产保险监管的基础

偿付能力是指保险人履行赔偿或给付责任的能力，偿付能力监管是保险监管的核心构成。当前，各国的财产保险监管均以偿付能力监管为核心。我国《保险法》

---

① 更多详细内容，读者可参考乔治·迪翁主编的《保险经济学前沿问题研究》。

② 卓志. 保险理论与案例分析［M］. 成都：西南财经大学出版社，2014：98-99.

规定，保险公司应当具有与其业务规模相适应的最低偿付能力。保险公司的认可资产①减去认可负债②的差额不得低于国务院保险监督管理机构规定的数额，低于规定数额的，应当按照国务院保险监督管理机构的要求采取相应措施达到规定的数额。

我国财产保险偿付能力监管经历了多次发展：2003 年，原中国保监会在《保险公司偿付能力额度及监管指标管理规定》的基础上发布的《保险公司偿付能力额度及监管指标管理规定》，实现了我国偿付能力监管的关键性发展；2008 年开始实施的《保险公司偿付能力管理规定》将偿付能力监管规范化，因此被称为“偿一代”；2015 年，原中国保监会根据欧盟保险公司偿付资本监管（Solvency II）推出了“中国风险导向的偿付能力体系”，从此我国财产保险监管进入“偿二代”时代。在“偿二代”体系中，公司偿付能力监管仍然是监管的核心。

二、财产保险监管的三支柱

在当前我国“偿二代”体系中，监管要素是偿付能力监管的三支柱，是偿付能力监管的重要组成部分，包括定量资本要求、定性监管要求和市场约束机制。与保险公司内部偿付能力管理不同，这三支柱都是对财产保险公司外部偿付能力的监管。三个支柱的作用各不相同，在防范风险方面各有侧重。

（一）定量资本要求

定量资本要求防范能够量化的风险。能够量化的风险具备三个特征：这些风险应当是保险公司经营中长期稳定存在的；通过现有的技术手段，可以定量识别这些风险的大小；这些风险的计量方法和结果是可靠的。第一支柱监管是通过定量监管手段，防范能够量化的偿付能力相关风险。定量资本要求包括五个方面。一是资本要求，具体包括：①保险风险资本要求；②市场风险资本要求；③信用风险资本要求；④宏观审视监管资本要求，即对顺周期风险、系统重要性机构风险等提出的资本要求；⑤调控性资本要求，即根据行业发展、市场条款和特定保险公司风险管理水平的需要，对部分业务、部分公司提出一定期限的资本调整要求。二是实际资本评估标准。三是资本分级。四是动态偿付能力测试。五是监管措施，即监管机构对不满足定量资本要求的保险公司，区分不同情形，可采取的监管干预措施。

（二）定性监管要求

定性监管要求，是指在定量监管的基础上，进一步防范难以量化的风险，如操作风险、战略风险、声誉风险、流动性风险等。第二支柱是通过定性监管手段，防范难以量化的偿付能力风险，主要包括四方面的监管。一是风险综合评级，即监管部门综合第一支柱对能够量化的风险的定量评价和第二支柱对难以量化风险（包括操作风险、战略风险、声誉风险和流动性风险）的定性评价，对保险公司总体的偿付能力风险水平进行全面评价。二是保险公司风险管理要求与评估，即监管部门对保险公司的风险管理提出具体监管要求，如治理结构、内部控制、管理架构和流程等，并对保险公司风险管理能力和风险状况进行评估。三是监管检查和分析，即对

① 认可资产是指保险公司依据有关规定，以偿付能力监管为目的所确认和计量的资产。
② 认可负债是指保险公司依据有关规定，以偿付能力监管为目的所确认和计量的负债。

保险公司偿付能力状况进行现场检查和非现场分析。四是监管措施，即监管机构对不满足定性监管要求的保险公司，区分不同情形，可采取的监管干预措施。

（三）市场约束机制

市场约束机制是指引导、促进和发挥市场相关利益人的力量，通过对外信息披露等手段，借助市场的约束力，加强对保险公司偿付能力的监管，进一步防范风险。市场约束机制是新兴保险市场发展的客观要求，是我国偿付能力监管体系的重要组成部分。第三支柱是通过信息披露等手段，发挥市场约束力量，可以强化第一支柱和第二支柱的效果，并且更加全面地防范保险公司的各类偿付能力风险。其中，市场约束力量来自包括社会公众、消费者、评级机构和证券市场的行业分析师等在内的社会各界。市场约束机制主要包括两方面内容：一是充分利用除监管部门之外的市场力量，对保险公司进行约束；二是监管部门通过多种手段，完善市场约束机制，优化市场环境，促进市场力量更好地发挥对保险公司风险管理和价值评估的约束作用。

三、财产保险偿付能力监管指标

根据我国"偿二代"的框架体系，评价保险公司偿付能力状况的指标有三个：核心偿付能力充足率、综合偿付能力充足率和风险综合评级。核心偿付能力充足率、综合偿付能力充足率反映公司量化风险的资本充足状况，风险综合评级反映公司与偿付能力相关的全部风险的状况。其中，核心偿付能力充足率，是指核心资本与最低资本①的比率，反映保险公司核心资本的充足状况；综合偿付能力充足率，是指核心资本和附属资本之和与最低资本的比率，反映保险公司总体资本的充足状况；风险综合评级，是指综合第一支柱对能够量化的风险的定量评价和第二支柱对难以量化风险的定性评价，对保险公司总体的偿付能力风险水平进行全面评价所得到的评级，评级结果反映了保险公司综合的偿付能力风险。

根据我国当前"偿二代"的监管框架，实施分类监管后的综合评价结果可以综合反映我国财产保险各家公司的经营风险和偿付能力风险状况。当前监管机构按照偿付能力风险大小将财产保险公司分为四类：A 类公司是偿付能力充足率达标，且操作风险、战略风险、声誉风险和流动性风险小的财产保险公司；B 类公司是偿付能力充足率达标，且操作风险、战略风险、声誉风险和流动性风险较小的财产保险公司；C 类公司是偿付能力充足率不达标，或者偿付能力充足率虽然达标但操作风险、战略风险、声誉风险和流动性风险中的某类或几类风险较大的财产保险公司；D 类公司是指偿付能力充足率不达标，或者偿付能力充足率虽然达标但操作风险、战略风险、声誉风险和流动性风险中一类或几类风险严重的财产保险公司。

除我国自行确定的偿付能力监管指标和公司经营评价指标以外，贝氏（A. M. BEST）、标准普尔、穆迪等国际著名的评级机构也会对保险公司进行评价。其中，A. M. BEST 的评级由于专门针对保险行业而有更强的参考价值。

---

① 最低资本，是指保险公司为了应对市场风险、信用风险、保险风险等各类风险对偿付能力的不利影响，依据监管机构的规定而应当具有的资本数额。

本章小结

（1）财产保险经营的目标是创造价值，既包括经济价值也包括社会价值。财产保险经营的业务主要包括承保业务和投资业务两大模块，基本流程包括：费率厘定、展业、核保、理赔和投资等。

（2）财产保险是经济社会发展的产物，财产保险经营必须“嵌入”到特定的政治、经济、社会和技术环境中。因此，财产保险公司需要借助 PEST 来分析其宏观经营环境，站在产业链的视角来审视自身在产业链中的地位和价值，借助 SWOT 来分析自身禀赋条件，进而实现有效的经营可持续。

（3）财产保险公司经营可持续可以理解为财产保险公司能够持续地创造价值。财务稳定性、经营绩效、偿付能力、经营风险、信息披露等都是度量和观察财产保险公司经营可持续的有效指标。

（4）“偿二代”是风险导向的偿付能力监管体系，分为定量资本要求、定性风险监管和市场约束机制三个支柱。其中，定量资本主要监管可以量化的风险，定性风险监管主要防范操作、战略、声誉和流动性风险等。三支柱共同构成了对财产保险公司的有效外部偿付能力监管，与公司内部偿付能力管理共同保障公司的偿付能力，以实现经营可持续。

本章关键词

经营原则　“偿二代”　财务稳定性　经营风险　承保业务
投资业务　定量资本要求　偿付能力　财产保险准备金　未到期责任准备金
未决赔款准备金　偿付能力充足率　保险监管　经营绩效　纯保费费率

本章思考题

1. 财产保险经营风险主要有哪些类型？
2. 财产保险经营管理的原则是什么？
3. 财产保险经营的业务构成主要有哪两大类型？
4. 财产保险责任准备金主要有哪些类型？
5. 财产保险保费费率主要包括哪些？
6. 当前我国“偿二代”监管体系中，监管的三个支柱有哪些？
7. 偿付能力充足率的主要类型包括哪些？
8. 未到期责任准备金提取的方法有哪些？
9. 财产保险经营的主要业务及流程有哪些？

参考文献

［1］袁宗蔚. 保险学：危险与保险［M］. 北京：首都经济贸易大学出版社，2000.

［2］全国保险业标准化技术委员会. 保险术语［M］. 北京：中国财政经济出版社，2009.

［3］粟芳. 财产保险学［M］. 上海：上海财经大学出版社，2019.

［4］王绪谨. 财产保险［M］. 北京：北京大学出版社，2022.

［5］卓志. 保险理论与案例分析［M］. 成都：西南财经大学出版社，2014.

［6］迪翁. 保险经济学前沿问题研究［M］. 朱铭来，田玲，魏华林，等译. 北京：中国金融出版社，2007.

［7］吴定富. 中国保险市场发展报告（2008）［M］. 北京：电子工业出版社，2008.

［8］龙玉国. 汽车保险创新和发展［M］. 上海：复旦大学出版社，2005.

［9］孙祁祥. 中国保险业发展报告 2021［M］. 北京：经济科学出版社，2021.

［10］郭振华. 行为保险经济学［M］. 上海：上海交通大学出版社，2020.

［11］郑睿. 海上保险法律与实务［M］. 上海：上海中医药大学出版社，2021.

［12］杜鹃. 海上保险［M］. 2 版. 上海：上海财经大学出版社，2015.

［13］ZWEIEL P，EISEN R. Insurance Economics［M］. 北京：世界图书出版公司北京，2016.

［14］连锦泉. 保险机制服务国家治理现代化：建设保险型社会助推全面深化改革［M］. 北京：商务印书馆，2018.

［15］邵全权. 保险竞争的经济分析［M］. 天津：南开大学出版社，2008.

［16］顾寒梅. 国际货运风险与保险［M］. 北京：对外经济贸易大学出版社，2022.

［17］兰虹. 保险学基础［M］. 5 版. 成都：西南财经大学出版社，2018.

［18］邬梓明. 建筑工程一切险适应性调整研究［M］. 北京：中国财政经济出版社，2015.

［19］王和. 工程保险［M］. 北京：中国金融出版社，2005.

［20］兰虹. 财产与责任保险［M］. 3 版. 成都：西南财经大学出版社，2016.

［21］朱南军. 财产与责任保险［M］. 北京：中国人民大学出版社，2016.

［22］郭颂平，袁建华. 海上保险学［M］. 北京：中国金融出版社，2009.

[23] 李虹. 涉外保险 [M]. 成都：西南财经大学出版社，2008.
[24] 孙蓉，兰虹. 保险学原理 [M]. 5 版. 成都：西南财经大学出版社，2021.
[25] 庹国柱，王国军. 中国农业保险与农村社会保障制度研究 [M]. 北京：首都经济贸易大学出版社，2002.
[26] 孙蓉，杨立旺. 农业保险新论 [M]. 成都：西南财经大学出版社，1994.
[27] 郭晓航. 农业保险 [M]. 大连：东北财经大学出版社，1993.
[28] 郭德生. 农业保险 [M]. 北京：中国金融出版社，1989.
[29] 蔡文远. 农村保险 [M]. 北京：北京农业大学出版社，1993.
[30] 郑功成，孙蓉. 财产保险 [M]. 北京：中国金融出版社，1999.
[31] 雷. 农业保险 [M]. 王友，译. 长沙：湖南人民出版社，1989.
[32] 孙蓉，汪荣明. 农业灾害管理制度演进与工具创新研究：基于农业保险视角 [M]. 上海：华东师范大学出版社，2019.
[33] 孙蓉. 新中国保险制度变迁 [M]. 成都：西南财经大学出版社，2020.
[34] 张红宇，徐斌. 中国农业风险管理发展报告 2021 [M]. 北京：中国农业出版社，2021.
[35] 杨立新. 类型侵权行为法研究 [M]. 北京：人民法院出版社，2006.
[36] 张新宝. 侵权责任法 [M]. 3 版. 北京：中国人民大学出版社，2013.
[37] 张新宝. 侵权责任构成要件研究 [M]. 北京：法律出版社，2007.
[38] 桂鞠平. 民商法论丛：第 2 卷 [M]. 北京：法律出版社，1994.
[39] 最高人民法院民法典贯彻实施工作领导小组. 中国民法典适用大全·侵权责任卷 [M]. 北京：人民法院出版社，2022.
[40] 石宏. 中华人民共和国民法典解释与适用·人格权编侵权责任编 [M]. 北京：人民法院出版社，2020.
[41] 张新宝. 中国民法典释评·侵权责任编 [M]. 北京：中国人民大学出版社，2020.
[42] 程啸. 侵权责任教程 [M]. 北京：中国人民大学出版社，2020.
[43] 林德雄，林泽翔. 企业财产保险实务 [M]. 北京：中国金融出版社，2022.
[44] 龙玉国. 汽车保险创新和发展 [M]. 上海：复旦大学出版社，2005.
[45] 全国保险业标准化技术委员会. 保险术语 [M]. 北京：中国财政经济出版社，2009.
[46] 最高人民法院民法典贯彻实施工作领导小组. 中国民法典适用大全·侵权责任卷（一）[M]. 北京：人民法院出版社，2022.
[47] 习近平. 习近平谈治国理政：第一卷 [M]. 北京：外文出版社，2014.
[48] 习近平. 习近平谈治国理政：第二卷 [M]. 北京：外文出版社，2017.
[49] 习近平. 习近平谈治国理政：第三卷 [M]. 北京：外文出版社，2020.
[50] 习近平. 习近平谈治国理政：第四卷 [M]. 北京：外文出版社，2022.

附录
相关法律和条例

中华人民共和国保险法

机动车交通事故责任强制保险条例

农业保险条例